二人の天魔王

信長の正体

角川文庫
21662

目次

二人の天魔王

信長の正体

歴史上好きな人物は誰と問われれば、迷わず足利義教《よしのり》と答えたい。彼の理念〈権威権力は純粋に個人のものであり係累に及ぶものではない〉を非常に高く評価しているからだ。今日《こんにち》でも権力者の家族、親戚、親友、忠実なスタッフ、たったこれだけの理由で、あたかも自分も権力者になったかのように錯覚し驕る人が多い。また、何となく周りもそれを認めてしまう。これはいつの時代に限らず歓迎すべき風潮ではない。本来、権力者は己以外を全て均等に観察し、終生の孤高を貫くべきである。この当たり前のことが何故できないのか。

それは人が人を選ぶからだ。人が人を選べば必然的に癒着が発現する。足利義教はそれを嫌い、自らの権威権力の誕生を石清水八幡宮の神慮によるものとした。己の権威権力に対する想い、或いは己以外の人達の思惑の類で選ばれ足利六代将軍となった訳ではない。皇祖皇宗の大権を守るため、源氏の氏神正八幡神から権威と権力を委ねられたのである。従って、現世に憚るものは何もないし、自分の影響を与えるものは誰もいない。私はこんな義教が大好きである。

武家の中でこの義教と同じ考え方をしていたのが豊臣秀吉だろう。秀吉は大明への国書冒頭〈大日本国は神国なり。神すなわち天帝。天帝すなわち神なり〉で、大明国は大日本国天皇を神として敬うよう宣誥《せんこう》し、また、自らを日輪受胎の神託の子と位置付けている。付け加えれば、江戸期太閤記本の一書に書かれる〈日輪懐に入りて懐妊し、孕むこと十三月、天文丙申正月元日の寅の一天、霊星現れ照す事白日の如し、ついに神託の奇子誕生す〉を、昨今では江戸戯作者の創作に過ぎないとするが、これは大明国への国書に記述されており、れっきとした公文書記載事項なのだ。秀吉もまた義教と同じく人に選ばれたのではなく神に選ばれたことを選択している。権力者に大義が必要なことは言うまでもない。その意味でこの二人は上手な選択をしたと想う。

信長は武家大義の基礎的条件を悉《ことごと》く排除、というか全く無知であり、結果として自らの天下をごく当たり前のように下剋上に求めてしまう。愚かである。下剋上の意は、皇祖皇宗の大権に基づく天皇、この最高権威の天皇が補任《ぶにん》した源氏棟梁の足利氏を討ち、更には帝位を簒奪し、自らが新しい暦を創ることだ。これは武家による武家否定に直結するが、信長は武家本来の在り方を全く理解していない。平氏を名乗ったことが、それを物語っている。

明智光秀は信長を討つにあたり、清和源氏直系の土岐氏を称し、秀吉はいかなる補任も受けられる新しい姓の豊臣を欲した。徳川家康は足利家の祖、足利義康の兄、新田義重を我が祖とする。三人とも下剋上を嫌い、武家大義を求めたからだ。豊臣秀吉が室町最後の将軍足利義昭から将軍職を決して取り上げなかったのも、武家大義が大きく理由している。無論、時代時代の武家の棟梁は帝位簒奪という下剋上など考えもしなかった。

しかし、何故織田信長という人はこんなにも多くの日本国民に愛されるのだろう。私の知る限り、誰もが信長に憧れ崇拝さえしている。最大の理由は、信長が大東亜戦争の敗戦で打ち拉《ひし》がれた日本国民に、この上なく魅力的な「もし」という、空想に基づく夢物語を提供したからだ。

豊臣秀吉や徳川家康より凄い武将が実在した。その名は織田信長である。信長は秀吉と家康の主君であった。二人はこの武将の生存中、ただひたすら平伏し恐れ戦《おのの》いた。信長は秀吉や家康の時代から大東亜戦争までの三百五十年、ただの一度も歴史の表舞台に登場しなかった。学者達からの評価も薄く、庶民最大の娯楽、歌舞伎に主役で登場することは一度もなく、庶民文化頂点の江戸浮世絵や草双紙にも英雄として取り上げられたことは一度もない。

戦後の東映時代劇が、織田信長という歴史的には全くの新人にスポットライトを当てた。キャッチコピーは、「あの豊臣秀吉や徳川家康が恐怖に駆られ平伏した凄い奴。しかも凜々しく美しい」である。敗戦直後の何もかも自信を失っていた日本国民は織田信長に自分を投影し、新鮮な驚きを持って熱狂した。

織田信長は秀吉や家康と並ぶ側近中の側近明智光秀に討たれてしまう。この謀叛がなかったら、秀吉や家康よりもっと凄い戦国武将が誕生し、この日本国の歴史が大きく変わったに違いない。織田信長なら鎖国などせず、豊臣秀吉より壮大な海外出兵を敢行し、朝鮮・大明・印度・ペルシャまで制圧し、昭和軍部が望んでやまなかった大東亜共栄圏を超える広大な領域の大帝国を成立させただろう。

日本国民の多くが夢の大日本帝国を空想し、織田信長のボリュームは、昭和二十年代から今日までの七十年間で、戦国から昭和初期までの百倍以上にも巨大化した。

江戸期にただの一度も芝居小屋で主役になることもなく、一つの悪しき生き様のサンプルとして語られていた戦国武将、その信長の評価は今も日々上がり続けている。現在、信長と光秀の本能寺合戦は日本歴史最大級の「もし」、こんな風に位置付けられているが、私は同意できない。本能寺の「もし」を「必然」と考えるからだ。

何事も、根源（原因）があって経過（時系列）があり結果（発現）として帰結する。信長の人生を根源から時系列に並べ、本能寺に至るまでの経過を観察すると、これはもう信長が本能寺で明智光秀に殺されることが必然としか想えないほど揺るぎがない。愛宕百韻で明智光秀は名残裏四に「縄手の行衛《ゆくえ》ただちとはしれ」と付句するが、縄手の意は真っ直ぐの畦道のことであり、光秀がこの付句で自分が信長を討つと宣言した句でもある。

信長の人生も、実は本能寺の死へ向かって縄手のような生き方である。即ち、この愛宕百韻で光秀と信長は時間の先端でクロスした。私が想うに、日本歴史最大の「もし」は、信長が本能寺で討たれたことではなく、明智光秀が信長を討ち果たした後、そのまま天下人となり、明智幕府を開いていれば……の方である。つまり、この二人が本能寺でクロスした時、より正確に言えば、愛宕百韻名残裏四の時だが、この瞬間、信長の死は「必然」となり、歴史の「もし」の世界は、明智光秀のものとなった。

話を戻すが、信長の縄手の始まりは、延徳年間（一四八九〜一四九一）に曾祖父の織田敏定が織田一族を統合し、足利将軍家に認められたことから始まった。この敏定が織田宗家の系譜を勝ち取らなければ、織田信秀庶子の信長は、信秀嫡統の織田信行を惨殺し、「我は織田宗家敏定の曾孫にして織田信秀嫡統織田信長である」、と名乗りを上げることもなかった。信長の本能寺への縄手は、信長の知らない、そして全く視えない世界から始まっている。信長は織田宗家当主の地位を磐石にするため、織田姓を名乗る十人の兄弟を全て殺した。また合戦においては今川義元を裏切りと騙し討ちで殺し、対浅井・朝倉・武田では側近の秀吉と盟友の家康を消耗品として扱うことによって勝利する。更には足利義昭を連れてきた大功労者の明智光秀に対し、義昭を意識的に苛め抜くことで光秀・義昭の良好な関係が悪化するよう策謀した。足利十五代将軍義昭が何よりも望んだ弓八幡《ゆみやわた》を中止させたのは、その典型的な例である。正倉院御物の蘭奢待《らんじゃたい》截香も、やったことは暴挙としか言いようがない。正倉院御物を多聞城へ持ち出させ、櫃の錠を壊し、秘宝蘭奢待を切取り、挙句にその蘭奢待を正親町《おおぎまち》天皇にさもさものように献上する。正親町天皇は激怒し、怒りの表れとして、その蘭奢待を足利義昭後見人の毛利輝元へ下賜した。

また、帝位簒奪の野望を偸閑《ちゅうかん》にし、嫌がる誠仁《さねひと》親王の皇子を猶子《ゆうし》に迎え、更には正親町天皇へ譲位を迫り、と枚挙にいとまがない。そして金神の年である。結果として織田信長の一生は本能寺という事象に帰結した。

私の視る信長は、優柔不断で人の好い田舎大名である。義昭と信長の図式は、インテリ詐欺師に騙される成金オヤジの悲哀そのものなのだ。全てに利用され動かされ、そして自らの意識の外側で殺されてしまう。信長を単純に英雄と解釈すれば、本当の姿は何も視えない。どうして信長を英雄視するのだろう。それが不思議でならない。

歴史はたくさんの性能を所有しているが、このうち最も優れた性能は、その国の人達が行き詰まったり混乱したり、どこへ行ったら良いのか判らなくなってしまった時、それを導く象徴となるような人物を忽然と提供することだ。国の勢いが膨脹する時には建国神話の英雄が語られ、この膨脹が止まり安定すると、次は文化的な偉人をクローズアップし、平和が継続すると今度は戦国の英雄に光を当て、国が敗れると、ここで初めて同時代の人物の中にカリスマを要求する。そして、ここで選ばれた人物が新しく歴史時間に組み込まれ、未来の中で歴史上の人物となっていく。大きく枠組みをすれば歴史はこんな循環になっていて、いつの時代も人々が自信を喪失しないように何らかの夢を提供し続けている。

信長神話の闇、そして信長の正体に関して色々と連ねたが、私は私の信長論を展開しながら、何か落ち着かないサワサワした気分が纏わりついて離れない。それは、私自身の理念に基づく「歴史の性能」を、この織田信長という武将に重ねた時、どうにもこうにも合致しないからだ。もしかすると……、信長は現代日本の人々が自信を喪失しないように日本歴史が送り込んできた、全く新しい英雄だったのかもしれない。

幽玄とは根源、事象の始まり、万物の初《うぶ》の状態を意味する。新芽が吹き出したその瞬間の色、この色を人は何色と表現できない。咲いたばかりの花びらに付いている産毛、この柔らかさを人は伝えることができない。蝉や蝶が羽化したばかりの時、人はその危うさを共有できない。幽玄とはあり得ない美しさである。それが織田信長なのだ。そして幽玄は須臾《しゅゆ》という短い時間の中に消滅し、刹那に侘《わび》が訪れる。侘というのは繰り返しの集積、お寺の欄干に百万の人が就けた手垢の黒光りや、鐘突き棒に百万遍も打たれた梵鐘のへこんだ白光り、つまりは経過のことだ。豊臣秀吉である。そして、この後に訪れるのが寂《さび》の世界。これは経過の終焉なのだ。白く輝いていた鉄は朽ち果てて赤い粉になり、青々と瑞々しい木々は枯れ、今や土と視分けもつかない。武家は徳川で滅びた。

織田信長は幽玄の武将、華やかな君臨をみせた秀吉は侘の武将、結果的に武家の終焉を演出した徳川家康は寂の武将である。織田信長、これほど美しく哀しい武将を知らない。

織田信長

天文三（一五三四）年那古野《なごや》城に生る。十五年古渡《ふるわたり》城において元服し三郎信長と称《しよう》しまた尾張守《おわりのかみ》にあらため、天文十八（一五四九）年みづから上総介《かずさのすけ》と称し、又弾正忠《だんじようのじよう》にあらたむ。弘治元（一五五五）年清洲《きよす》城にうつり那古野城を叔父信光《のぶみつ》にあたふ。永禄十（一五六七）年女《むすめ》をもつて岡崎三郎信康君《おかざきさぶろうのぶやすぎみ》の室《しつ》とす。十一年霊陽院義昭《れいよういんよしあき》の命を受けたまはりて三好山城守康長入道笑岸《みよしやましろのかみやすながにゆうどうしようがん》を伐《うち》、義昭をしてふたゝび将軍家の業を興《おこ》さしむ。十月二十四日義昭書を賜《たま》ひて其大勲労《そのたいくんろう》を称し、又桐引両筋《きりひきりようすじ》の紋をたまふ。天正二（一五七四）年三月十八日従三位《じゆさんみ》に叙し参議《さんぎ》に任ず。二十七日南都東大寺の秘府《ひふ》をひらきて黄熟香《おうじゆくこう》を戴《いただき》、三年十一月四日大納言《だいなごん》にすすみ、七日右大将《うだいしよう》をかぬ。四年正月十三日正三位《しょうさんみ》に叙し内大臣に任ず。大将もとのごとし。この年近江国《おうみのくに》安土山《あづちやま》に城を築きうつり住し、岐阜城をもつて嗣子《しし》信忠に授《さず》く。五年十一月十六日従二位《じゅにい》に昇り、二十日右大臣にすゝむ。大将故《もと》の如し。六年正月六日正二位に叙し四月九日両職を辞せむ事を奏す。十年六月二日京師《けいし》本能寺において家臣明智光秀がために生害《しょうがい》す。年四十九。十月十五日紫野《むらさきの》の大徳寺に葬《ほうむ》る。このとき従一位《じゅいちい》太《だい》政大臣《じょうだいじん》を贈られ天徳院と号し、後あらためて泰巌安《たいげんあん》公総見院《こうそうけんいん》と号す。其後《そのご》豊臣太閤大徳寺の境内《けいだい》に一寺《いちじ》を建《たて》総見院といふ。また織田の支族《しぞく》近江国安土《おうみのくにあづち》に総見院をたつ。室《しつ》は斎藤山城守入道道三《さいとうやましろのかみにゅうどうどうさん》が女《むすめ》。

寛政重修諸家譜

第一章

敗戦の遺産、信長

「江戸期における戦国武将人気の判り易いサンプルとして草双紙や浮世絵の類を挙げる事が出来るよね。信長は殆ど取り上げられないんだ」

「それは意外です。信長を題材にしたものは少ないのですか」

「信長贔屓《びいき》の小松さんを、がっかりさせたくはないのですが、織田信長を主役に書かれた草双紙は一冊もありません。国書総目録に正徳四（一七一四）年刊行の『織田軍記』浄瑠璃本と、宝暦年間の『織田軍記紅葉笠』という歌舞伎脚本は掲載されているけど、江戸の戯作者達は全く信長を取り上げない。たまに草双紙に信長の描写を視るけど、これは秀吉や光秀が主役であって、その主君という形でしか紹介されません。江戸から明治にかけては圧倒的に秀吉と光秀です。信長は偉大な英雄秀吉の主君ですから、秀吉を描こうとすれば信長は書かざるを得ませんし、光秀を描けば、敵役の信長は必然的に登場する、それだけの話です。尤も、信長より書かれない武将が一人だけいますけどね」

「え、いったい誰ですか」

「東照大権現《とうしょうだいごんげん》徳川家康です。江戸期の草双紙に徳川家康という名前は一度も書かれないし、徳川家康を描いた浮世絵も存在しません。恐らく、江戸の庶民は徳川家康の存在を知らなかったと想います」

「そんなバカな。江戸期の庶民は徳川家康という名前を最大級に崇《あが》めていたはずです」

「江戸期の庶民読み物の中に徳川家康の名前を書けば死罪です。つまり、崇めすぎて書けなかったと言うべきなのかな。例えば、江戸期に出版された『繪本太閤記』という三巻にも及ぶ大作があるけど、この読み物の中に徳川家康は全く登場しません。にも拘らず、これがまた完璧に辻褄が合ったストーリー、つまりこの江戸期の大ベストセラーを読んでいた江戸庶民は、誰一人として徳川家康という戦国武将の存在を知りません」

※繪本太閤記
寛政九（一七九七）年〜享和二（一八〇二）年刊。武内確斎作、岡田玉山画、七編八十四冊。

浄瑠璃本の繪本太功記の底本となった読本だが、その内容は実に奥深い。現在、一般的に語られている信長・光秀・秀吉の三人にまつわる伝説や逸話の多くは、この繪本太閤記が出どころと言っても過言ではなく、江戸期最大の歴史奇書である。


「本当の話ですか。徳川家康が一回も出てこない太閤記ですか」

「徳川家康以外の当時の武将は全員登場するけど徳川家康は登場しません。徳川家康は江戸幕府の創始者だから存在したことは間違いない。でも、当時の江戸庶民は二百五十年間、戦国武将徳川家康の存在を知りません。それはともかく、江戸から明治にかけて、ぶっちぎり人気は秀吉・光秀です。信長の存在は武田信玄、上杉謙信の下、まっ、毛利元就と同格くらい、石田三成の方がまだ上かな。信長、新撰組、邪馬台国、写楽、これらは全て明治、大正に生まれて昭和に育った典型的な例なんだ」

「今日の信長像は昭和以後に作られた虚像だと……」

「信長を語るなら、彼の人気（評価）が実は太平洋戦争以後だという事実、これを忘れてはなりません」

「太平洋戦争以後……まさか、いかに明石さんの論でも俄に信じがたいですね」

「小松さん、信長が浮上する最大の原因は、日本が戦争に敗れたからで、要するに武家史上最大の英雄、秀吉を書けなくなったからなんだ。冷静に比べてみれば、信長と秀吉では比較にならないほど秀吉の方が上ですよ。信長の評価は偉大な秀吉の主君であったこと以外、本来何もないのです」

「少し暴論ではありませんか」

「戦後価値観が一変し、外なる人をたくさん殺した秀吉が沈み、内なる人を数えきれないほど殺した信長が浮上したんです。終戦直後ＧＨＱによって時代劇が禁止されたのは承知しているでしょう」

「確かに、ＧＨＱは戦後の日本から軍国主義を一掃し、ＧＨＱ好みの民主主義を誕生させ、この目的で、武家による仇討や切腹、また主君に対する忠義、特に封建主義を礼賛する天下取りものは論外の扱いでしたから」

「時代劇解禁後も、正史をベースにした時代劇は、しばらくの間制作されませんでした。戦後時代劇のスーパースターは言うまでもなく嵐寛（嵐寛寿郎）の『鞍馬天狗』です。この映画には『新撰組』も頻繁に登場しますが、この頃の『新撰組』は単なる悪役で誰もまともに取り上げません。『新撰組』が世にデビューするのは戦後も少し経った頃で、東映時代劇の超大物、あの片岡千恵蔵が近藤勇を演じたことに端を発しているんです」

「要するに天下の名優、片岡千恵蔵が主役で近藤勇を演じたことが『新撰組』の存在と意義を大きく変貌させ、今日の認知につながったと」

「そうです、『新撰組』が世の中に論じられるようになるのは千恵蔵以後なんです。信長のデビューも、まさにこの頃でした。ＧＨＱの締めつけがなくなると、日本映画は漸く歴史を基盤に置いた映画制作を始め、ついに戦後最大のスーパースター織田信長を誕生させたのです。信長を演じたのは、当時超絶の人気を博していた中村錦之《きんの》助《すけ》（後・萬屋《よろずや》錦之介）です。今日の信長ブームのスタートは、この中村錦之助にあるんですよ」

「しかし明石さん、信長を錦之助で語られてしまっては随《つ》いていけません」

「どうしてかな、昭和三十年から三十五年頃の娯楽と言えば、映画と野球と相撲です。中でも最大の観客動員を誇ったのが映画、それも東映時代劇なんです。この東映時代劇の若き大スターが中村錦之助であったことは、当時の映画を知る人なら誰も否定しません。昭和三十年の『紅顔の若武者　織田信長』と昭和三十四年の『風雲児　織田信長』、この二本の信長映画は空

織田信長像
（長興寺蔵）

前の大ヒットとなり、何もかも失った敗戦国日本の多くの国民に奇跡のような活力を齎《もたら》したんです。日本歴史には、こんなにも凄い武将が存在したんだ、とね。錦之助こそ今日の信長研究最大の功労者であることは紛《まぎ》れもない事実です。先程も言いましたが江戸期の信長は全く無視されています。無論明治から戦前までも然りでした。錦之助によって信長の知名度は飛躍的に増大し、急激に論じられるようになったのです」

「そうかなぁ」

「アレ、信じないの、こんなことは少し時代を振り返って考えれば簡単に理解できるじゃない。よいですか、足利義輝《よしてる》と三好長慶《ちょうけい》、武田信玄と上杉謙信が健在の頃、信長をこの四人より上と評価する同時代の人は誰もいません」

「……、それはまぁそうですが」

「次に秀吉の時代ですが……、信長を評価することは必然的に偉大な天下殿秀吉を臣下として表現する事につながるから、ある種のタブーに引掛かるんです。従って信長の伝記は秀吉時代には一冊も書かれません。信長はこの秀吉時代に既に歴史の表舞台から姿を消していました」

＊

信長に関する、まとまった文献は秀吉生存中（慶長三年八月没）には一冊も存在しない。信長が漸く書かれるのは、慶長五（一六〇〇）年になってからであり「信長公記《しんちょうこうき》」が最初である。今日の信長ブームに鑑《かんが》みれば信長文献は膨大な量が存在するかのように錯覚しがちだが、実際は個人が特殊に関わったものを除き信憑性《しんぴょうせい》を持つ文献は皆無といって良いほど残されていない。

☆信長公記……慶長五（一六〇〇）年前後　著者　太田牛一《おおたぎゅういち》
　別称　原本　信長記、安土日記、織田記、安土記
☆信長記……元和八（一六二二）年　著者　小瀬甫庵《おぜほあん》
☆織田軍記……元禄十五（一七〇二）年　著者　遠山信春《とおやまのぶはる》
☆太閤記……寛永二（一六二五）年　著者　小瀬甫庵
☆日本外史……文政十（一八二七）年　著者　頼山陽《らいさんよう》
☆続応仁後記…宝永八（一七一一）年　著者　小林正甫《こばやしせいほ》
☆武功夜話……寛永十一〜十五（一六三四〜一六三八）年　吉田《よしだ》孫四郎《まごしろう》雄翟《かつかね》編纂

この他「川角《かわすみ》太閤記」「浅井三代記」「朝倉始末記」などに信長の記述を視ることはできるが、いずれも「信長公記」からの転載である。また「信長記」は「信長公記」を重撰《ちょうせん》したと記《しる》しており、「日本外史」は「信長公記」「太閤記」をつなげて記述されている。これらの文献の中で良質とされるのは「信長公記」だが、江戸期に一度も版本化《はんぽんか》されず全て写本である。「信長記」に関しては、元和八（一六二二）年以来何度も出版されており、信長文献中最も広く流布《るふ》している。信長文献で特徴的なのは、永禄十一（一五六八）年以前の記事のバラツキである。それぞれ文献を較べてみると、人名、年月日は無論のこと、記述内容も微妙な食違いをみせて

いる。

☆十月二十二日御参内《ごさんだい》。職掌《しきしょう》の御出立儀式相調《ごしゅつたつのぎしきあいととの》へ、征夷将軍《せいいしょうぐん》に備《そな》へ奉《たてまつ》り、城都御安《じょうづごあん》座《ざ》。〈信長公記〉

☆十月二十八日令供奉義昭於華洛《よしあきをからくにぐぶせしむ》。奉備征夷将軍《せいいしょうぐんにそなえたてまつる》。〈続群書類従《ぞくぐんしょるいじゅう》 織田系図〉

☆十月十八日禁中《きんちゅう》ヨリ勅使《ちょくし》ヲ立ラレ公方家《くぼうけ》ヲ征夷大将軍従四位下《じゅよんいのげ》ニ宣下《せんげ》セラル。〈続応仁後記〉

これは足利義昭が、信長を後盾に征夷大将軍（十五代将軍）に宣下《せんげ》されたときの記述だが、正しい日付は「続応仁後記」だけである。足利義昭は将軍宣下直後の十月二十四日、信長を「御父《おんちち》」と記した感状《かんじょう》を贈ったとされ、この文面が前述の三点にも掲載されている。

☆①今度国々凶徒等《このたびくにぐにのきょうとらを》、不歴日不移時《ひをかぞえずときをうつさず》、悉令退治之条《ことごとくたいじのじょう》、武勇天下第一也《てんかだいいちのぶゆうなり》、当家再興不可過之《とうけさいこうこれあやまるべからず》、弥国家之安治偏憑入之外無也《いよいよこつかのあんちひとえにたのみいるのほかなきなり》、尚藤孝《なおふじたか》・惟政可申也《これまさにもうすべきなり》。

十月二十四日　御判

御父織田弾正忠殿《おんちちおだだんじょうのじょうどの》

②御追加《ごついか》

今度依大忠《このたびのたいちゅうにより》、紋桐《もんきり》・引両筋《ひきりょうすじ》　遣候《つかわしそうろう》、可受武功之力祝儀也《ぶこうのちからによりうくべきしゅうぎなり》。

十月二十四日　　御判

御父織田弾正忠殿

〈信長公記〉

「続応仁後記」では、①の本文は同文だが日付に「永禄」が付けられ「御父」は「父」となっている。②に関しては「御追加」の文字がなく、やはり「永禄」が付けられ「御父」の二文字が記されていない。

「続群書類従　織田系図」は、①の本文は「藤孝・惟政」が「細川兵部大輔藤孝《ひょうぶたゆうふじたか》。和田伊賀守《わだいがのかみ》惟政《これまさ》」の違いだけで同文だが、②に関しては全く違っている。

この違いの原因は、いずれも原典が明記されないため不明だが、信長文献のあやふやさを物語っている。

☆三職之随一《さんしょくのずいいち》勘解由《かげゆ》小路《こうじ》家督《かとく》可令存知之《これをぞんじせしむべし》。然上者任武衛畢《しかるうえはぶえいことごとくにんず》。

今度忠恩依難尽如斯也《このたびのちゅうおんよってかくのごときつくしがたきなり》。

十月二十四日　　御判

織田弾正忠殿

〈続群書類従　織田系図〉

＊

「明石さんの説明は理屈は合っている様に想えますが……、何か認めたくありません」

「そうなの、でも本当はもう判っていると想うけど。江戸期に入ると、これはもう東照大権現（家康）様が絶対です。当然家康より上の武将は存在しませんから信長は問題外でした。たとえば『徳川実紀』に視える信長は、家康あってこその信長としか書かれません」

「ウーン」

「江戸も家光の時代に入ると、家康は完全に神格化されていますから、一般的には書くことすら許されません。ここでもう一人の神、秀吉が猛烈に浮上しました。また太平の世という事もあって、古くは為朝《ためとも》、義経《よしつね》から戦国武将まで数多くの武将が書かれる様になってきます。光秀、元就《もとなり》、信玄、謙信、清正、幸村《ゆきむら》、枚挙《まいきょ》に遑《いとま》もありません。ところが何故か信長は全く人気がないのです。この傾向は幕末近くになっても変わりません」

「………」

「小松さん、江戸期の大名達から視れば戦国時代を勝ち抜いたのは秀吉と家康なんです。信長と秀吉とでは較べものになりません。信長に対する認識は、毛利元就、武田信玄、上杉謙信、織田信長、明智光秀、豊臣秀吉、徳川家康による勝抜戦登場の一武将です。今の様に歴史の研究が進んでいませんから感覚的なもので武将が論じられているんです。江戸期の大名達が、この七人（元就、信玄、謙信、信長、光秀、秀吉、家康）を武将としての評価順に並べれば……、まず一番は、言うまでもなく東照大権現家康です。家康は『小牧《こまき》合戦』で秀吉に勝ったと称していますし、事実最後まで勝ち抜いたわけですから。つけ加えて言えば、徳川家にとって『小牧合戦』は『公《おおやけ》の天下を取りしは、大坂に在らずして関ケ原に在り。関ケ原に在らずして小牧に在り』というほど、重要な位置を占める合戦でした。二番は豊国《ほうこく》大明神秀吉、『山崎合戦』で光秀を破り天下殿になっています。三番は『本能寺合戦』に信長を討った光秀」

「三番が光秀ですか……、何か納得がいかないなぁ」

「三番は信長だと言いたいんでしょう。でも光秀の方が信長より上なんです。事実、江戸の著名な文化人大田蜀山人《おおたしよくさんじん》は、光秀を信長より上に評価しています」

「蜀山人がですか、信じられないなぁ」

☆（光秀）謀叛《むほん》ヲ企《くわだて》終《つい》ニ天下ノ望《のぞみ》ヲ達《たっ》シ将軍号ヲ得テ京都ノ地子《ちし》ヲ免《まぬがれ》、今ニ其名ヲ残セリ……。生得《しょうとく》天下ノ望《のぞみ》アル人ナレバ又モ類《るい》ノアルベキトモ覚ヘズ、時スデニ乱世ナレバ其ノ頃ノ武将政道仁義《せいどうじんぎ》ノ行《おこない》ヲタダシ給《たもう》ハ稀也《まれなり》、上下虎狼《ころう》ノ心トナリ親《おや》ヲモ主《しゅ》ヲモ恐レズ況《いわんや》親属《しんぞく》ノヨシミハヲモヒモヨラス世ナレバ治ル世ノ不義盗賊ノ為ニナス逆徒トハ各別也……。其時信長公へ御腹《おはら》メサセ候《そうろう》ト申聞《もうしきか》セ押込本意《おしこみほんい》ヲトゲシト也、誠ニカカル大事ハカクモアルベキコトニヤ、近代由井正節（雪）モカカル急ヲバ知タラントナレトモ是ハヒツプトモノ企ナレバ急ヲ思立《おもいたち》ナラサルト見ヘタリ。

〈二話一言〉

「蜀山人は由井正雪《ゆいしょうせつ》を引合いに出してまで、光秀の天下取りのタイミングを絶賛しています。それから江戸期に書かれる信長は、大概《たいがい》が教訓として書かれました」

「どういうことなのでしょうか」

「下の者を侮《あなど》り、増長が天に迄届くと、必ず不覚を取るという教訓です。話を戻しますね……、四番は信玄、ここに登場する誰にも負けていません。五番は謙信、信玄と五分。六番信長、七番元就……、まあこんなところです」

「認めたくないなぁ」

「ですからね、信長は江戸期に全く問題にされません。明治から戦前までは、海外出兵を実行した秀吉の評価が増す増す高まり、もう圧倒的です。信長は偉大な秀吉の主君であったこと以外ナニも論じられません」

「ウーン」

「日本が太平洋戦争に敗れると、全ての価値観が一変するでしょう。ここで初めて信長が歴史のニューヒーローとして選択されました。最大の原因は、彼が外なる人を誰も殺していない安全な武将であったことに外なりませんが、実はもう一つ理由があったのです」

「もう一つの理由……、いったい何なのでしょうか」

「なにしろ秀吉、家康の四百年間に亘る情報量は膨大なものがあったでしょう、ですから信長は非常に説明しやすく、ごく簡単に人物像を浮かび上がらせることができるんです。またこの

豊臣秀吉像
(高台寺蔵)

二人の主君と論ずるだけで、やたら凄い奴と錯覚させることも容易です。死に方も光秀による謀叛《むほん》ですから余計都合よく……、また、信長の死体が本能寺炎上によって完全に消失したため、光秀はついに信長の首を目にすることができなかった。これらがうまく絡《から》まりあっているのも信長人気を爆発させた大きな理由かな」

「悲劇的な死に様も演劇的ということですか」

「それもありますが、もし光秀の謀叛がなかったら、この『もし』という最大級に魅力的な余韻が使えるでしょう。特に信長の場合の『もし』は、家臣の秀吉、家康が余りに偉大な武将でしたから、とても効果的なんです」

「ウーン、明石さんに指摘されて気がついたのですが、確かに信長における『もし』は、なんの疑いもなく、秀吉、家康より上という前提で語られますね」

「ここが大いなる錯覚なんですよ。信長は秀吉、家康の主君。光秀の謀叛がなければ、当然秀吉、家康よりもっと凄い武家が誕生したはず……。誰もが秀吉、家康の武家としての偉大さは知っていますから、これが潜在意識となって増幅され信長の評価をとり違えてしまうのです」

「……それにしても、信長が論じられるようになるのは太平洋戦争後というのは、信じられないなぁ。信長には浅井、朝倉を見事に敗った『姉川合戦《あねがわ》』、鉄砲の三段構えで有名な『長篠《ながしの》合戦』、また一大艦隊を構成し大明《だいみん》を征服、その後はインドまで視野に入れていた……、まぁ他にも沢山ありますが、これらの信長を戦前まで評価しなかったと言うのですか」

「無論、論じられていましたよ。家康、秀吉の話としてね」

「おっしゃる意味が、判りかねるのですが」

「ですから『姉川合戦』『長篠合戦』は家康の合戦として論じられていましたし、海外派兵の話は秀吉の構想として語られていました。最近の信長ブームは、秀吉、家康の領域まで入り込んできて、何でもかんでも信長に結びつけてしまっているのです」

「まさか……」

「本当ですよ。江戸期の大名で『姉川合戦』『長篠合戦』を信長の合戦と認識している人は誰もいません。海外派兵の話も、『イエズス会日本年報追加』に記載された宣教師カリヤンの報告書あたりが出処と想うけど、ただ単に秀吉の話を間違えて伝えただけなんです。秀吉は中国攻め出発に際し、信長にこう言っているのです。『中国を平らげたら、次に九州を平定します。この後、艦隊を率いて朝鮮に渡り大明をも平定し、信長様の為に日本、朝鮮、大明を一つの国に統一してみせましょう……』。信長は『秀吉又復《またまた》大言ならんか』、と笑ったというんです。これがいつの間にか混同されて信長の話にすり替わってしまいました。信長は、天下を取ったわけでもなく、単に戦国の大大名です。そんな大それた構想は持ち得ません。今日語られる信長像は虚像と講談の世界、信長＝信長・秀吉・家康で語られているのです」

＊

信長は海外出兵の構想を持っていたとよく言われるが、この根拠の一点に「宣祖昭敬王実録《せんそしょうけいおうじつろく》」に掲載される文がある。

☆乙亥宣祖《きのといせんそ》八年　万暦《まんれき》三（一五七五）年二月庚午朔《かのえうまさく》
備辺司《びへんし》密　啓曰《みつけいしていわく》「信長」謾詐之言《のぶながはこれけんさをいう》　雖　不可尽信《ことごとくしんずべからずといえども》
在我防備之事《わがぼうびのことありて》　預　為措置無妨《あらかじめそちをなすにさまたげなきよう》　因揀択武将《ちなみにぶしょうをかんたくし》
在外罷散武士装束以待《そとにちるをやめぶししょうぞくをもつてまちせん》

万暦三年は天正三年であるから、これは「長篠合戦」以前の文とすることができる。信長は生涯九州、中国をその勢力下に置けなかったが、このことを考慮すれば、この文は実に不思議としか言いようがない。宣祖《せんそ》は、この情報を採用しているが、常識的に考えても国王が単なる風聞《ふうぶん》をもって反応することは有り得ない故、「国政を管轄する文武合議機構の情報によれば、織田信長は権謀術策に巧みな人物なので信用できない。従って、信長に対して防備の必要が有る」、は信憑性の高い情報として判断されたのだろう。

次に宣祖における、情報の入手経路だが……、天正元（一五七三）年信長に敗れ追放された足利義昭の存在がある。義昭と朝鮮国王の交流は「続善隣国宝記《ぞくぜんりんこくほうき》」を視ても頻繁に行われており、この義昭が宣祖へ送った情報の可能性が予測される。日本国王足利義昭と朝鮮国王の交流は「続善隣国宝記」に視る限り、万暦九（天正九年・一五八一）年から十二年までしか視られないが、朝鮮国王が突然義昭に書を送ることもないゆえ、万暦九年以前から義昭と交流があったことは充分推察される。信長に追放されたとは言え、大明、朝鮮の認識する日本国王は、依然として足利義昭であり、この義昭の情報であったからこそ宣祖は、信長の出兵を危惧《きぐ》したと推測したい。恐らく、義昭は朝鮮国王との接触のきっかけとして、偽情報を敢えて流すような戦術を採用したのではないだろうか。

※足利義昭は、信長に追放された後も征夷大将軍を続け、対外的（大明、朝鮮）には日本国王と称していた。天正十六（一五八八）年征夷大将軍の補任《ぶにん》を解かれるが、この後は豊臣秀吉から一万石を贈られ慶長二（一五九七）年まで存命した。

また、フロイスによるイエズス会総長宛の年次報告の文も、信長の海外出兵を語るとき、必ず提示される……、「毛利を征服し日本六十六ヵ国領主となった後、一大艦隊を編成して大明を征服し、諸国を其子たちに分《わか》ち与えんと計画した……」。この報告書は、天正十（一五八二）年十月二十日、信長が本能寺に急死した事から特に追加されたものだが、この文に限ると生前の信長から直接採取した話ではなく風聞として書かれている。少し考えれば判るが、信長が大艦隊を組織し海外出兵を構想したとすれば、これはイエズス会宣教師にとって大事件であり、一刻も早くイエズス会総長へ報告書を送って然るべき大変な情報である。一五二九年、スペインとポルトガルはサラゴサ条約を結ぶが、この解釈をめぐり日本がどちらに帰属するか問題となっていた。スペイン側のフランシスコ会は日本を分界線の西側だと主張し、ポルトガル側のイエズス会は東側と主張していた。信長が海外出兵を構想すれば、この両国、特にポルトガルの植民地戦略に影響を与えることから、フロイスがこの風聞に信憑性を感じていれば、万全の情報採取の上、充実した報告書を送ったはずである。

次にこの風聞を「朝鮮上賀表」の条に掲載される文と比較すると、実は全く同じ話であると理解できる。この文は秀吉の中国攻め出陣（天正五年）に際しての逸話だが……、フロイスの報告書はここから引用されている事は間違いない。因みに「続本朝通鑑《ぞくほんちょうつがん》」「日本外史」にもこれを引用した文が掲載されている。つけ加えれば、一五八〇年にポルトガルの王位は絶え、フェリーペ二世（スペイン）が王位を兼任している。当然のことだが、一五八二年にはサラゴサ条約の分界線は全く意味を成さなくなり……、フロイスが適当な追加報告書を送った可能性は高い。

☆加様《かよう》ニ秀吉公思召立《おぼしめしたつ》モ、由緒《ゆいしょ》ナキニアラズ。信長公西国退治《さいごくたいじ》ノ大将トシテ、秀吉公ヲ遣《つか》ハセシ時ニ、常ニ信長公ノササセ玉《たも》フ唐傘《からかさ》ヲユルシ被下《くだされ》、毛利退治早速《さっそく》ニ功成《こうな》ラバ、中国ヲ、悉《ことごと》ク賜《たまわ》ルベシ、其勢《そのいきお》ヒニ九州ヲ退治スベシ、御人数追々可被《ごにんずうおいおいくださる》下《べき》ト仰出《おおせでる》。秀吉公心早《こころはや》キ人ナリ、殊《こと》ニ此時《このとき》、寵遇余人《ちょうぐうよじん》ニ勝《すぐ》レ玉《たま》ヘバ、唐傘《からかさ》ヲユルシ被下上《くださるうえ》ハ、早速《さっそく》ニ中国ヲ平《たいら》グベシト、聞クモ涼《すず》シク申《もう》シナガラ、次《つい》デニ先手《せんて》ノ働《はたらき》、自由ニ仕《つかまつ》リ、功《こう》アル由《よし》ヲ、舌《した》ヲフルッテ述《の》ラレタリ。……中国御手《おんて》ニ入《い》リナバ、日本国中ニ、誰カ敵対仕《つかまつ》ルベキ、彼等《かれら》（信長の近臣たちをさす）ヲ被遣《つかわされ》、一国ヅツ充行《あておこ》ナハレ、奉公《ほうこう》ノ労《ろう》ヲ賞《しょう》シ玉《たも》フベシ。某《それがし》ハ、ソレヨリ九州ヲキリ従《したが》ヘ、早速《さっそく》ニ平治《へいち》スベシ。然《しか》ラバ、一年ノ所務《しょむ》ヲ被下《くださる》ベシ。ココニテ勢《いきおい》ヲ汰《よな》ヘ、兵糧《ひょうろう》ヲ蓄《たくわ》ヘ、大船《たいせん》ヲ作リ、朝鮮ヘ入《はい》ルベシ。某《それがし》ガ功《こう》ヲ賞《しょう》セラレント思召《おぼしめ》サバ、朝鮮ヲ被《くだ》下候《されそうろう》御教書《みぎょうしょ》ヲ一通下《いっつうくだ》サルベシ。朝鮮ヲセメ随《したが》ヘ、大明国ヘ働《はたら》クベシ。大明国ノ征伐《せいばつ》輙《たやす》ク功《こう》ヲナサバ、大勢《たいせい》ノ御幡《みはん》カ強盗カト、人ノトガメモ有《ある》ベシ。君《くん》ノ御威光《ごいこう》ヲ以《も》テ攻取《せめと》ラバ、軍《ぐん》ニ名《な》アッテ、人ナビキ順《したが》フベシ。九州ヲ幣治《へいち》センコト、掌《て》ノ内《うち》ニアリ、朝鮮ヲトラン叓《こと》、最《もっとも》安《やす》カルベシト、憚《はばか》ル処《ところ》ナク被申《もうされ》ケレバ、聞人興《きくひときょう》ヲサマシテ、驚キアヘリ。信長公、彼ガ大胆ヲ感ジ、大ニ笑ヒテ、西国ノ成敗ハ、安土《あづち》ヘ注進スルニ不及《およばず》、イカヤウニモ、謀候《はかりそうら》ヘトユルシ玉《たも》フ。

〈朝鮮上賀表《ちょうせんじょうがひょう》、堀正意輯録《ほりしょういしゅうろく》、朝鮮征伐記《ちょうせんせいばつき》〉

天正十九（一五九一）年正月、秀吉による大明出兵は実行の決定がなされるが、これに合わせインド副王宛《あて》国書及びフィリピン総督宛にも降伏勧告ともいうべき国書が送られている。この出兵は、「朝鮮陣　為御用意大船被仰付覚《ちょうせんのじんたいせんごよういおおせつけられたるおぼえ》」「朝鮮陣軍役之定《ぐんえきのさだめ》」「就　高麗　陣　掟　條々《こうらいじんについてのおきてじょうじょう》」の三点からなる要項を基盤に、名護屋在陣勢十万二千四百十五人、朝鮮国渡《と》海勢《かいぜい》二十万五千五百七十人、総員三十万七千九百八十五人が動員されるという十五、六世紀における世界最大規模の海外出兵であった。

☆朝鮮陣為御用意大船被仰付覚〈太閤記〉

一、東《ひがし》ハ常陸《ひたち》より南海《なんかい》を経《へ》て、四国九州に至《いたり》て、海に沿たる国々、北ハ秋田、酒田より中国に至て、其国々之高拾万石《そのくにぐにのたかじゆうまんごく》に付《つき》て、大船《たいせんに》二般宛《そうずつ》、用意《ようい》可有之事《これあるべきこと》

☆朝鮮　陣軍役之定《ちょうせんじんぐんえきのさだめ》〈太閤記〉

一、四国九州ハ高一万石《たかいちまんごく》に付《つき》て六百人之《の》事《こと》

一、中国紀州辺《ちゅうごくきしゅうあたり》ハ五百人

一、五畿内《ごきない》四百人

一、江州尾濃勢四《ごうしゅうびのうぜいよん》ヶ国《こく》ハ三百五十人

一、遠三駿豆辺《えんさんすんずあたり》三百人、是より東ハ何《いずれ》も二百人たるへし

一、若州《じゃくしゅう》より能州《のうしゅう》に至《いたり》て其間《そのかん》三百人

一、越後《えちご》出《で》羽辺《わあたり》二百人

☆就高麗陣掟條々《こうらいじんにつきおきてじょうじょう》〈太閤記〉

一、人数《にんず》おし之《の》事《こと》、六里《ろくり》を一日之《いちにちの》行程《こうてい》とす、乍所之《さくしょの》遠近《えんきん》、六里《ろくり》之《の》内外《ないがい》、奉行計《ぶぎょうはから》ひ次第《しだい》たるへきなり、即宿奉行定之条《すなわちやどぶぎょうさだめのじょう》、前後《ぜんご》諍論《そうろん》なく、万《よろ》つ順路《じゅんろ》に可有之事《これあるべきこと》

〈他七条〉

秀吉はこの出兵に関し、渡海以前から領土分与を提示した。

☆能申遣候《もうしつかわしあたうそうろう》
一、来三月至大唐《きたるさんがつだいとうにいたり》可被成御動座之旨《ごどうざなされるべしのむね》被仰候事《おおせられそうろうこと》
一、於大唐《だいとうにおいて》二十ケ国《にじっかこく》令拝領候事《はいりょうせしめそうろうこと》
〈加藤清正書状〉

京城《けいじょう》占領がなると、関白秀次宛の朱印状（二十五ヵ条）に大明征服後の構想まで明らかにしている。主な内容は……。

☆秀次を大唐の関白職にする。
☆天竺《てんじく》、大明など敵ではない。
☆後陽成《ごようぜい》天皇を大唐の都《みやこ》へむかえ、そのまわりの十ヵ国を御料地《ごりょうち》として献上する。同行した公家たちにもしかるべき知行《ちぎょう》を与え、下位の者には十倍の封禄《ほうろく》を給《きゅう》す。
☆大唐の関白（秀次）には、都を中心に百ヵ国を譲《ゆず》り、日本の関白は羽柴秀保《ひでやす》か宇《う》喜《き》多《た》秀家《ひでいえ》を考えている。
☆日本の帝位は、良仁《ながひと》親王か智仁《としひと》親王のどちらかを即位させる。
☆朝鮮には織田秀信か宇喜多秀家……、羽柴秀俊《ひでとし》には九州を任せよう。

また秀吉は「天竺（インド）辺りの領土分与をされた武将は命令を待つことなく天竺を征服してもよい」とし、六月三日にはこれと符合するかのような書状を毛利輝元に宛《あ》てている。

☆……、吾為小臣貶《われしょうしんにおとしめ》、或《あるいは》五百騎或千騎、以小撃大攻伏日本国中《しょうをもってだいをうちにほんこくじゅうせめふせ》、鋭士《えいし》勇将《ゆうしょう》悉《ことごとく》皆命《みなめいに》従《したがう》、如汝等者《なんじらは》、将数十万之軍卒《まさにすうじゅうまんのぐんそつに》、可誅伐如処女大明国《しょじょのごときだいみんこくちゅうばつすべし》、可如山鷹卵者也《やまのごときえんらんしゃばかりなり》、匪帝大明《ひていだいみん》、況亦天竺《いわんやまたてんじく》（インド）南蛮《なんばん》（フィリピン）……。

徳川幕府が定着し、鎖国政策が取られると、秀吉英雄視につながる海外出兵は、これを背景に意図的に書かれ「太閤記」などにも終始一貫否定される。しかし江戸中期から太平洋戦争敗戦までは秀吉の熱狂的ブームは継続し、この大東亜を統合する戦略は見直されるが、戦後再び沈み今日《こんにち》では「日本人は元々他国民と戦争することに訓練されていない。順路も航海も征服しようとする敵方の言語や地理も知られていない。海路軍団を派遣するが、内陸の武将はそれに馴れていない」と解説し、この海外出兵は老人の誇大妄想的ヒステリーと定義されている。

☆古今有《ここんあり》ましき事《こと》になれ侍《はべ》るとて、見物《けんぶつ》の老若《ろうにゃく》ののしる声《こえ》ちまたに洋溢《よういつ》せり。
☆秀吉卿古今《ひでよしきょうここん》に独歩《どっぽ》したる主君《しゅくん》かなと誉《ほむ》る声《こえ》のみ多《おお》し、是心盲之人《これしんもうのひと》なり……、国《こく》病《びょう》にしてハ、日本之賊鬼也《にほんのぞつきなり》、検地《けんち》をし侍《はべ》りて、万人《ばんにん》を悩《なやま》し、兆民《ちょうみん》ゐせたけ、しほり取《た》て其身《そのみ》の栄耀《えいよう》を尽《つく》せり……、かやうの事《こと》を讃人《ほむるひと》は、千人に九百九十人也、反《これに》之誹《そむきそし》る智《ち》ハ、甚《はなはだ》すくなく見《み》ゆ。〈太閤記〉

＊

「しかし信長と同時代に書かれたフロイスの『日本史』などは信長をまさに戦国武将の理想型として描いていると想います。明石さんは『日本史』に書かれる信長像も認めないのですか」

「フロイス『日本史』の根底に流れているものは、日本を『博物学』的に視る人種差別が基盤となって書かれたものです。あんな不愉快な記述を論じたいとは想いません。小松さんがなぜフロイス『日本史』で信長を論じようとするのか、全く理解できません」

「…………」

「戦後価値観が一変し、外なる人をたくさん殺した秀吉が沈み、内なる人を数え切れない程殺した信長が浮上するのは理解しますが、それにしても昨今の信長ブームは納得できません。最近は『ほととぎす』の譬《たとえ》でさえ聞かれないではありませんか」

「そういえば聞きませんね。あの譬は信長、秀吉、家康の人物像がまだハッキリわからない子供心には『なるほど』と想わせる妙な説得力があるのですが……。信長人気とともに、確かに『ほととぎす』の譬を聞くことは少なくなったように想います」

「タレントもどきの熱狂を伴う信長が『殺してしまえ』では具合が悪いからでしょう」

「…………」

「まぁしかし、信長の人気が高いのは何となく判りますよ。『長身痩軀《そうく》、華奢《きやしや》な体』、その上気分が『バサラ風』、伴天連《バテレン》たちから贈られた鍔広《つばひろ》の帽子（南蛮笠、南蛮頭巾《ずきん》）やマントを着込んでも『様《さま》』になった視覚的見栄《みば》え、それに『少しく憂鬱《ゆううつ》な面影《おもかげ》を有して』いたそうですから映画、テレビ向きですし……、なにせ信長とよく比較される光秀、秀吉、家康は『禿・猿・狸』ですから……。まぁこんな話をいつまでも続けていても仕方ありませんから信長の実像について論じましょう。小松さんは信長に詳しいので反論があったら遠慮なく言って下さい」

「判りました……」

＊

信長の声に関しては「信長公記」や「武功夜話」に信長の「大音声《だいおんじょう》」が、たびたび登場することから明瞭で大きな声だったのだろう。

☆上総介殿大音声《かずさのすけどのだいおんじょう》を上げ、御怒《おいか》りなされ候《そうろう》……、御威光《ごいこう》に恐《おそ》れ立《たち》とどまり、終《つい》に逃《にげ》崩《くず》れ候《そうろう》キ。〈弘治《こうじ》二（一五五六）年丙辰《ひのえたつ》八月二十四日　信長公記〉

☆勝家《かついえ》の軍《ぐん》に赴《おもむ》き、大《おを》いに呼《よ》びて曰《いわ》く……、勝家《かついえ》、大《おをい》に恐《おそ》れ、終《つい》に走《はし》りて末盛城《すえもりじょう》に帰《き》す。〈弘治二年八月　日本外史〉

☆信長公馬上《のぶながこうばじょう》より大音《だいおん》にて申《もう》されけるは、皆《みな》の者柴田《ものしばた》の鎗先如何《やりさきいか》ほどやある。〈弘治二年丙辰八月　武功夜話〉

これは信長の弟勘十郎《かんじゅうろう》（信行）が柴田勝家と共に謀叛を起こしたときの記述であるが、優勢な勝家の軍に対し信長が大音声を浴びせると、豪胆でなる勝家がすごすごと引き下がったと言うのである。「発するやその声雷の如し〈武功夜話〉」。信長の声は相当迫力があったに違いない。

第二章

信長系譜の謎

「最初に信長の系譜に触れますが……。信長の系譜は源氏、平氏、はたまた藤原氏なのか憑拠《ひょうきょ》を持って確定できるものは何もないのです。僕は三代前の敏定《としさだ》までしか確定できないと考えています」

「これは手厳しいですね。しかし、『寛政《かんせい》重修諸家譜《ちょうしゅうしょかふ》』『日本外史織田氏略系』に記載される系図や『武功夜話』から作成された系図はどうなるんです」

「全く無視です。『日本外史』の略系は『寛政重修諸家譜』を基に作られたのだと考えますが、この三つの系図を較べるだけでも信長の系譜が定かでないことは明白です」

「それは私も感じますが、四代前の久長《ひさなが》までは一致するのではありませんか」

「それでは、『信長公記』に、なぜ久長の事が一行も記されないのですか。久長が確かに織田姓を名乗った憑拠は何なのでしょうか」

「確かにおっしゃる通り、『信長公記』には織田敏定からしか記されていません。しかし『総見記』『寛政重修諸家譜』『日本外史』『武功夜話』の記述から久長までは確定できると想えるのですが」

☆其家《そのか》伝《でん》ヲ尋《たず》ネ視《み》ルニ信長ヨリ十八代ノ先祖、権大夫《ごんだいぶ》平親眞《たいらのちかざね》ト云《い》フ人《ひと》、始《はじ》メ江州《ごうしゅう》津田《つだ》ノ郷《ごう》ニ住《すまい》セラシガ、其後《そのご》越前《えちぜん》ノ国織田庄《くにおたのしょう》ニ移《うつ》リ、織田大明神《おだだいみょうじん》ノ神職《しんしょく》トナル……、武衛《ぶえい》（源高経《みなもとのたかつね》）ノ末孫《まっそん》織田大明神へ参詣《さんけい》ノ時《とき》、親眞《ちかざね》ノ曾孫《ひまご》（織田大明神の神職）……、出迎《でむかえ》タリケルニ……、神職子息 某《しんしょくしそくなにがし》ト云器利発《いううつわりはつ》ニシテ他《た》ニ異《こと》ナル児《こ》ニ見《み》エシカバ、武衛是《ぶえいこれ》ヲ愛《あい》シ武士《ぶし》ニシテ召仕《めしつか》ハレケリ、即于在名《すなわちここにあるな》ヲ称《しょう》シテ織田《おだ》氏《し》トナシ給《たま》ヘリ。

〈総見記　織田氏家伝事《おだしかでんのこと》〉

☆織田氏は平重盛《しげもり》より出《い》づ、重盛の次子を資盛《すけもり》と曰《い》ふ。……、資盛孤児《こじ》あり……、津田郷《つだのさと》に匿《かく》る。児《こ》、終《つい》に織田氏を冒《おか》す。親眞《ちかざね》と名づけ、権大夫《ごんだいぶ》と称す。子孫世《しそんせい》祝人《はふり》（神職）たり。……、斯波義重《しばよししげ》（武衛《ぶえい》の末孫《まっそん》）……、織田祝人《おだはふり》の子を見て、之《これ》を美《び》とし載《の》せて帰《かえ》りて、以《もっ》て近臣《きんしん》となす。……、織田氏終《つい》に斯波《しば》氏の重臣《じゅうしん》となり、尾張に徙《うつ》る。親眞《ちかざね》よりして後《のち》十五世を敏定《としさだ》と曰《い》ふ……、敏定、敏信《としのぶ》を生《う》む。備《びん》敏信《としのぶ》、常祐《すねすけ》を生む。敏定《としさだ》の庶子《しょし》信定《のぶさだ》弾正 忠《だんじょうのじょう》と称《しょう》す。信定《のぶさだ》の子を信秀《のぶひで》と曰《い》ふ。備後守《ごのかみ》と称《しょう》す……。信秀《のぶひで》十二男四女あり。庶長子信広《しょちょうしのぶひろ》、其次《そのつぎ》を信長となす。

〈日本外史〉

「どこにも久長の名前は出てこないと想います。どちらも親眞から信長まで十八代、途中は空白で記されるのはやはり敏定からです」

「しかし『武功夜話』の系図には、久長（楽田築城《がくでんちくじょう》）とはっきり記されています」

「そうなの、何度も『武功夜話』を読みましたけどね、やはり敏定までしか確定できないと考えます。あの本は第一巻から補巻までの中で、同じ題材を何度も取り上げていますでしょ、ところが記述が微妙に違います。まぁ系譜についてのみ話題にしますが……、織田久長の表記は『武功夜話』を全訳なされた吉田蒼生雄《たみお》氏が付けたものなんでしょう」

「確かそうだと想いますが」

「一巻から補巻まで拾ってみましたが、織田久長の名前を確定することはできませんでした」

☆出雲入道《いずもにゅうどう》常竹公《つねたけこう》嫡子《ちゃくし》の三郎様《さぶろうさま》（織田久長）は強勇《ごうゆう》の御仁《ごじん》。

〈一巻　六十九ページ〉

☆三郎弾正《さぶろうだんじょう》様（織田久長）は嫡子治郎左衛門敏定《ちゃくしじろうざえもんとしさだ》という、この人また大剛《だいごう》の大将《たいしょう》に候《そうろう》。この治郎左衛門、丹羽郡楽田《にわぐんがくでん》なる処《ところ》に城を築きその地に居城《きょじょう》、楽田殿《がくでんどの》というこの人の事なり。舎弟弾正左衛門《しゃていだんじょうざえもん》（織田常広）、春日部郡御台《かすかべぐんおだい》なる処《ところ》に居城《きょじょう》あり、御台殿《おだいどの》というこの人の事。

〈一巻　六十九ページ〉

☆織田三郎弾正左衛門尉《だんじょうざえもんのじょう》（久長）、この人始め尾州春日部御台《びしゅうかすかべおだい》なる処《ところ》に住《すまい》し候《そうろう》ところに、この地より丹羽郡楽田《にわぐんがくでん》に城築き……、三郎弾正左衛門の長子弾正左衛門（織田常寛《つねひろ》）、次男治郎左衛門《じろうざえもん》（織田敏定《としさだ》）ともに武勇に秀《ひい》でたる武辺《ぶへん》の者《もの》。

〈補巻　四十七ページ〉

☆与九郎敏広公《よくろうとしひろこう》の御舎弟《ごしゃてい》、この人治郎左衛門久長《じろうざえもんひさなが》という。御嫡子治郎左衛門敏定《ごちゃくしじろうざえもんとしさだ》という。

〈一巻　七十八ページ〉

☆伊勢守《いせのかみ》入道《にゅうどう》常松《つねまつ》公《こう》二子《にし》あり、嫡子《ちゃくし》与二郎という、次男与九郎というなり。この与二郎は後年敏弘《としひろ》と成る人。〈二巻　六十七ページ〉

「ウーン、これはかなり混乱していますね。確かにおっしゃる通りかもしれません」

「実は小松さん、僕も『武功夜話』から系図を作ってみたんです。でも第一巻の四百七十六ページ掲載の系図は作れませんでした。どのようにして系図を確定したのか判りませんが……、とにかく信長の系譜が一定して記されていないことは確かです。もしかすると校閲の段階で句点の打ち方を間違えたり、似たような名前が多いですから原文と違って出版されたのかもしれません。まぁ、『武功夜話』を史料として認めるか否かはともかくとして、信長の系譜は敏定までしか遡《さかのぼ》れないことを認めて下さい」

「それは確かな憑拠があれば認めます」

「織田信長の系譜伝承は色々あって、どの系譜も厳密に言えば不確かなんです。それで、当時の系図家はアバウトな感じで織田系譜を伊勢守家系列と大和守家系列の二流に分けて作りました。で、一応は伊勢守家系列を織田宗家、つまり主流とし、この祖を織田教広、大和守家系列の祖を織田教信としたわけです。『蔭涼軒日録』延徳二（一四九〇）年八月十三日、当時の大和守家系列頭目の織田大和守敏定が、自分の肖像画二点と共に、伊勢守家系列の祖であった織田伊勢守常松（教広）の肖像を将軍家に献納しています。これは織田敏定（大和守）が宗家（伊勢守）を制圧し、晴れて自分の系譜こそが織田宗家であることを、蔭涼軒（相国寺鹿苑院蔭涼軒主は、将軍に対して直接的な情報源となっていた）を通して将軍家に上奏したことを物語り、事実、延徳二年以後の敏定は、大和守・伊勢守の二つを同時に名乗ります。織田信長の家系は、元々教広系でも教信系でもなく、織田の傍流なんです。でも、戦国の世を戦い抜いていくうちに、いつしか『我は織田宗家敏定の曾孫』と言い出した。信長にとって敏定と直系の血が繋がっていようがいまいが、そんなことはどうでも良く、言わば、辻褄合わせのために織田一族に対して強引に敏定曾孫と宣言したわけで、無論、異を唱える織田一族は誰一人としていません。だからこそ、太田牛一も『信長公記』の中で、信長と敏定を巧みに結び付け、信長の系譜を敏定までしか遡れないよう作為したんです」

「判りました。話を変えますが、信長の家系は平氏、藤原氏どちらだったのか、最近は藤原氏説の方が強いようですが」

「どちらでもないですよ、秀吉と同じです。巷間《こうかん》いわれる源平交替説から藤原氏を平氏に変えた、この論は的外れで支持できません。信長が平氏、藤原氏どちらの系譜でもなかったことは明白だと考えます。例えばね、『総見記』『日本外史』『信長記』『続群書類従』『寛政重修諸家譜』は平氏説です」

平氏　清盛流、織田、左近将監信浮が今の呈譜に、親真はじめて織田を称し、又津田先生と号す。九代の孫常昌より相継て織田と称すといふ

○親真―親基―親行―行広―末広―基実―広村―真昌―

常昌―常勝―教広（次郎左衛門）―常任（次郎兵衛）―勝久

（三郎弾正左衛門）―久長（弾正左衛門）―敏定（三郎・伊勢守・大和守）

信定（弾正忠）―信秀（弾正忠・備後守）―**信長**〈寛政重修諸家譜〉

【織田氏略系】

平重盛―資盛―親眞―親基―親行―行広―末広―基実―常昌―常任―勝久

久長―敏定―敏信―常祐―彦五郎

敏定―信定―信秀
- 信広―女（六角義秀妻）
- **信長**
  - 信忠―秀信（三法師）
  - 信雄
  - 信孝
- 信行
- 信包

【織田系図】

織田常竹（出雲守）——久長（弾正左衛門・大和守）

敏定（治郎左衛門・大和守）——信定（弾正忠）——信秀（備前守）

信長

〈武功夜話　直系略図〉

信治
信時
信興
秀孝
秀成
信照
長益
女（浅井長政妻、柴田勝家妻）

秀勝
勝長
女（佐々木義秀妻）
女（前田利長室）
女（岡崎信康妻）
女（丹羽長重妻）
女（二条関白某室）
女（武田勝頼妻）
女（中川秀政妻）
女（蒲生氏郷妻）

〈日本外史〉

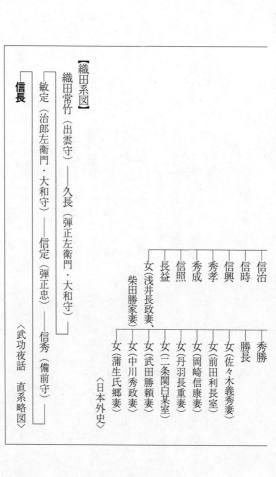

☆信長ヨリ十八代ノ先祖、権大夫《ごんだいぶ》平 親眞《たいらのちかざね》ト云《い》フ人《ひと》　〈総見記〉
☆織田氏は平重盛より出づ　〈日本外史〉
☆永禄三（一五六〇）年五月十九日平信長敬白《けいはく》　〈信長記〉
☆織田氏之紋　上（揚）羽蝶平家累代《るいだい》の紋　〈続群書類従　織田系図〉
☆平相国清盛の嫡孫、三位中将平資盛十九代の後胤　〈繪本太閤記〉

「平氏説の駄目なのは私も認めます。親眞が資盛の孤児だったとするだけで充分だと想います。また『信長記』掲載の熱田祠願書《あつたしがんしょ》も種本の『信長公記』にその記載がありませんし、願書も現存していないはずです。私も平氏説の憑拠となるのは何もないと想っています」

「信長平氏説に関しては意見が一致しましたね。とにかく江戸の文献は全てといって良いほど信長平氏説なんです。『山城名勝志《やましろめいしょうし》』、『繪本太閤記』のような庶民の読み物でさえ、信長を平氏としていますから、江戸期は信長平氏で定着していたんだと想います。尤も、何を根拠にしたのか判りませんが……、ただ『続群書類従 織田系図』に信長が『揚羽蝶《あげはちょう》』の紋を使用したかの様な記述があることと、『多聞院日記』に掲載される文を合わせて考慮すると信長が自ら平氏の系譜と称していたのかも……」

☆本能寺……天正十年六月二日、平信長公於比地為明知《このちにおいてあけちのため》（智）自《みずから》薨《みまかる》。　〈山城名勝志〉

☆信長は平家の故《ゆえ》御《お》気《き》に障《さわ》る歟《か》と推量了《すいりょうせり》。

〈天正十年五月十八日　多聞院日記〉

「アレ、信長の紋は『木瓜《もっこう》』かと想っていましたが、『揚羽蝶』も使っていたのですか」

「信長の紋は、この他にも『永楽《えいらく》銭』『桐』『引両筋《ひきりょうすじ》』があるんです。重文に指定されている信長肖像図（↓P. 23）は『五三の桐』を着けています。小松さんが指摘の『木瓜』は信長が本来使用すべき伝世の家紋なんです。ところが不思議なことに、この『木瓜』の来歴は未だに解明されません」

「織田瓜の来歴は不明？　信じられないなぁ」

「本当です。でも今は系譜のことがテーマですから、この話は後にしましょう」

「すると藤原氏説も駄目なのでしょうか」

「藤原説も同じだと考えます」

「ただ藤原氏説を支えるこれらの文献、史料はどうなんでしょう」

☆明徳四年六月十九日、藤原信正《ふじわらののぶまさ》兵庫介《ひょうごのすけ》政弘《まさひろ》置文《おきぶみ》

☆天文十八年制札《せいさつ》　藤原信長《ふじわらののぶなが》

☆熱田神宮神宝《じんぽう》、菅公古《かんこうこ》画《が》の裏《り》面《めん》に天文二十三年藤原織田《ふじわらおだ》信勝《のぶかつ》寄《き》附《ふ》の墨書《ぼくしょ》

☆織田《おだ》上総介藤原信長《かずさのすけふじわらののぶなが》

〈武功夜話〉

「ああ、もう全部論外です。天文十八年の制札が信憑性《しんぴょうせい》のあるもので、また現存するのなら、これこそ信長の系譜がどこにも遡《さかのぼ》れない憑拠《ひょうきょ》と言えるものです。当時の武家は名門全て源氏です。源氏を名乗るには足利家と明確に血のつながりを証明する必要がありましたから、詐称することは非常に難しかったんです。そのため足利の家とつながりを持てない武家は必然的に平氏を名乗りました。平氏を称する場合は足利の前の北条と結び付ければ良い訳ですから、源氏を名乗るより故事付は簡単です」

「……………」

「重ねて言えば、足利の一門から苦情が来ないということです。平氏も名乗れない場合は、藤原でした。藤原氏は平氏、源氏より古い訳ですから氏族も多く、どこかで結び付けることは簡単でしょう。やり方は系譜の始まりを平安藤原、もしくは鎌倉藤原に置き、祖を十五代くらい前にして、我が祖は遠くどこそこからこの地へ来たとやれば良い訳です。織田家の場合は主家筋の斯波《しば》氏が完璧な源氏だから、まず源氏は名乗れません。まさか我が祖は北条に系譜を持つとは斯波家に言える訳もないですから、当然藤原を称します。つまり、天文年間に信長が藤原氏を称した事があれば、系譜はどこにもないということになるんです。源平から徳川までの系譜を簡単に説明しますとね……平氏は、桓武天皇より出ずるとし、我が祖は葛原《かずらはら》親王と称しました。この葛原親王の孫の高望《たかもち》が姓平氏を賜《たまわ》るわけです。次に源氏です。源氏も平氏と同じく天皇（清和天皇）家の出だと称し、そして同じように我が祖を貞純《さだずみ》親王におき、子供の経基《つねもと》が源氏姓を賜ったと称しました。北条氏は、平貞盛から始まり、我が祖は貞盛の次子、常陸介《ひたちのすけ》維《これ》

五葉木瓜(織田瓜)

揚羽蝶

永楽銭

五三の桐

引両筋

将《まさ》。次の足利氏は、源義家に始まり、義家の孫の足利義康《よしやす》が我が祖です。ここで武家に源氏が猛烈に増えました。三管家を始めとする名門は全て源氏といって良い程です。そして、源氏は足利家に系列化され、いい加減な素性の者はなかなか源氏を名乗れなくなってしまいました。信長の時代になると、もう無茶苦茶です。たださすがに足利将軍家がありましたから、新興の武家は源氏を名乗れません。平氏も、上杉と北条がありましたから難しく、系譜のない武家は皆藤原氏を称したんです。因みに徳川家康は源氏ですが、足利家の祖、足利義康《よしやす》の兄、新田義《よし》重《しげ》を我が祖と豪速球を諸大名に投げたんですから大した人物です。でも、天皇から豊臣の姓を賜り、平氏・源氏・藤原氏を全く無視した豊臣秀吉はもっと凄いかも……」

☆瓜之紋旧記脱而不詳《うりのもんきゅうきだつしてふしょう》、或《あるいは》伝曩祖依軍忠従《さきにいくさによるちゅうにしたがうとつたう》。朝廷雖賜瓜之紋《ちょうていうりのもんをたまうといえども》……。
令帰陣時被賞動攻《きじんのときどうこうをしょうされしめ》、御《ご》前熟瓜賜之《ぜんじゅくこうこれをたまう》、並可備家之紋之旨奉厳命云々《ならびにいえのもんをそなえるべしのむねげんめいたてまつるうんぬん》、
又或記《またあるいはしるす》、依軍陣而見式衛瓜切目吉事賜于信秀云々《ぐんじんにてえいにうりのきれめもちゆはきちじをみるによつてのぶひでにたまううんぬん》、
案伊勢守信安《いせのかみのぶやす》、大和守達勝等《やまとのかみみちかつらあんず》、前角瓜之紋伝依有之不審可考《ぜんかくうりのもんのつたえこれあるによってつまびらかならずとかんがうべし》。

〈織田津田系図〉

「成る程、だんだん始まりと我が祖の時代が下がり、血筋も薄くいい加減になってくる訳ですか。ところで、さっき信長の織田瓜は来歴不明と……」

「本当だと言ったでしょ。来歴不明は事実です。信玄と織田瓜のことって、実に奇妙な話なん

です」

「なんだか面白そうですね」

「まっ、この織田津田系図や群書系図に記載される説明文は、『古い記録や元の記録は失われた故詳しからず、或いは、詳らかならずと考えるべし』としている。これって、誰が考えたって来歴不明だよね」

「確かに……」

「でも、少し考えると妙なんだ。織田家の祖は越前丹生《にう》郡織田の剣神社の神官とされている。第七代孝霊天皇の御世に織田郷の豪族が素戔嗚尊《すさのおのみこと》を奉斎し、その後、第十一代垂仁《すいにん》天皇の御世に忌部《いんべ》氏が神剣を奉祀した時に神社の名前を織田神社から剣神社に改称した。この神社の神紋は織田瓜と同じだ。信長の時代、剣神社は絶大な保護を受け、この関係は信長が尾張へ移ってからも続き、社領安堵、社殿造営などの保護を受けた」

「剣神社は織田信長を筆頭とする織田一族の氏神となった訳ですね」

「だったら、江戸期の系図に書かれる織田の家紋が剣神社の神紋と何故同じなのか、その理由の記載があっても良いはずだ。ところが、織田瓜と剣神社神紋を結びつける記載はどこにもない」

「織田神社、剣神社の歴史は二千年以上です。当然、神紋は織田一族が家紋とした時より遥かに古いわけです。いつの時代か確定はできませんが、信長以前の織田一族の誰かが神紋を織田家紋としたと考えるのが自然じゃないですか」

「この問題は簡単そうでとても難しい。織田瓜の家紋、つまり五葉木瓜紋を大概の人は食用野菜のキュウリと結び付け、キュウリの切り口を図案化したと想っている。実はこの考え方が大間違いなんだ」

「私もそう想っていましたが、違うんですか？」

「木瓜とキュウリがどうして結びつくのかな。理解不能だよ。キュウリを漢字で書けば簡単に判ることじゃない」

「あれっ、迂闊にも錯覚していました。キュウリの漢字は胡瓜でした。木瓜とは書きませんね」

「信長研究が流行るのは結構な話だけど、この木瓜とキュウリの取り違えは、今日の信長研究の底の浅さを真に物語っている。木瓜とはマクワウリのことだ」

「マクワウリ……ですか？」

「我が国のマクワウリ栽培はキュウリの伝来（平安期）より六百年以上も前から始まっている。マクワウリは真桑瓜と書くが、この名称は美濃国本巣郡真桑村の産物として十二〜三世紀に栽培が始まり、十五世紀末頃には真桑の瓜はマクワウリとして広く知られたからだ。この時代は信長の曾祖父の敏定が織田の宗家として君臨した時期と同じ頃、当時の本巣郡は土岐氏が守護、斎藤氏が守護代を務めていた領域だが、織田宗家となった敏定もこの領域に介入し始めていた」

「何がおっしゃりたいのか一向に視えてきませんが……」

「え、判らないの？　織田家の始まりは剣神社の神主、剣神社の神紋である五葉木瓜紋の図案はマクワウリ、そういうことだ」

「つまり……、織田敏定は、自分の氏神である劒神社神紋と真桑の瓜の一致を知ると、織田宗家の家紋を敢えて五葉木瓜とし、本巣郡真桑村に偸《あからさ》まな執着をみせたと？」

「そういうこと。織田宗家の家紋を五葉木瓜にしたのは、間違いなく織田敏定だよ」

「それなら、信長はもの凄い権勢を誇ったのですから、織田家紋筆頭の織田瓜を大いに膨らませて話したと想います。信長は織田瓜の由来を一言も語りません。不思議なのですが」

「大いに語っている。信長の印判の文言は天下布武、真桑瓜そのものじゃないか。五葉木瓜紋には明確なメッセージが込められている。マクワウリの漢名は甜瓜（てんか）という。五葉木瓜紋とは天下紋という意味だ。織田信長が美濃を平定し稲葉城に入城したのは永禄十（一五六七）年八月十五日。天下布武印（↓P.185）を印判状に使用するのは、この三ヵ月後の十一月が最初だ。信長は敏定以来の想いを遂げたことから、ここで初めて五葉木瓜紋の意味を天下布武印という形で表現した」

「信長は五葉木瓜紋と天下布武印の結び付きを秘密にしたと……」

「そう想うけど」

「先ほど明石さんは織田家の祖は、素戔嗚尊を奉斎する福井県丹生郡織田の劒神社の神官だとおっしゃいましたよね。素戔嗚尊と信長を結び付ける面白い説をご存じですか」

「信長は自分を素戔嗚尊の再来と信じていた、という荒唐無稽な説のこと？」

「あながち荒唐無稽な説とも想えませんが……。例えば、劒神社の神紋は五葉木瓜、八坂神社（京都祇園社）の神紋も五葉木瓜、そして二つの神社は牛頭天王と素戔嗚尊を同一神として祀っている。ここに織田宗家信長の家紋五葉木瓜が結び付きますよね。事実、京都の人は、永禄十一（一五六八）年九月に足利義昭を奉じて入京した際の信長の隊列が五葉木瓜の旗印に埋め尽くされた光景を見て、『牛頭天王は素戔嗚尊の垂迹、織田信長は牛頭天王の化身』と熱狂したとの伝承もあります」

「これはその説の大本の解釈に根本的な誤りがあって、木瓜と胡瓜を間違えた話と同レベルだ。五葉木瓜と織田信長、牛頭天王、素戔嗚尊、武塔神のそれぞれの関係を全く勘違いしている。これらを結び付ける唯一の根本史料は『備後国風土記逸文』に掲載される、蘇民将来の項目だ。この逸文に、武塔神が『吾は速須佐雄《はやすさお》の神なり』とあるけど、武塔神と牛頭天王が習合したなんて一語も書かれていない。ところが、『釈日本紀』はこの逸文を引用して、牛頭天王と素戔嗚尊が完全習合されたとし、いつの間にか、恐らく室町後期だと思うけど、素戔嗚尊＝牛頭天王が信仰の中で定着した。八坂神社の五葉木瓜紋に牛頭天王、素戔嗚尊、この結び付きがそもそも間違っているのに、更にそこに織田信長を結び付けるなんて、荒唐無稽そのものじゃないか。だいたい、大昔からその存在証明のない『備後国風土記逸文』が史料として採用できるか否か、少し考えたってこの説の危うさは判ると想うけどね」

第三章

無類の上

「明石さん、フロイスは信長が無神論者であったかのような記述をしていますね」

「無神論者が没後神になったとしても不思議はないですが……、信長は何故か神になりませんでした」

「秀吉、家康は神になっているのに何故でしょうか」

「信長の系譜は越前丹生《にう》郡織田剣《つるぎ》神社の神官で忌部《いんべ》氏でした。当然、信長は三人の内で、最も神になりたかったはずです。前例は菅原道真、源頼朝にもありますからね。この神になれなかったことこそ、実は信長の限界を示唆しているんです」

「信長が無神論者であるなら……、ひょっとして、生前から神格化されることを拒否していた可能性もあります。信長の限界というのは少し……」

「あのね小松さん、どこから信長無神論者説が出てくるんです。信長ほど神様好きな武将はいませんよ。だいたい、信長を秀吉や家康と較べるから話がおかしくなるんです。生前も没後も、信長を神格化するような作業を誰一人していません。例えば神となった豊臣秀吉ですが、この人の出自なんて全てが謎で、本当の正体は今でも誰にも判らないんです。江戸期に一般的だった秀吉の正体を紹介するとこんな具合です」

※本朝後奈良院の御世、天文の時に一人の英雄が現れ、歴世の大乱を鎮め、万民の塗炭を救い、四海一統を掌に握り、遠く朝鮮、大明を征して、かの国に雷霆《らいてい》のごとく恐れられた。この人は尾州愛智郡中村の土民筑阿彌《ちくあみ》の子にして、幼名を日吉丸と呼んだ。後に木下藤吉郎、羽柴筑前守と名乗り、天下一統の後は、関白職を経て、豊臣太閤僧正一位となり、終《つい》には豊國大明神と奉られた。

我が朝、足利応仁の頃より天文、弘治、永禄、元亀、天正に至るまで、凡《およ》そ百有余年、天下麻のごとく乱れ、英雄豪傑国々に蜂起し、威を張り力を争っていた。

叡山西塔の僧に昌盛法師という者がいた。この僧、今の世を天下泰平にならしめんと大願を起こし、竹生島に参籠し祈ること百日、ここに異霊の神女が出現し、「汝が家に一人の奇子を生ましめ、天下これがために太平をうたうべし。還俗《げんぞく》して子孫の功を待つべし」と告げた。昌盛法師は山門を辞し、故郷江州浅井郡に帰り、中村彌助昌盛と称し、妻を娶って奇子の誕生を待った。やがて中村彌助昌盛に一人の男子が誕生した。彌右衛門昌高と名乗った。しかしこの子は神託の奇子ではなかった。昌高に彌助正吉が誕生したが、神託の奇子ではなかった。彌助正吉は剃髪して筑阿彌と称した。妻は持萩中納言保廉《やすかど》卿の娘である。この妻も、神託の奇子を望み、日吉権現に男子を得んことを願った。

ある夜の夢に、日輪懐に入ると見て忽《たちま》ち懐妊し、孕《はら》むこと十三月、天文丙申《ひのえさる》正月元日寅の一天、ついに奇子が出生した。その時、屋根の上に霊星現れ、白日のように照らした。この後、奇子に困難があれば必ずこの星が現れ、凶を転じて吉となした。奇子は長じて妻を娶った。この妻、平清盛の孫、三位中将惟盛《これもり》の息、平秀衡《ひでひら》が次男杉原伯耆守《ほうきのかみ》三平十四代の胤《のち》、長房入道道松の娘である。

「これはまた……凄いですね。空海と日蓮と一休宗純を足したような逸話ではありませんか」

「でも、江戸期の庶民は本気で信じ、秀吉はごく当たり前に神として崇められた。家康の場合は、徳川幕府が神格化に総力を挙げ、最終的に天台の天海が山王神道に基づき、神祇最高神の大権現を祀るべしと主張し、これが定められると、以後江戸歴史から、源（徳川）家康は完全に消え、東照大権現として祀られた。さっきも言ったけど、江戸期の庶民は本当に徳川家康の存在を知らなかったんだ。人が神になるには、自分以外の誰かがその作業をしなければ決して神にはなれません。だから、信長の人気（評価）が太平洋戦争以後だという事実を考慮すれば、現在こそ、信長が願って止まなかった神になれる時かもね」

「それって洒落ですか。明石さんは全く信長を評価していないんですね」

「評価しないのではなく、信長の実像を語りたいだけです。とにかく、日本歴史の武将人気は、江戸期から戦前までは圧倒的に秀吉でした。秀吉の人気は、出世の様や庶民性に求めがちですが、実際は朝廷や武家の根強い支持があったからなんです。明治以後は、それこそ国家的な英雄として奉られました」

「ホウ」

「あの明治天皇が秀吉をものすごく評価しました。この最大の理由は、大明《だいみん》へ宣戦布告をして出兵し、更に東南アジアやインドまでをも視野に入れていたからなんです。この秀吉の出兵は足利三代将軍義満に起因しているんです。義満が『日本国王』に封《ほう》じられた事はよく知られているけど、でも、当時の公家（朝廷）、武家を最大に嘆き悲しませ、また憤らせたのは『日本国王』ではなく『寿安鎮国之山《じゅあんちんこくのやま》』と封じられた事なんだ。これは日本国自体、つまり国体を封じられた事を意味するからね」

「『鎮国之山』というのは知りませんでした」

「そうでしょう、教科書には『日本国王』しか載せませんからね。足利義満の没後、明《みん》の太宗《たいそう》は義満を諡号《しごう》『恭献王《きょうけんおう》』＝明の太宗に恭順の意を献上した日本国王』として封じたので、これがまた当時の公家、武家の怒りを買いました。なにしろ鎌倉武士はあの『元《げん》』に一歩も引かず結局勝った訳ですから。大明の方は当然のように四代将軍足利義持《よしもち》へ同様の扱いを押し付けてきますが、父親の大明への卑屈な姿勢に批判的だった義持はこれを全て拒否し、『我が国は古《いにしえ》より外に向いて臣《しん》と称せし事なし』と、怒り満面にして明使を怒鳴りつけました。この義持の怒は当時の公家、武家に圧倒的に支持され、大明出兵への意識がここに発生したんです」

☆我国自古不向外邦称臣《わがくにいにしえよりそとにむかいてしんとしようせしことなし》……、昔元《むかしげん》ノ兵再来《へいふたたびきたる》、舟師百万皆無功而溺于海《しゅうしひやくまんみなこうなくしてうみにおぼる》、
所以者何《このゆえはいかんとなれば》、非唯人力《ただじんりきにあらず》、実神兵陰助《じつにしんぺいいんじよ》、以防禦也《をもってぼうぎよするなり》……、今聞将以使者《いまきくまさにししやをとうせざる》
不通為辞《をもってじとなし》、用兵来伐《へいをもちいてばつしきたり》、使我高深城池《われをつかわししろいけをたかくふかくにせしめよと》、我不要高我城《われわがしろをたかくするをようせず》、亦不《またわれいけ》
要深我池《をふかくするをようせず》、除路而迎之而已《みちをゆずってこれをむかえんのみ》。
〈善隣国宝記《ぜんりんこくほうき》〉

「…………」

「この大明出兵を現実に計画していたのが六代将軍足利義教《よしのり》でした。義教の生涯は非常に信長と似ています。今に残る二人の肖像画を視ると顔は無論のこと、雰囲気も実によく似ていて不思議な気がするほどです。戦前までの信長不人気の最大の原因は、実はこの義教にあるんです」

「足利義教といえば、鬮《くじ》で選ばれた将軍で……。そういえば義教も赤松満祐《みつすけ》に謀叛を起こされ殺されたんでしたね」

「まぁ、義教殺害が謀叛と言えるかどうかは別の問題ですから触れませんが、今日の足利義教に対する評価は不当に低いと想います。信長が評価されるなら尚更《なおさら》です」

「明石さんは義教を評価しているのですか」

「そうです。足利義教こそは武家史上、未曾有《みぞう》の天才武将だと考えています。源頼朝以来の武家の評価ですが……、最高の武家は言うまでもなく頼朝です。最強は秀吉、最大は家康です。でもね、足利義教は『無類《むるい》の上《うえ》』ともいうべき武将でした」

「褒《ほ》めすぎではありませんか」

「紛《まぎ》れもない事実です。義教は悲劇の将軍でした。今日の評価を考えれば、その悲劇は今も続いていると想います」

「…………」

「足利義教は将軍になると武将としての天稟《てんぴん》をすぐに発揮しました。傾きかけた足利の家を立て直し、十三年間に亘り大戦《おおいくさ》をし続け、ただの一度も敗れず、全盛の義満でさえでき得なかった関東平定（鎌倉公方《くぼう》）を成し遂げ、忽のうちに奥州から琉球《りゅうきゅう》まで完全制圧してしまったんです。源頼朝は確かに幕府を開きましたが、実際の天下統一、いわゆる武家の天下人というのは、義教が最初なんです。この義教の成し得た勢力圏と圧倒的な権力は、百六十年以上も先の徳川家康、それもごく晩年のことと言えますが、ここまで待たなくてはなりません。応仁の乱から大坂夏の陣に到る戦国時代は、この義教の急死が原因なんです」

「明石さんの義教の評価は高いんですね。それは判りましたが、戦前までの信長の不人気とどう結び付くんでしょうか」

「アレ、まだ判らないの。要するに秀吉の頃までは、信長は義教の縮小コピーと想われていたからです。信長の恐怖政治、軍制、全て義教の模倣《もほう》でした。信長は戦略を支える数々の戦術を義教に倣《なら》ったんです。有名な比叡山焼き討ちにしても義教の模倣です。天下人たるには叡山《えいざん》を屈服させなければならないとね。義教の戦術を採用しただけなんです」

「義教も叡山に攻め込んでいるんですか、知らなかったなぁ」

「義教は南朝さえも滅亡させているんです。彼の考えていた天下人がどのようなものであったか今となっては判りませんが、朝廷を崇拝し国体を非常に重んじていたことは確かです。いくつかの例を挙げてみますとね……、称光《しょうこう》天皇が崩御された折、御継嗣《けいし》がありませんでした。朝廷は儀するにあたり幕府に諮《はか》るのですが、義教は『偏《ひとえ》に後小松上皇の聖旨《せいし》を奉じて決するの外

足利義教像
（妙興寺蔵）

なし』と奏上したのです。御所の新造はいうに及ばず、後小松上皇が苦慮された朝廷綱紀の緩《ゆる》み、これも禁裏五番《きんりごばん》を設けて正しています。後花園天皇の御禊行幸《ごけいぎょうこう》が行われたときなど右近衛《うこんえ》大将《たいしょう》の身分で供奉《ぐぶ》さえしています、彼は征夷大将軍なんですよ。義教の朝廷（天皇）に対する配慮は非常に細やかな心遣いが前提にあり、その姿勢は武家の棟梁として完璧でした。なにしろ空前の絶対権力を持っていたにもかかわらず『日本国臣《にほんこくしん》　源《みなもとの》　義教《よしのり》』と称し署名したんです。あらゆる面で義教ほど勇断果決な政策をとった武家は一人も存在しません。義教の肖像画を視ると華奢《きゃしゃ》な感じですが、英気潑溂《はつらつ》とした豪胆な武将でした。当時、最も豪勇絶倫を誇った土岐《とき》持頼《もちより》でさえ、義教の前では顔を上げられないほど恐怖に駆られたんですから、凄いものでしょう。小松さん、土岐持頼というのは身の丈八尺、容貌魁偉、六尺の大太刀《おおたち》を佩《は》き、視る人身の毛もよだつと怖れられた武将です。持頼は北畠満雅《みつまさ》を大戦のうえ討ちとるんですが、義教は勝ち方が悪いと、恩賞どころか怒鳴りつけたんです。信長と似ていると想いませんか」

「何か凄い奴が歴史に埋もれている気がします。秀吉と信長を足したような人物だったのですね」

「全くその通りです。話が少し廻り道をしましたが、秀吉の大明出兵は義教の夢を実行したと言えるものなんです、『日本国臣豊臣秀吉』としてね。これが明治になって西郷隆盛、そして明治天皇に大きな影響を与えたんです。さっきも言ったけど、戦国時代の武将達は信長のやり口に義教の姿を視ていました。だから明智光秀が赤松満祐のように信長を殺すのは必然なんです」

「必然ですか……、しかしそれほどの人物がなぜ歴史に埋もれたんでしょうか」

「足利幕府の成立から戦国初期にかけての武家は、どんなに世の中が乱れても、足利宗家に謀叛など決して起こしません。例えば応仁の乱を例に取ってみても、不思議な戦争です。山名、細川いずれも天下取りの為に戦をしているのではありません。日本中の武家が参加しているにも拘らずです。将軍義政《よしまさ》などは、眼の前で山名、細川の大戦《おおいくさ》が起きているのに大宴会しているんです。細川勝元《かつもと》にしても、細川政元《まさもと》にしても、将軍以上の権力を持っていたでしょう。なにしろ細川政元に至っては、将軍を誘拐して勝手に新しい将軍を擁立したほどの権力者です。それでも彼らは、足利宗家に謀叛は起こしません」

☆政長《まさなが》（畠山）も討《うた》れけれは、義稙《よしたね》は政元《まさもと》か従者なる者の家におしこめ置《おき》たり……、京には故《こ》政知《まさとも》か子の義遐《よしか》（義澄）とて、伊豆の国に在つるを迎へて室町に居《す》へつつ、政元後見しけるか、内にも奏して将軍になさん事を望みたり……、終に宣下《せんげ》侍《はべ》りき。〈池藻屑《いけのもくず》〉

「何故なんでしょうか、欲がないんですかね」

「これは当時の武家に足利系譜の宗家嫡統は守るべし、という武家大義があり、足利宗家に連らならない武家には天下人になろうとする発想が全くなかったからです。嘉吉《かきつ》の変で赤松満祐が足利義教を殺害したけど、信長の時代ならこれで即天下人です。ところが当時は誰もそんなこと考えません。無論、赤松満祐も天下人になるために義教を殺害したわけではないのです。満祐は義教を殺したいから殺したんです。満祐は自分の少ない軍勢で館《やかた》に立て籠《こ》もり、討ち死にするつもりでした」

「それでさっき光秀による信長殺害を必然と……」

「……信長の頃になると足利の系譜が薄れてきて、有力守護大名は分家のまた分家という具合で、あらゆるところで本家（宗家）への絶対的な帰属意識がなくなってきます。そして、この武家意識が足利の系譜を亡くしました。事実、足利家《あしかがけ》だけではなく、三管家《さんかんけ》、四職家《ししきけ》、七頭家《しちとうけ》、八官家《はちかんけ》の宗家全てが徳川家康の時代で滅亡……、一つ残らずです」

「何となく判りますが、それにしても江戸における足利義教の不人気は理解できないのですが……」

「よく判りませんが、何か深い意味でもあるのですか」

「徳川系列がなぜ源氏を名乗ったか、これが答えです」

「徳川家は下剋上で将軍家になったとしたくないのです。その為にはどうすれば良いか……、つまり、足利家の宗家は徳川家、こう系譜を創れば良いわけです」

☆我が徳川氏は新田義重《にったよししげ》より出《い》づ。義重は、清和天皇八世の裔《えい》なり。天皇の孫経基《まごつねもと》、始めて姓《せい》を源氏と賜《たま》ひ……。義家（八幡太郎）の子は義国《よしくに》なり。上野《こうずけ》に居《お》り、新田、足利の諸邑《しょゆう》を食《は》む。義重及び義康《よしやす》を生む。義重は、新田を氏《うじ》とし、義康は足

利を氏とす。　〈日本外史〉

「なるほど。それで徳川は祖を新田義重に置くんですね」

「そうです、新田義重は足利の祖、足利義康の実兄なんです。この系譜によって徳川家こそ全ての武家の宗家であると称することができました」

「要するに、足利家は分家ということですね」

「ですから足利家は江戸を通じて全く不人気となるわけです。明治になっても足利が不人気の理由は判るでしょう」

「それは判ります」

「歴史というのは、繰返し繰返し、同じような人物を誕生させるんです。山名宗全、細川勝元と武田信玄、上杉謙信。今参局《いままいりのつぼね》と春日局《かすがのつぼね》。季瓊真蘂《きけいしんずい》と金地院崇伝《こんちいんすうでん》。足利義教と織田信長。挙げれば切がない程あるんです。織田信長が今日これほど評価が高く、足利義教が不当に低いのは残念ですが、いずれ義教の評価は高くなると想います。僕はそれを確信しています」

「そう想いますか」

「断定して言えると想います。後ほど、義教と信長をゆっくりと比較し、信長が義教のコピーだと実証してみせます」

第四章

悲劇の嫡統

「小松さん、今度は信長について伝えられる逸話に触れたいのですが……。今やもう伝説ともいえますが」

☆信長十六、七、八までは別の御遊《おあそ》びは御座《ござ》なく、馬《うま》を朝夕御稽古《あさゆうおけいこ》、又三月より九月までは川に入り、水練《すいれん》の御達者《ごたつしや》なり。其折節《そのおりふし》、竹鑓《たけやり》にて扣合御覧《たたきあいごらん》じ、兎《と》角鑓《かくやり》はみじかく候《そうろう》ては悪《あ》しく候《そうら》はんと仰《おお》せられ候《そうろう》て、三間柄《さんげんえ》、三間間中柄《さんげんまなかえ》などにさせられ、其此《それこれ》の御形儀《おぎょうぎ》、明衣《ゆかたびら》の袖《そで》をはづし、半袴《はんばかま》、ひうち袋《ぶくろ》、色々余多《いろいろあまた》付《つ》けさせられ、御髪《おぐし》はちやせんに、くれなゐ糸《いと》・もえぎ糸《いと》にて巻立《まきた》てゆはせられ、大刀朱《だいとうしゅ》ざやをさゝせられ（中略）。町を御通りの時、人目《ひとめ》をも御憚《おんはばか》りなく、くり・柿は申すに及ばず、瓜《うり》をかぶりくひになされ、町中にて立ちながら餅《もち》をまゐり、人により懸《かか》り、人の肩につらさがりてより外《ほか》は御《お》ありきなく候《そうろう》、其此《それこれ》は世間公道《せけんこうとう》（上品）なる折節《おりふし》にて候間《そうろうあいだ》、大《おお》うつけとより外《ほか》に申《もう》さず候《そうろう》。

〈信長公記〉

「ここの部分は、まさに天衣無縫、後年の信長を彷彿《ほうふつ》させますね。織田信秀嫡統《のぶひでちゃくとう》にも拘らず、気さくでそれでいて戦国武人としての気構えが既に窺えると想います」

「申し訳ないけど、永禄十（一五六七）年までのエピソードは大部分が太田牛一の創作だと考えます。また史実として確認できることも、その書き振りは相当大袈裟です」

「それは『信長公記』が伝記的な性格を持っていますから、多少大袈裟に書かれたのは止むを得ないと想うのですが」

「それでは、言い方を換えます。結論から言いますね。この『信長公記』の永禄十年までの記述は、信長にとって都合の悪い部分を意図的に隠しているのです」

「まさか……。永禄十年までといえば、信長のいわゆる三題咄《さんだいばなし》『信秀葬儀、道三対面、桶狭間合戦』が全て含まれています。この記述には何か妙な話が隠されている、こう指摘したいのですか」

「そうです。この三題咄に、弟信行《のぶゆき》の殺害をつけ加えて考えれば、直ぐに判る事です」

「……、俄に賛成できません。『信長公記』は『首巻《しゅかん》』及び第一巻から第十五巻で構成されていますが、確かに『首巻』に多少誤認があることは認めます。しかし、それは『信長公記』の目的が信長の天下支配を書き記すこと、要するに本来は十五巻十五冊であったのに、十五冊に書けなかったこと、つまり信長自身に関わる私的な出来事を十五巻完成後に『首巻』としてまとめ付け加えたからではないでしょうか」

「小松さん、『首巻』の成立は、年老いた太田牛一の記憶と、五十年前の若かりし頃に時々記したであろうメモ程度のもので書き起こしたもの。従って、多少誤認もあるかもしれない。しかし、別に深い意味はなく、若き日の信長が多少誇張して書かれた。こんな風に軽く考えているよね」

「おっしゃる通りです。事実太田牛一は『渋眼《じゅうがん》ヲ拭《ぬぐ》ヒ老眼《ろうがん》ノ通《かよ》ヒ路《じ》ヲ尋《たず》ヌルトイヘドモ愚安《ぐあん》ヲ顧《かえり》ミズ、心ノ浮ブトコロ禿筆《とくひつ》ヲ染《そ》メヌハンヌ』と記しています。この文を視ると熱烈な信長信奉者太田牛一の『信長公記』に対する姿勢を窺うことができると想うのですが。また、己の弓を信長に何度も褒められたことを嬉しそうに、そして遠慮がちに『首巻』に記しています。私はこの書に鬼気迫るものさえ感じます」

「では、『首巻』に記された年号のいい加減さはどう解釈しているんです。小松さんも御承知の通り、『首巻』には年号の記された箇所が六ヵ所あるでしょう、その内、正しく記載されているのは何ヵ所あるんです」

「……、確か正しいのは一ヵ所です」

(一)天文《てんぶん》二十二年 癸丑《みずのとうし》 四月十七日 織田上総介信長公《かずさのすけのぶながこう》十九の御年の事に候《そうろう》……。
(二)弘治《こうじ》二年丙辰《ひのえたつ》 八月二十四日 信長も清洲より人数を被出《だされ》、川をこし先手あし軽に取合候《とりあわせそうろう》。
(三)天文二十一年 壬子《みずのえね》五月十七日 今川義元沓懸《くつかけ》へ参陣……。
(四)天文二十一年壬子五月十九日 午剋《ごこく》、戊亥《つちのえい》に向て人数を備へ鷲津《わしづ》・丸根《まるね》攻落……。
(五)天文二十一年壬子五月十九日 旗本ハ是也《これなり》。是《これ》へ懸《かか》レト御下知在《おんげじあり》……。

（六）弘治四年戊午《つちのえうま》霜月《しもつき》二日　河尻《かわじり》・青貝《あおがい》に被仰付《おおせつけられ》、御生害《ごしょうがい》なされ候《そうろう》……。

「このうち正しいのは（二）だけです。それも、定説と日付が一致するという意味においてです」

「それは先程から何度も触れていますが、太田牛一は若年の頃、行政官僚では無論なく、弓の衆であったことから誤認、誤記するのは止むを得ないとも想うのですが」

「あのね小松さん、『首巻』は『尾張国かみ下《しも》わかちの事』から『公方様御憑《くぼうさまおたのみ》百ケ日の内に天下被仰付候事《おおせつけられそうろうこと》』まで四十五項目あるんです。その内年号の記載されているのは僅かに六ヵ所、しかも全て干支《かんし》付きです。『首巻』は信長の比較的若いころの出来事を、最後に付録の様に纏めて作成したものでしょう。先ほど小松さんは『渋眼《じゅうがん》ヲ拭《ぬぐ》ヒ老眼《ろうがん》ノ通《かよ》ヒ路《じ》ヲ尋《たず》ヌルトイヘドモ』と言いましたが、信長信奉者の牛一がこの六点だけは年号日付を挿入したんです。これは何故なんです。常識的に考えれば、この年号だけは自信があった、違いますか」

「しかし誤記であることは間違いないと考えます」

「それは判ります。でもね、この『首巻』は（一）（三）（四）（五）（六）の誤記された年号記入によって四十五項目全体の年月日が狂ってしまったんです。しかも大事なことは、この干支つき年号の出来事が、信長にとって非常に重要な出来事ばかりだと言うことです。良いですか、（一）の間違いは天文二十一（一五五二）年もしくは信長の年が二十歳の誤記。（三）（四）（五）はいずれも『桶狭間合戦』の記述で、永禄三（一五六〇）年の誤記。（六）は弟信行を殺したときの記述……、尤も（六）は色々と説があって、弘治三（一五五七）年霜月説、弘治三年正月説、永禄元（一五五八）年正月説もありますから、太田牛一のつけた年号が、まるっきり誤記だとは言えませんが……、どうしても理解できないのは、なぜ永禄十一（一五六八）年から『信長公記』は本文になるのか、この事なんです。だいたい今川義元との合戦は、信長の人生を変えた最大の出来事ではありませんか。それを八年間も記憶違いをし、また織田家一門に信長の地位を確定させた『信行殺害』が、なぜ本文に組み込まれなかったのか……、全く不思議です」

①弘治三年正月六日
②弘治三年霜月《しもつき》（十一月）二日
③弘治四年霜月二日
④永禄元年正月六日

＊

信行殺害は各種文献によってそれぞれ違って記されている。

ただこれらの四点は、もともと同日を示していると考えられる。弘治三（一五五七）年十月二十七日に正親町《おおぎまち》天皇が即位しているからである。

要するに「正月六日」と「霜月二日」は同日と解釈されたのであり、「弘治三年十一月二日」で統一の解釈が得られる。

簡単に説明すると、最初に「弘治三年霜月(十一月)二日」の日付があった。この日付を「永禄」の年初月日を弘治三年十月二十七日と認識する人が視れば、この人にとっては弘治三年に十月二十七日以後は存在しないから、十一月二日を永禄元年正月六日と訂正する(正親町天皇の即位は十月二十七日だが永禄と改元するのは翌年の二月二十八日)。

次に弘治四年霜月と書《しょ》した人は、弘治三年を十月二十六日までと理解し、弘治四年を正親町天皇の即位の日から翌年二月二十七日までと解釈している。従って弘治三年霜月二日は、むしろ弘治四年霜月二日と書す方が適切とする。

最後に「弘治三年正月六日」だが、これは恐らく「永禄元年正月六日」の日付を視た人である。この人は、永禄元年に正月は存在しないから、これを弘治三年もしくは永禄二年の間違いとし、次に永禄元年正月六日につけられた干支《かんし》「丁巳《ひのとみ》」を採用し、これを弘治三年正月六日と結論する。

なお「信長公記」は、「弘治四年 戊午《つちのえうま》 霜月二日」としているが、干支「戊午」によってこの日付は「永禄元年霜月二日」と同日になる。明らかに丸一年のとり違えだが、恐らくもともとの採取文献は弘治四年霜月二日、ないしは弘治四年丁巳霜月二日だろう。太田は弘治四年=永禄元年と単純に解釈し「戊午」を挿入したと想われる。

「そう説明されると答える術《すべ》がありません」

＊

「それからね、覚えておいてもらいたいのは『信行殺害』と『桶狭間合戦』の今川義元に対する奇襲、この二点は信長の性格を象徴するという事です。とにかくね、永禄十一年以前の信長は太田牛一によって闇の奥に隠されているんです」

「いよいよ明石さんの真意が判りません……」

「永禄十一年以前の巷間《こうかん》伝えられている史実は、全て太田牛一が信長のためにカモフラージュして記述したのであって、信長にとって都合の悪い出来事は全て年月日があやふやで確定できないようになっています。まぁ具体的に何かを検証しなければ小松さんも納得しないでしょうから、まず有名な信長『三題咄』に牛一が奥深く潜めさせたものを浮かび上がらせてみますね」

☆信長御焼香《のぶながごしょうこう》に御出《おんいで》、其時信長公《そのときのぶながこう》御《お》仕《し》立《たて》、長つかの大刀《だいとう》・わきざしを三五《みご》なはにてまかせられ、髪《かみ》はちやせんに巻立《まきたて》、袴《はかま》もめし候《そうら》はで仏前《ぶつぜん》へ御《お》出《い》であって、抹香《まっこう》をくはつと御《お》つかみ候《そうろう》て、仏前《ぶつぜん》へ投懸《なげか》け御《お》帰《かえ》り。御舎弟勘十郎《ごしゃていかんじゅうろう》（信行《のぶゆき》）は折目高《おりめだか》なる肩衣《かたぎぬ》・袴《はかま》めし候《そうろう》て、あるべきごとくの御沙汰《ごさた》なり。三郎信長公を例《れい》の「大《おお》うつけ」よと執々《とりどり》評判候しなり。其中に筑紫《つくし》の客僧一人、あれこそ国は持つ人よと申《もうし》

たる由《よし》なり。　〈信長公記〉

「最初は、信秀の葬儀の場で信長が抹香を投げ付けるところです。小松さん、この記述はいかがですか」

「この書き振りは若い頃の信長につながり、信憑性の高い描写と想いますが……」

「さっき、太田牛一の信長十六、七、八までの記述は創作だと言ったけど、牛一はこの抹香事件の記述を入れたいが故に、十代半ば頃の信長の様子を敢えて書きました。あの記述があるがために、この記述は少しも不自然ではなくなる。要するに『信長公記』を読む人は、葬儀における信長の様《さま》を前段の余韻から、さもありなんと自然にとり込まれてしまうという事です。弟の信行に対する記述は、信長とは全く対照的に表現されているでしょう」

☆御舎弟勘十郎は折目高なる肩衣・袴めし候て、あるべきごとくの御沙汰なり。

「嫡子信長の天衣無縫ぶりを際立《きわだ》たせるためではないでしょうか」

「それではもう一つ聞きます。この場面に庶長子信広《しょちょうしのぶひろ》の描写が何故ないんです」

「そういえばそうですね、何故でしょうか」

「これは全く不思議な記述なんです。この文章をよく読み込むと、ここでも太田牛一は一つの意図的な誘導をしているんです。『筑紫の客僧一人、あれこそ国は持つ人よと申たる由』という箇所ですが……、この記述の挿入効果によって、読む人に信長嫡統を疑いもないものとさせてしまいます」

「明石さんは信長が本来の嫡統ではないと主張したいのですか」

「そうです。定説では信長、信行は同腹《どうふく》の兄弟となっていますが、僕は異母兄弟だと考えています」

「まさか……」

「小松さんね、『日本外史』をよく読むと、信行の母親は六角氏なんです。信長は『庶長子信《しょちょうしのぶ》広《ひろ》、其次《そのつぎ》を信長《のぶなが》となす』とあるんです。そしてここの記述では信行のことは一行も触れられていません。要するに信広、信長、信行は、全て母親が違うんです。結論を言ってしまえば、本来の嫡統は信行なのです。だからこそ信秀の正室は常に信行と一緒にいるんです。信行に対する記述は常に品という言葉を想わせて記述されています。これを物語っているのが『武功夜話』における記述です」

☆織田上総介《かずさのすけ》藤原信長、御生母《ごせいぼ》は美濃国可児郡土田村《みののくにかにぐんどたむら》の住人、土田《どた》氏の女《むすめ》なり。
☆備後様《びんごさま》別腹《べつぷく》の御子《おこ》勘十郎様は、小さき頃より公子《こうし》の風《ふう》あり。

「しかし『武功夜話』には信行、信長が同腹との記述もありますが」

「そうですね。しかしこの記述が間違いだとしても、信長、信行が別腹とする風聞があった事は示唆《しさ》しているでしょう。実は信長、信行が異母兄弟だとする憑拠は『信長公記』にひっそりとですが記述されているのです」

「そんな記述がありましたか」

「あるんです。最初に言っておきますが『御舎弟《ごしやてい》勘十郎』とは書かれますが、同腹とは一度も書かれません」

「それは確かにその通りですが……」

「次にね、ここの文を視てくれますか」

☆勘十郎殿御舎弟喜六郎殿、馬一騎にて御通り候《そうろう》の処《ところ》を、……矢を射懸候《いかけそうら》へば、……其矢にあたり、馬上より落ちさせ給ふ。……御歳《おとし》の齢《よわい》十五、六にして御膚《おはだえ》ハ白粉《おしろい》の如《ごと》く、たんくわのくちびる柔和のすがた、容顔美麗《ようがんびれい》人にすぐれていつくしき共中々たとへにも難及御方様也《およびがたきおかたさまなり》。

「あぁここは、織田孫十郎の家臣に信行の弟（喜六郎）が射殺されたところですね」

「この文を読めば判ると想いますが、喜六郎は大変な美少年だったのです」

「信行も容姿は美しかったそうですから、喜六郎は信長より信行に似ていたんでしょうね。しかしこの文になぜ、明石さんがこだわるのか判りませんが……」

「この文が物語るものは信行、喜六郎は瓜二つということなんです。小松さんね、文章の奥底に隠されたものを読み取らなければ正しい答えは得られません。信行は弟の仇《かたき》を討ったため、ただちに守山に攻め込むでしょう。ところが信長は弟が殺された大事件にも拘らず姿勢を明確にしません。これは妙だよね。要するに喜六郎は信行の弟であって信長の弟ではない、こう読み解くと何の不思議もなく辻褄《つじつま》はピタリと合うのです」

「なるほど……。ウーン、すると明石さんは謀叛人は信行ではなく信長の方だと、……しかし……」

「信行の母親、柴田勝家、林通勝《みちかつ》が信行を担いで信長に謀叛というのが定説です、でも事実は全く逆なんです。信長が嫡統信行に謀叛を起こした、これが真実です。小松さん、信長は、どのようにして信行を殺したか承知しているでしょう」

「まぁ一種の騙《だま》し討ちです」

「信長は病が重いので家督を信行に譲ると言ったのです。信行は清洲城へ信長の見舞いに出向くよね。信行は本当に兄想いで優しい心の持ち主だったと想います。この信行を信長は城内で騙し討ちに殺害しました」

「…………」

「そして信長は信行殺害後、完全に織田家嫡統として確立する訳です」

「明石さんの読み方は面白いですね。確かに辻褄が合うような気もします」

「辻褄ではありません、事実です。信長贔屓《びいき》の牛一も、さすがに信行を憐れんだのだと想います。信行を謀叛人と記述したにも拘らず、ただの一度も信行を悪く書きません。悪く書かれるのは全て信行の取り巻きばかりです。太田牛一は信行嫡統、信長謀叛を重々承知していました。だからこそ信秀葬儀、信行殺害を『首巻』の中に入れたんです。牛一の付けた年号は、これらの辻褄合わせのために記載されました。『首巻』の文章は、今日の定説を全く無視して読めば、少しも不自然はなくきちんとつながっています」

「しかしですね……、いかに明石さんの論でも信行嫡統、信長謀叛は、さすがに認める事はできません」

「アレ、信じないの、それでは明確に説明します。『信長公記』を重撰《ちょうせん》した『信長記』がその記述の中で最も膨らませて記述したのはどこの部分ですか……」

「もしかすると、信秀葬儀の場面から斎藤道三《さいとうどうさん》対面までの間かもしれません」

「もしかではありません。『信長公記』はその間僅《わず》か数行と、極端に短かくして片づけてしまいます。記事の内容は『平手中務丞《なかつかさのじょう》総領五郎右衛門の馬を信長は欲しがるが五郎右衛門は拒否する。これが原因となって平手と信長は不和になる。平手は信長が冷たいので、これ以上奉公しても意味がないとして切腹して果てた』、こんなところだよね」

「そうですね」

「ところが『信長記』になると『信長卿行跡《きょうぎょうせき》正しからざるに付て憚《はばか》る所なく申上《もうしあげ》る条々《じょうじょう》』という五ヵ条からなる長文の諫書《かんじょ》が掲載され、『奥深き忠義とは後にこそ知りたりけれ』と平手を絶賛するわけです。おまけに信長の後日談が付いていて『平手かくなりし事も、予が無道を諫めたりしを、用ひざるに依つてなり。其の恩父と云ふとも劣るべからず』と深く反省し、平手清秀《きよひで》を弔《とむら》う清秀寺という寺まで建てた話に変わってしまうのです。これで間違いありませんね」

「おっしゃる通りですが」

「また、他の江戸文献では信秀葬儀の場面と平手の諫死を合わせ、『信長公記』や『信長記』、『日本外史』と全く異なった逸話も存在します。異説がいくつもある、これは根本史料の『信長公記』に書かれた首巻の信憑性を、江戸期の歴史家は疑っていた、この証明に直結するんです。それにしても……『信長公記』はこの美談とも言うべき逸話をなぜ無視したのか不思議です」

「太田牛一は無視していないと想うのですが、ただ小瀬甫庵《おぜほあん》が大袈裟に創作したか、平手清秀の『信長卿行跡正しからざる云々《うんぬん》』の文書が存在するのを確認し、これを『信長記』に掲載したのではないでしょうか、信長は清秀寺と名付けた寺も建てている訳ですから」

「一つお聞きしたいのですが、その平手清秀っていう名前は何の根拠なんです。太田牛一は平手中務丞とは記していますが平手清秀とはどこにも書いていませんよ」

「何おっしゃるんですか、『信長記』には平手清秀、清秀寺とハッキリ記述されているではありませんか」

「あぁそうなの、それでは『日本外史』は平手政秀《まさひで》、政秀寺とあるのですが、これはどういう事なんでしょう。あのね小松さん、太田牛一は『信長公記』に平手中務丞が切腹した事と、その原因が己の総領五郎右衛門が信長に馬を献上もしくは売らなかったことに端を発したとだけ書いているのです。『信長記』も『日本外史』も、何故か話を全く別の方向へ持っていってしまいました。牛一の思惑《おもわく》通りにね」

「おっしゃる意味が全く判りません」

「何故ですか、この三点の文献を較べれば『信長卿行跡正しからざる云々』の文書と清秀寺だか政秀寺だか知りませんけど、実際は寺の存在さえあやふやな話である、これは確かでしょう」

「……、もう一度確認してみるつもりですが、今は認めます」

「平手中務丞は信行（勘十郎）に対して、申し訳が立たぬと切腹した、真実はこうなんです」

「エッ、どういう意味なのでしょうか」

「何度も言うけど、太田牛一は信長を美化する余り、信長に都合の悪い出来事は全て首巻へ放り込んだのです。繰り返すけど、平手は信秀嫡統信行に対して切腹しました。信秀の葬儀は丸二年遅れて行われたよね。これって、事実は三回忌だったのかもしれませんが、葬儀が遅れた理由は信長が庶子であるにも拘わらず嫡子を強引に主張したからです。恐らく信秀存命中からこの騒ぎはあったと考えています。そのため信秀は信長を那古野《なごや》に出していたのです。平手は織田信秀から信長を説得（嫡統は信行）すべく頼まれた信行側の人物なんだ。これを物語っているのが平手中務丞総領五郎右衛門の馬の一件なんです。五郎右衛門が断じて信長の命に服さなかったのは、信長が信秀の嫡子ではなく庶子だったからです。平手が切腹して果てたのは、信行母親、林通勝、光春、柴田勝家、そして信行に対し、信長を説得できなかった責任を取ったんです。この平手の死によって、織田家の跡目争いは武力による解決方法へと急速に進み、これが信行の悲劇につながったのです」

「ウーン、そうかなぁ」

「もう少し話を聞くと信じますよ。『信秀葬儀』における信長の様は異母兄信広と同様、呼ばれてもいない信長が葬儀へ乗り込んできたことを物語っているのです。『信秀葬儀＝三回忌』は信行嫡統のいわばセレモニーなんです。それから信行殺害は斎藤道三との対面の前に、既に実行されていました」

「……、新説というか、明石説というか、次々に突拍子《とっぴょうし》もない論を展開するんですね」

「そんなことないですよ。先程も言いましたが、僕は単なる事実を言っているんです。『信長公記』では信秀葬儀からわずか一ヵ月後に斎藤道三との有名な対面が掲載されますが、実はこの対面がいつ行われたのか、本当は確定していません」

「それは確かです」

「ここでの信長は、もうこれ以上格好よく描写できないというほどの書き振りなんです」

☆其時《そのとき》信長の御《お》仕《し》立《たて》、髪はちやせんに遊《あそ》ばし、もえぎの平打《ひらうち》にてちやせんの髪《かみ》を巻《まき》立《た》て、ゆかたびらの袖《そで》をはづし、のし付《つ》けの大刀《たち》、わきさし二《ふた》ツながら、長《なが》つかにみごなはにてまかせ、ふとき苧《お》なはうでぬきにさせられ、御腰《おこし》のまはりには猿《さる》つかひの様《よう》に火《ひ》燧《うち》袋・へうたん七つ、八つ付けさせられ、虎革《とらがわ》、豹革《ひょうがわ》四つかはりの半袴《はんばかま》をめし、御伴衆《おともしゅう》七、八百甍《いらか》を並べ、健者《すくやかもの》 先に走らかし、三間間《さんげんま》中柄《なかえ》の朱《しゅ》やり五百本ばかり、弓・鉄炮五百挺《ちょう》もたせられ……、春日丹後《かすがたんご》・堀田道空《ほったどうくう》さし向ひ、はやく御出《おい》でなされ候《そうろう》と申候《もうしそうら》へども、知らぬかほにて、諸侍《しょざむらい》居ながれたる前をする〳〵と御通《おとお》り候《そうろう》て、縁《えん》の柱にもたれて御座候《ござそうろう》。暫《しば》く候《そうろう》て、屏風《びょうぶ》を推《お》しのけて道三出《どうさんい》でられ候《そうろう》。又是《またこれ》も知《し》らぬかほにて御座候《ござそうろう》を、堀田道空《ほったどうくう》さしより、是《これ》ぞ山城殿《やましろどの》にて御座候《ござそうろう》と申《もう》す時《とき》、であるかと仰《おお》せられ候《そうろう》……。

〈信長公記〉

「この部分は、私も牛一の筆が滑っていると思います。信長を大きく描写し過ぎていますし」

「まぁこの記述も信長嫡統《ちゃくとう》を誘導するために書かれたものですからね。ついでに言ってしまえば、次の段の『無念成事《むねんなること》に候《そうろう》、山城《やましろ》（道三《どうさん》）子共《こども》たはけ門外に馬を可繋事案《つなぐべきことあん》の内《うち》にて候《そうろう》』なんていうのは、後に信長が斎藤家を滅亡させた一件に対する誘導的描写以外の何物でもありません。この話は『日本外史』になると、もっと大袈裟になるでしょ。今日の信長の逸話は『信長公記』を種本にした『日本外史』に書かれたものが殆どですから、信長の実像を見失ってしまうのです。少し話が逸《そ》れてしまったので戻しますが、太田牛一は信秀葬儀から道三対面までを、これも何故か数行に縮め、この間を一ヵ月としてしまいました。この理由は、信長にとって都合の悪い箇所を何も入れたくなかったからなんです。そして信長を、これ以上ない程の描写で道三との対面を終わらすと、次に信行（勘十郎）との跡目争いを記述しました。ここでは、最初に劣勢の信長が最後には圧勝し、詫びを入れる信行母親、林通勝、柴田勝家を一度は許したと書かれます。この次は信長を大きく視せるためか、唐突に信玄の逸話が挿入され、この後に何故か永禄三（一五六〇）年の誤記とされる天文二十一（一五五二）年壬子《みずのえね》五月十七日からの『桶狭間合戦』が、かなり長文で記述されているのです。そして弘治四（一五五八）年戊午霜月《つちのえうましもつき》二日のたった数行記述の信行虐殺。すぐ後に、これを言い訳するかの様な、斎藤道三に対する描写が掲載……」

「……、確かに、斎藤道三の人となりを語るのなら最初の道三対面の場面で語ってもよいはずですね」

「太田牛一はここで道三を『元々の名を松波《まつなみ》庄五郎、最初長井藤左衛門《とうざえもん》に仕《つか》えるが、これを殺害、自ら長井新九郎と名乗り、次に美濃守《みののかみ》土岐《とき》頼芸《よりのり》に接近すると、頼芸の息《そく》次郎を強引に婿《むこ》に取り込み、これを毒殺、次にはその娘を御席直し《おんむしろなお》（後妻）と弟の八郎に添わせ、八郎を監禁殺害……。余りのことに土岐頼芸は信秀を頼りに逃亡……。道三は僅かな罪でも牛裂や大釜での煮殺しなどを行い……。道三の長男新九郎（義竜《よしたつ》）は弟二人を殺害、道三も後に新九郎に殺害される』と記述しています。小松さん本当はね、この場面の前に道三対面が挿入されるはずでした」

「ウーン、そうかぁ、庶子信長の謀叛をカモフラージュする為に、まず信秀葬儀でいきなり嫡子信長と記述し、更に平手中務丞《ひらてなかつかさのじょう》の切腹をうまくぼかして反対の話にすり替わるように誘導する。次に信秀嫡統として道三と対面し、そして信行をあたかも謀叛人の如くでっち上げると、信長最初の大戦《おおいくさ》『桶狭間合戦』を間に挿入して時間の経過を混乱させてしまう……、ここに信玄との逸話も一役買うわけですね。それから信行殺害を止むを得ずと描写し、最後に斎藤道三親子の残虐非道を大袈裟に挿入することによって、信行殺害を余韻として残さないように構成する……。成る程、何となく視えてきましたよ」

「どうやら認めてくれたようですね。それから付け加えておきますが……、信長は斎藤道三親子などまるで問題にならないほどの残虐非道な仕打ちを叔父、兄弟にしています」

「信長が……、信行の件は判りましたが、明石さんが何を指して残虐非道というのか見当がつきません」

「叔父、兄弟を皆殺しにしたのです」

「エーまさか、そんな話は聞いたこともありません。如何にしても信じられませんね」

「本当です。これがまた実に巧妙なやり口で、信長の性格そのものなんです」

「あまりにショッキングなので、明石さんの説明を聞いてから判断させて下さい」

第五章

信長の十人殺し

「信長には当時健在だった叔父が二人いました」

「信秀の弟、信光《のぶみつ》と信次《のぶつぐ》の事ですね」

「そうです。それから、信秀には信長の他に、十七人の子供がいたんです。このうち男は十一

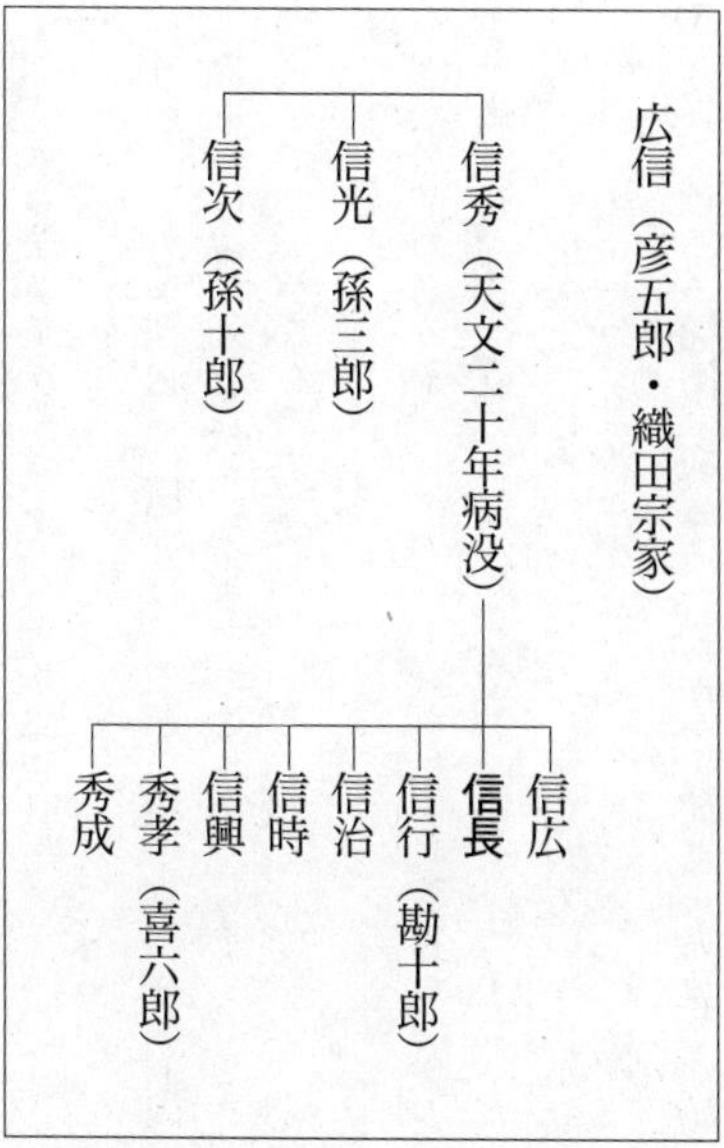

人です。女性は問題の本質から外《はず》れますので触れません」

「判りました」

「男子十一人のうち、二人（信包《のぶかね》、信照《のぶてる》）は早くから養子に出され織田家から離れましたので除外します。一番下の長益《ながます》は入道していますのでこれも外します。ここに織田宗家広信を加えるとこういう図式ができ上がるんです」

「…………」

「信長は、この図に名前のある十二人の内、十人を殺害しました。殺されなかったのは己自身と、天文二十年に病没し、この世にいなかった父親信秀だけです」

「ウーン……、織田宗家広信と信行を殺害したのは承知していますが他の人物になると、私も答える術が……」

「それでは小松さんも認める織田宗家広信の殺害から信長十人殺しを始めますね。弘治元（一五五五）年五月二十日、『信長公記』では四月二十日となっていますが、信長は叔父信光と謀《はか》り、清洲を居城とする宗家嫡統広信（彦五郎）を殺害。当時の信長は那古野《なごや》城を居城にしていましたが、これを機会に清洲城へ移り、信光に自分のいた那古野城を与えました」

「…………」

「この二ヵ月後の七月二十六日（六月二十六日　信長公記）、先ほど話した叔父信次（孫十郎）による秀孝《ひでたか》（喜六郎）殺害が起こるのです。『信長公記』では、信次の家臣が誤って秀孝を射殺したとしていますが事実は全く違います。秀孝は信長によって殺されました」

☆守山《もりやま》の城主《じょうしゅ》織田《おだ》孫十郎殿《まごじゅうろうどの》、竜泉寺《りょうせんじ》の下松川渡《しもまつがわわたし》にて、若侍《わかざむらい》共《ども》川狩《かわがり》に打入《うちい》りて居《い》ます所《ところ》を、勘十郎殿《かんじゅうろうどの》御舎弟《ごしゃてい》喜六郎殿《きろくろうどの》、馬一騎《うまいっき》にて御通《おとお》り候《そうろう》の処《ところ》を、馬鹿者《ばかもの》乗打《のりう》ちを仕《つかまつり》候《そうろう》と申《もうし》候《そうろう》て、洲賀才蔵《すがさいぞう》と申《もう》す者《もの》弓《ゆみ》を追取《おっとり》、矢《や》を射懸《いかけ》候《そうら》へば、時刻到来《じこくとうらい》して其矢《そのや》にあたり、馬上《ばじょう》より落《お》ちさせ給《たも》ふ。　〈信長公記〉

「しかしこの事件が起きると、信長を恐れる信次は居城の守山城へも帰城せず、そのまま逐電《ちくでん》したはずです。これがなぜ信長が殺した事になるんでしょうか」

「先程も言いましたが、弟の仇を討ったため守山城へ攻め込んだのは信行で、信長は何も行動しません。信次が恐れたのは、信長ではなく信行なんです。この秀孝殺害は、信長がもう一人の叔父信次にやらせました」

「いったい明石さんの根拠はなんなのです。話が余りにも突拍子ないので理解できません」

「まぁ話を聞いて下さい。信長がこの二つの事件（宗家広信、秀孝殺害）で二人の叔父を使うのは、彼が一人っ子だったからなのです」

「エー信長が一人っ子……」

「最後まで僕の話を聞くと、信長が一人っ子だと納得できるはずですから、ここは話を聞いて下さい」

「判りました、明石さんの話を聞きましょう」

「信次が逐電すると、信長は守山城を信時に与えますが、この四ヵ月後の十一月二十六日、那古野城で謎めいた事件が起こるのです。叔父信光が家臣の坂井孫八郎に殺害されてしまったのです。『信長公記』は、この事件が十一月に起こったにも拘らず、何故か四月二十日の条に『不慮《ふりょ》の仕合出来《しあわせしゅったい》して孫三郎殿御遷化《ごせんげ》』と記し、信光死因の理由に触れません」

☆不慮《ふりょ》の仕合出来《しあわせしゅったい》して孫三郎殿御遷化《ごせんげ》。忽《たちま》ち誓帋《せいし》の御罰《おんばつ》、天道《てんどう》　恐　哉《おそれんかな》と申《もう》しならし候《そうろう》キ。併《しかしながら》、上総介殿《かずさのすけどの》御果報《ごかほう》の故《ゆえ》なり。　〈信長公記〉

「今まで信長自身の事ばかりに気をとられていて、こういう事柄に気がつきませんでした。宗家広信を殺害した天罰というのでは、確かに理由になりませんね」

「この文は、信光の死因に触れないばかりか、信長に対する描写も妙なんです。広信殺害の主犯は誰が考えたって信長ですよね。ところが信光は天罰で、信長はしかしながら『御果報の故なり』なんです」

「…………」

「太田牛一は、信光の死因が信長による殺害と重々承知していました。だからこそ信光の死因に触れず、この文を広信殺害の四月二十日の条に一緒に挿入してしまったのです」

「明石さんは、信光の死因が信長による暗殺だと言うのですか」

「そうです、間違いありません。小松さんは納得がいかないかもしれませんが、もう少し話を聞いて下さい」

「明石さんの話は、いつも推理小説の世界ですからね、ついてゆくのが大変です」

「まぁ今のうちは推理小説でも結構です。弘治二（一五五六）年七月、今度は守山城で那古野城と瓜二つの事件が起こりました。信時《のぶとき》が家臣の角田新五《つのだしんご》に殺害されてしまったのです」

☆角田新五、忠節《ちゆうせつ》を仕《つかまつり》候《そうら》へども、程《ほど》なく角田を蔑如《べつじよ》になされ候《そうろう》事《こと》無念《むね》に存知《ぞんじ》……、安房殿《あわどの》（信時）に御腹《おはら》めさせ候《そうろう》て……。〈信長公記〉

「ウーン明石さんの指摘する通り、この二つの事件はよく似ていますね」

「太田牛一は、ここでも信時殺害の理由を明確に書きません。だいたい家臣が忠節に励むのは当たり前ですし、主君が家臣を蔑如したから殺したというのでは理由になりません。ここで想い出してもらいたいのが、信長と平手の話なんです」

「…………」

「これと全く同じ話でしょう。但し、信長の時は家臣が自ら死を選び、信時は家臣に殺害されるのですが。当然『信長公記』は角田を非難する文を記しても良いはずです。ところがむしろ角田の立場でこの条は書かれているのです。信時が信長の弟と考慮すれば、全く奇妙な記述としか言い様がありません」

「ウーン……」

「それから信光を殺害した坂井孫八郎、信時を殺害した角田新五、この二人を信長は処罰しません。付け加えれば、秀孝を射殺した洲賀才蔵もお咎《とが》め無しです」

「答える術が……」

「信時の事件後に、さらに驚くべきことが起こるのです。信長が、なんと秀孝殺しの首謀者である信次を、信時の後釜《あとがま》として守山城主にしたのです。実は信長と信次は、ずーっと気脈を通じていました。信次は逐電なんかではさらさらなく、ほとぼりの冷めるまで信長の指示で一時身を隠していただけだったのです。僕がここまで話したところを全てつなげれば、小松さんも信長が信光、秀孝、信時を殺害したことを認めてくれると想います」

「明石さん、その先を聞かせてくれますか」

「信時が殺され、信次が守山城主になると、一ヵ月後に信行の謀叛が起こるのです。この件に関しては、先ほど説明しましたが信秀嫡統は信行ですから、信行謀叛というのは正しくありません。但し先に兵を挙げたのは、定説通り信行です」

「なぜ信行は、信長に戦を仕掛けたんでしょうか。どうも、その辺りが良く判らないのですが」

「……、叔父信光、弟の秀孝、信時が、信長によって殺害された事に気がついたからです。ここで信行は、次は自分が殺害されると至極《しごく》あたり前に危機感を持ちました。なにしろ宗家広信でさえ殺した信長ですからね、信行がこう感じたのも無理はないんです」

「………」

「小松さん、信行とて戦国の武将です、信長に殺《や》られる前に、自分が先に打って出ようと考えるのは当然でしょう。柴田勝家を始めとする信秀譜代の家臣は、皆信秀嫡統の信行側にいましたからね、勝てると考えたんです。ところが信行と信長では戦国武将としての力量がどだい違いますから、返り討ちでした。これが信行謀叛の真相なんです」

「成る程……、明石さんの信行嫡統説は、やはり正しいと想います。信長は、信行が嫡統であったからこそ、このとき命を助けたわけですね」

「そうです。信長は既に、織田宗家広信を殺していますから、ここで信秀嫡統信行まで殺すのは、織田一門、家臣に聞こえも悪いと考慮したんです。信行の力量は、もう判っていますし、殺そうと想えば、いつでも殺せますからね。信長は策略にかけては戦国一といっても良いほどの武将でしたから、このときはおそらく周りの様子でも視たんでしょう」

「しかし、結局信長は翌年の弘治三（一五五七）年十一月に信行を殺しますよね。これは何故でしょうか」

「理由は簡単です。信長の嫡子信忠《のぶただ》が生まれたからですよ。信長が生涯どれほど、この信忠を可愛がったか小松さんも承知しているでしょう。信長は織田宗家嫡統信忠のために信行を殺しました。これが原因です」

「信忠が生まれたのは、弘治三年でしたか、気がつかなかったなぁ」

「信行殺害の直前に信忠は生まれました。信長は信忠の将来に害になる人物の筆頭として信行を認識したんです」

「そうか、信行が生きていては、信長にいくら勢力があっても所詮は分家、まして自分が死んでしまえば、信行が信忠を生かしておくはずがない……、信長はこう考えたと」

「……、ここからしばらくは何事も起きないのですが、信長の嫡子信忠が元服する（永禄十二年・一五六九年）と、翌年からまた始まったのです。最初が元亀元（一五七〇）年九月十九日の信治《のぶはる》。定説では近江国《おうみのくに》坂本の合戦（浅井、朝倉）で討ち死にとされていますが、『信長公記』では討ち死にの記事はありません。二ヵ月後の十一月二十一日に信興《のぶおき》、小木江城《おぎえじょう》で長島一揆に包囲され自殺と『信長公記』は書きますが……、『続群書類従　織田系図』『寛政重修諸家譜』からは確定できないのです。信治、信興の死因は不明ですが、信忠が元服した翌年、二ヵ月の間に二人とも死亡するというのは、それまでの信長のやり口を考慮すると……、信長が何らかの方法で二人を殺害したとしか想えません」

「信長が殺害したとは考えたくないのですが、可能性は私も感じます」

「……信長が殺害したと確信しています。この四年後の天正二年七月、信広、秀成、信次がまとめて死亡しました。この三人は『続群書類従　織田系図』『寛政重修諸家譜』によれば、伊勢長島一揆で戦死したことになっていますが、不思議なことに『信長公記』のどこを読んでもこの三人の死亡記事はみあたりません。誰が考えても、信長の叔父と弟が三人まとめて戦死、これは大事件にも拘らずです」

「明石さん、気が付いた事があるのですが、信長の一族は常にまとまって死んでいますね」

「気が付きましたか……、信長はやり口が実に巧妙なんです。信広、秀成、信次は長島一揆のどさくさに信長に殺されました。さすがに太田牛一も戦死と書けなかったんでしょう。いかに戦国の世といっても、ここまで兄弟、叔父に愛情がないというのは、深い血のつながりがなかったことが原因しているとしか想えません。これがさっき説明した、信長一人っ子の根拠です」

【信長の十人殺し】

☆弘治元（一五五五）年
五月二十日　叔父信光と謀《はか》り、①織田宗家広信（彦五郎）を清洲城に殺害、清洲城を乗取る。叔父信光に那古野城《なごやじょう》を与える。〈四月二十日　信長公記〉
七月二十六日　叔父信次と謀り、②弟秀孝（喜六郎）を殺害。弟信時に守山城を与える。〈六月二十六日　信長公記〉
十一月二十六日　③叔父信光を那古野城に殺害。
☆弘治二（一五五六）年
七月　④弟信時を守山城に殺害。信次に守山城を与える。〈六月　信長公記、弘治三年　続群書類従　織田系図〉
☆弘治三（一五五七）年
八月二十四日　織田信秀嫡統《ちゃくとう》信行を合戦のすえ破る。

十一月二日　⑤信行を清洲城へ誘《おび》き寄《よ》せ、これを虐殺。
☆元亀元（一五七〇）年
九月十九日　⑥弟信治を近江国坂本に暗殺。
十一月二十一日　⑦弟信興を小木江城に暗殺。
☆天正二（一五七四）年
七月　⑧叔父信次を伊勢長島に暗殺。
⑨庶長子《しょちょうし》信広を伊勢長島に暗殺。
⑩弟秀成を伊勢長島に暗殺。

「しかしですね、やはり信長一人っ子説、まして十人殺しというのは、俄かに信じられません」

「アレ、どうして信じないの。それでは小松さんの方から、これを否定する論を提示して下さい。そしてこの十人の死因を明確に説明してくれませんか」

「いきなり要求されても無理ですよ……、とにかく次の機会に、私もこの十人の死因について明らかにします。一人っ子説に関しては十人殺しが事実であれば認めます」

「小松さんが信じてくれないようなので、少し補足したいと思います。信秀に十八人の子供がいたことは認めるでしょう」

「それは認めます。たしか信長の上には女性が三人と、庶長子《しょちょうし》信広、信長の下に女性が四人と信行を始めとする弟が九人です」

「それでは、このうちはっきりと生没年が判っているのは、何人いると想いますか」

「女性はともかくとして、男子は皆はっきりしていると考えますが」

「誰だってそう想うよね。ところが信長を含め、誰もいません。信長でさえ、いつ生まれたのか不明なのです。小松さんも、指摘されると気が付くはずですが、実は信長がいつ誕生したのか、誰も判らないのです。もし不審に想うのでしたら、『寛政重修諸家譜』を始めとする信長文献全てを繙《ひもと》いて下さい」

「そうかなぁ、信長は天文三（一五三四）年の生まれだと確信していましたが」

「信長が天文三年の生まれというのは、享年が根拠になっているだけなんです。要するに天正十（一五八二）年の『本能寺』で没するときが四十九歳。ここから逆算し、天文三年生まれとされたということです」

「まさか、それでは『信長公記』掲載の天文十五（一五四六）年十三歳元服は根拠がないと……」

☆吉法師殿《きちほうしどの》十三《じゅうさん》の御歳《おんとし》、林佐渡守《はやしさどのかみ》・平手中務《ひらてなかつかさ》・青山与三右衛門《あおやまよざえもん》・内藤勝介《ないとうかつすけ》御伴《おとも》申し、古渡《ふるわたり》の御城《おしろ》にて御元服《ごげんぷく》、織田三郎信長と進められ、御酒宴《ごしゅえん》御祝儀《しゅうぎ》斜《なな》めならず。
〈信長公記〉

「小松さん、どこに信長が天文十五年に十三歳とあるんでしょう。先ほども話しましたが『信長公記』の『首巻』の部分は、年代が全てあやふやに書かれました。太田牛一は、信長の齢に関して憑拠《ひょうきょ》となるような記述は全文を通じて書いていません。信長が天文三年に生まれたというのは、享年四十九歳から逆算して出されただけなんです」

「しかし……」

「享年から割り出されたのは、根拠があるんです。どの文献も天文三年に生まれたと書きますが月日が書かれません。この月日の不明ということが、逆算して生年が割り出された憑拠になるのです。誤解しないでもらいたいのですが、別に天文三年説を否定している訳ではありません。ただ、信長がいつ生まれたのか不明だと言いたかっただけです」

「もう一度、信長文献を確認してみます。月日も書かれていると想っていたのですが……」

☆時に天文三年の頃、織田信秀一男子を生む。童名《わらはな》を吉法師（信長）と號し……

（略）十三歳にて元服し、織田三郎信長と呼ぶ。〈繪本太閤記〉

「信長の天文三年誕生説と天文十五年十三歳元服説が最初に登場するのは『繪本太閤記』なんです。但し『繪本太閤記』が何を根拠にしたのか謎です。信長がいつ生まれたのか判らない程ですから、他の兄弟は推して知るべしです。十人の兄弟のうち、齢が判断できるのは二人しかいません。八男の秀孝（喜六郎）と十一男の長益です」

- 信広（不明）
- 女子
- 女子
- 女子
- 信長（天文三年・一五三四年生）
- 信行（不明）
- 女子
- 女子
- 女子
- 信包（不明）
- 信治（不明）
- 女子
- 信時（不明）
- 信興（不明）
- 秀孝（天文九年・一五四〇年生）
- 秀成（不明）
- 信照（不明）
- 長益（天文十六年・一五四七年生）

☆秀孝（喜六郎）弘治元年六月二十六日……、秀孝たちまち馬よりおちて死す。
十六歳。〈寛政重修諸家譜〉
☆長益　元和《げんな》七年辛酉《かのととり》十二月十三日於京師卒《けいしにおいてそつ》。七十五歳。号正伝院《ごうしょうでんいん》。
〈続群書類従　織田系図〉

「…………」

「この二人を信長と同様、享年から生年を逆算すると、秀孝は天文九（一五四〇）年生まれ、末弟の長益は天文十六（一五四七）年になります……、もうこれだけで、この二人が信長と腹違いだったことは明白でしょう」

「信長と秀孝は満六歳も違いますから、常識的に考えれば、同腹はないでしょうね。長益は齢が離れすぎていると想います」

「それから、秀孝より下になる秀成、信照も異母弟と考える事はできるでしょう」

「まぁ、そうですね……」

「信広、信長、信行は異母兄弟ですから、残りは信包《のぶかね》、信治《のぶはる》、信時《のぶとき》、信興《のぶおき》の四人です。この内、信包は養子に出されますが、信長もしくは信行の実弟であれば養子ということは有り得ません。信包はおそらく信広の実弟なんだと想います。次に信時ですが、彼は家臣に殺されるという悲劇的な死に方をしましたが、享年はおろか『信長公記』に全く無視されています。また『続群

書類従　織田系図』によれば、信行に密通していたとの記載もありますから、推測すれば信行の実弟なんでしょう」

☆信時　弘治三年為信長《のぶながのため》滅亡《めつぼう》。是去年密通武州信行之奸謀之儀因令露顕也《これきよねんぶしゆうのぶゆきのかんぼうにみつつうのぎろけんせしによってなり》。〈続群書類従　織田系図〉

「ウーン……」

「最後に信治、信興ですが、これが不思議な話で、信時と同様『信長公記』は全く無視なんです。とにかくこの二人は一応戦死ということになっているのですから、明らかに信長の為に死んだわけでしょう。信長の実弟とするなら、太田牛一は少なくとも死亡した日時、享年くらいは掲載してもよいと想いませんか。しかしながら太田牛一は無言です」

「何か明石さんの説を認めざるを得ない気分になってきましたね」

「それから小松さん、もう一点補足しておきます。『信長公記』は信長を描写する際に『うつけ』『たわけ』という言葉を使っているでしょ」

☆三郎信長公《さぶろうのぶながこう》を例《れい》の「大うつけ」と執々評判《とりどりひようばん》候《そうろう》し也《なり》。其中《そのなか》に筑紫《つくし》の客僧《きやくそう》一人《ひとり》、あれこそ国《くに》は持人《もつひと》よと申《もうし》たる由也《よしなり》。〈信長公記〉
☆四月下旬の事に候。斎藤山城道三《さいとうやましろどうさん》、富田《とみた》の寺内正徳寺《じないじようとくじ》まで可罷出候間《まかりいずるべくそうろうあいだ》、織田《おだ》上総介殿《かずさのすけどの》も是《これ》まで御出《おいで》候《そうろう》ハ可為祝着《しゅうちゃくなすべく》候《そうろう》。對面有度之《たいめんありたきの》趣《おもむき》中越《もうしこし》候《そうろう》。此子細《このしさい》ハ、此比《このころ》上総介《かずさのすけ》を偏執《へんしゅう》候《そうろう》て、聟殿《むこどの》ハ「大だわけ」にて候《そうろう》と、道三《どうさん》前《まえ》にて口々《くちぐち》に申《もうし》候《そうろう》キ、左様《さよう》に人々《ひとびと》申《もうし》候《そうろう》時《とき》ハ、「たわけ」にてハなく候《そうろう》よとて山城《やましろ》連々《れんれん》申《もうし》候《そうろう》キ、見参《けんざん》候《そうろう》て善悪《ぜんあく》を見《み》候《そうら》ハん為《ため》と聞《きこ》へ候《そうろう》。

〈信長公記〉

「よく調べてみると太田牛一は、この『うつけ』と『たわけ』を、きちんと使い分けているのです」

「ホー」

「全編を通じて『うつけ』が二度、『たわけ』は六度使われていますが、問題にしたいのは『たわけ』の方なんです。これが実は、美濃の斎藤道三、家臣側に限って使われているのです」

「…………」

☆うつけ……（動詞ウツクの連用形から）①中がうつろになっていること。から。空虚。②気がぬけてぼんやりしていること。また、そのような人。まぬけ。おろか。

☆たわけ……①みだらな通婚。「上通下通婚《じょうつうかつうこん》（おやこたわけ）・馬婚《ばこん》（うまたわけ）・牛婚《ぎゅうこん》・鶏婚《けいこん》」②ふざけること。おどけ。たわむれ。③たわけもの。ばかもの。

〈広辞苑〉

「僕がいいたいのは、美濃側は『たわけ』が持つ本来の意味を承知して信長を誹謗《ひぼう》したという事なんです」

「……………」

「エー、まさか信長が……」

「信長が義母ないしは、腹違いの姉妹と関係を持っていた事は間違いありません。美濃衆《みのしゅう》にしてみれば濃姫《のうひめ》が嫁いでいる訳ですから、それに対する非難の言葉として『たわけ』を使ったのでしょう。この事も一人っ子説を支える材料の一つだと考えて下さい」

「『たわけ』にそういった意がある事を全く知りませんでした」

「小松さん、『たわけ』という言葉は、非常に古いんです。『古事記』仲哀《ちゅうあい》天皇の項にすでに視ることができるのですから……」

「仲哀帝といえば、日本の歴史が神話から抜け出した頃の天皇で、確か皇后は息長帯比売《おきながたらしひめ》の神《じん》功皇后《ごをこうごう》でしたね。そんなに古い時代から使われている言葉なんですか」

「最も古い言葉と言っても良いと考えています。仲哀帝が崩御するといろいろ罪を祓《はら》う大祓《おをはら》えの祀《まつ》りがあったのですが、祓《はら》われた罪の一つに『上通下通婚』が視えるんです。今日ならアブノーマルな『おやこたわけ』や『うまたわけ』が日常茶飯事的にあったと想います。長い歴史の中には、女は全部俺のものという時代もきっとあったんでしょう。信長の時代にもそういった事が、まだまだ引きずられていたと想います。ですから信長が身近にいる女性と肉体関係を持ったとしても、なんら不思議はありません。まして一人っ子だとすれば、義母、腹違いの姉妹と交渉を持つ事は充分に考えられる事です」

「ウーン、言葉もありません……」

「もう一度『信長公記』を確認してもらいたいのですが、信長の家臣や尾張の領民は『たわけ』という言葉を信長に向けて決して使いません」

「………」

「それから信長十人殺しがなぜ起きたのかについても、少しつけ加えますね。この十人殺しは、信長が叔父、兄弟誰も信じていなかったこと、誰も必要としなかったことを物語っているんです。要するに信長にとって必要な血族は、己と己の子供だけということです。彼の頭の中には、父親も叔父も兄弟も、そしてなおのこと織田宗家なんていうのは存在すらしませんでした」

「父親もですか」

「信長が父親を認めていれば、とりあえずは天下人間近《まぢか》にまで権勢を誇ったのですから、何らかの形で大々的に父親を顕彰《けんしょう》するのが自然でしょう。無論、己自身も誰と誰の子供で天文何年の何月何日にどこそこで生まれたと相当粉飾した形で表現したはずです。しかし信長は全くそれをしていません。信長にとっての父親は単なる他人の発明に過ぎなかったんですよ。『信長公記』は信長の若かりし頃の天衣無縫ぶりを実にうまく描写していますが、僕はむしろあの書きぶりに信長の哀れを感じます。信長は誰からも愛されていなかったんだと想います。事実、父信秀は信長を那古野に遠ざけていましたし、庶長子信広とは子供のころから犬猿の仲でした。

また信秀譜代の家臣は全て嫡統の信行贔屓《びいき》ですし、弟は全員信行を慕《した》っていました。信長は全く孤独だったと想います。『明衣《ゆかたびら》の袖《そで》をはづし、半袴《はんばかま》、ひうち袋《ぶくろ》、色々余多《いろいろあまた》付《つ》けさせられ、御《お》髪《ぐし》はちやせんに、くれなゐ糸《いと》、もえぎ糸《いと》にて巻立《まきた》てゆはせられ、大刀朱《たちしゅ》ざやをさゝせられ（中略）。町《まち》を御通《おとお》りの時《のち》、人目《ひとめ》をも御憚《おんはばか》りなく、くり・柿《かき》は申《もう》すに及《およ》ばず、瓜《うり》をかぶりくひになされ、町中《まちなか》にて立《た》ちながら餅《もち》をまゐり、人《ひと》により懸《かか》り、人《ひと》の肩《かた》につらさがり……』、この文に視えるのは、誰からも愛されない、そして孤独な若者の姿です。僕は信長が誰も信ぜず誰も必要としなかったと言いましたが、言葉を換えれば誰も信長を信じなかったし、誰も信長を必要としなかったとも言えるのです。信長にとっての織田家は、己から始まり、信長が織田家の祖なんです。無論宗家は信長に直系の系譜を持つ者がなるのです。これを実現するには同時代に生きる叔父、兄弟、まして織田宗家なんていうのは邪魔なだけでした。信長は全てが己から始まればよいと考えていたのです。この結果、信長十人殺しが起きたのです。信長を論ずるとき、『信長は誰も信ぜず、誰も必要としない、そして誰も信長を信ぜず、誰も信長を必要としない』、このことは非常に重要なんです。これを基盤にして信長を観察しなければ、奇怪な信長の一生は理解できません」

「明石さんは、よっぽど信長が嫌いなんですね」

「小松さん、誤解しないで下さい。僕は信長が大好きなんです。ただ贔屓《ひいき》の引き倒しになるような形で信長を語りたくないだけです。ある意味では、僕ほどの信長ファンは存在しないとさえ自負しています」

「そうかなぁ、とても信長好きとは想えませんが……」

「……、虚像で語られる信長が嫌いなだけです。僕には僕の信長像があり、そこで視る信長を、僕は誰よりも好きなんです」

「それはともかくとして……、確かに信長は一人っ子だったかもしれませんね」

「間違いないです。ただ僕の論は、戦国の世ということから十一人の男子に限定して語ったということを忘れないで下さい」

「ホー、すると七人いたと言われる女性の中に同腹《どうふく》がいた可能性が……」

「いたかもしれません」

「どの女性です、伺いたいですね」

「無論『お市《いち》』です」

「お市……、明石さんの根拠を聞かせてくれませんか」

「お市は信長によって織田家より名門の浅井家へ嫁ぎましたが、他の姉妹誰一人として名門に嫁ぎません。ここから考えられることは……、お市だけは飾ってやりたかったとする妹への想い入れです」

「しかし、お市の浅井長政への輿入《こし》れは、誰が考えても信長による政略結婚だと想うのですが」

「言うまでもなく政略結婚です。そのことは否定しません。ただその一方で、たった一人の妹を飾ってやりたいとする信長の深い想いもあったと言いたいのです。それから誰にも心を許さなかった信長が、何故か浅井長政だけは多少なりとも信じていた節《ふし》が視られます」

☆信長被仰《のぶながおおされ》けるは備前守長政《びぜんのかみながまさ》は義《ぎ》深《ふか》き仁《じん》にて候《そうろう》。
〈浅井三代記〉


「そういえば小谷《おだに》落城のとき、信長は秀吉にお市を無事帰還させるよう厳命していましたね」

「そのことも信長の性格を想えば、考えられない事なんです」

「信長らしくないと……」

「実は信長文献に一点だけ兄妹《けいまい》との温かい交流を示す記述があるんです」

「その一点がお市なんですか」

☆小谷《おたに》の御前《ごぜん》（お市）にも久《ひさ》しく対面不成《たいめんならず》候《そうろう》故《ゆえ》御《お》逢成度《あいなりたし》と仰則《おおせそく》小谷《おたに》より迎《むかへ》よせ信《のぶ》長《なが》も奥《おく》へ御入《おはいり》なされむつましく語《かた》らせ給《たも》う。
〈浅井三代記〉


「そうなんです。またお市は浅井長政没後、柴田勝家に嫁ぐけど、勝家は譜代筆頭という事を考慮すると、これも信長、お市が同腹の兄妹だったことを物語っていると想います」

「なるほど……」

「決定的なのは、浅井長政との間に生まれた三人の女性のもの凄い出世ぶりなんです。何しろ長女茶々は秀吉の室《しつ》、淀君です。二女は京極高次《きょうごくたかつぐ》の正室でした。三女は秀吉の養子秀勝正室、因みに秀勝は秀頼が生まれるまでの豊臣嫡統です。秀勝没後は徳川秀忠（二代将軍）御台所《みだいどころ》、要するに徳川家光の母親です。これはお市の姉妹の境遇と較べると何故と想わせる何かがあるでしょう」

「信長のたった一人の実妹というところに、秀吉、家康は絶大な魅力を感じていたと……」

「そういうことです。それから信長とお市には、もう一つ秘密があるんです」

「二人の秘密ですか……」

「信長とお市は間違いなく兄妹たわけです。そして、お市の長女茶々は信長の子供なんです。信長はお市が自分の子供を宿したと知ったからこそ、浅井長政に嫁がせました。豊臣秀吉はこの二人の秘密を知っていたんです。茶々に対する秀吉の凄まじい執着心の不思議はこれ以外に解決できません」

「信長とお市が兄妹たわけ、これは何となく理解しますが……、茶々、つまり淀君が信長の子供というのは……」

「あれっ、信じないんですか。まっ、奇怪な話ですからいきなり言われても信じられませんよね。でも、これは本当の話なんです。次に信長の生涯で最も有名な『桶狭間合戦』の話をしたいのですが……」

第六章

必勝の戦、桶狭間

「ようやく私にも信長を語れる機会がやってきたように想います。この桶狭間《おけはざま》合戦こそ、信長の軍事的天分を示す代表的な合戦と認識しています。

最初に合戦前夜信長が舞い謡《うた》ったとされる、あの有名な曲舞《くせまい》敦盛《あつもり》の一説に触れさせて下さい。

否定したくはないのですが、これは太田牛一の作り話だと考えます」

☆此時《このとき》、信長《のぶなが》敦盛《あつもり》の舞《まい》を遊《あそば》し候《そうろう》。「人間五十年《にんげんごじゅうねん》、下天《げてん》の内《うち》をくらふれハ、夢幻《ゆめまぼろし》の如《ごと》く也《なり》。一度《いちど》生《せい》を得《え》て滅《めっ》せぬ者《もの》の有《ある》へきカ」〈信長公記〉

☆信長卿《のぶながきょう》「人間五十年下天《にんげんごじゅうねんげてん》……滅《めっ》せぬ者《もの》のあるへきか」とて舞《ま》はせ給《たま》へば、皆一《みなひと》きは興《きょう》に入て、酒宴数刻《しゅえんすうこく》に及《および》ければ、宮福大夫《みやふくたいふ》、兵《つわもの》の交《まじ》はり頼《たの》みある中《なか》の酒宴哉《しゅえんかな》と、謡《うた》ひ立《たち》ければ、大《おお》に御感有《ごかんあり》て、黄金二十両《おうごんにじゅうりょう》引れけり。〈信長記〉

「アレ、信長贔屓《びいき》の小松さんが、ここの場面を否定してしまうの」

「話としては面白いのですが、さすがに史実としては認められません。宮福大夫に黄金二十両というのがどうも……、二両くらいに書いてくれますと信憑性が増したのですが。それから『武功夜話』にもこれと似たような記述『人間生涯五十年、乾坤《けんこん》の機を窺《うかが》い』があるんです。

因みに『日本外史』なんですが『信長、自《みずから》、起《た》ちて舞ひ、古謡を謡《うた》ひて曰《いわ》く、人生五十年、乃《すなわち》夢幻の如し、生あり斯《ここ》に死あり、壮士将《はた》何ぞ恨みん』と書かれています。どの文献にも掲載され、しかも記述が少しずつ違うところが気に入りません」

「まっ、これは太田牛一のサービスです。私の方からも一点紹介しますね」

※されども『信長は深き軍慮』ありて、必勝の戦を心に込め給ひ、少しも驚き騒ぎ給はず、其夜諸士を召され酒宴を成し、戦の評議にかってこれなく、福宮太夫《ふくみやたいふ》を召され猿楽を仰付けられ、信長みづから扇を開き、『人間わづか五十年、外典《げてん》の内を競ぶれば、夢幻のごとくなる、一度生《ひとたびしよう》を受け、滅せぬものの有るべきや』と敦盛の曲舞《くせまい》を押《おし》かへし押かへし、再三うたひ舞ひ給ひ、酒宴の興をまし給ふ〈繪本太閤記〉

「この出典が何か、私には判りませんが……、この文献では『宮福』が『福宮』となっていて反対ですね。これは誤字ですか？」

「『宮福』でも『福宮』でも、敦盛の曲舞は太田牛一の創作ですから、どうでも良いことです。太田牛一は、『義元《すえ》が戈先には天魔鬼神も忍《たまる》べからず。心地はよしと悦んで、緩々《ゆるゆる》として謡をうたはせ陣を居られ候』と、初戦に大勝利した義元が、信長と同じように謡をやっていたと書きました。恐らく、文学的対比で物語を盛り上げつつ、義元が油断しているところを奇襲で打ち破った信長の見事さを強調、こんな風に読ませたかったのかな。いずれにしろ、この文献は桶狭間合戦の真実を隠し持っていて非常に重要なんです」

「あの合戦にも何か謎があると……」

「この文献の冒頭に『信長は深き軍慮』とあるけど、この『深き軍慮』の意をどう読み解くか、これが重要なんです」

「常識的に考えれば、信長は『桶狭間合戦に向けて予め必勝の策を持っていた』と、なりますが……」

「そうです。信長は桶狭間合戦の勝利を確信していた、絶対に勝てるとね。信長の『深き軍慮』とは、奇襲でも何でもなく、今川義元に対する騙し討ち、要するに裏切りによる勝利なんです」

「まさか、他のエピソードはともかく、『桶狭間合戦』を裏切りによる騙し討ちと決め付けられては黙っていられません」

「あれ、信じてくれないの。『桶狭間合戦』は信長が義元を騙し討ちにしたのです。間違いありません」

「そう簡単に断言されても、ここは納得できません。『桶狭間合戦』こそ、あり得ない奇跡に全てを賭けた信長の凄味と称賛せずにはいられないからです。明石さんは『単なる偶然に助けられたにすぎない』と切って捨てると想いますが、しかし『桶狭間合戦』は信長にとって勝てる可能性は全く無かったわけです。戦わずして今川方に降伏したとしても、徳川家康と三河の領民がなめた悲惨を遥《はる》かに越える地獄が信長と尾張に待っていたことは明白です。信長に与え

桶狭間戦図：参謀本部編纂『日本戦史 桶狭間役附図』（偕行社）

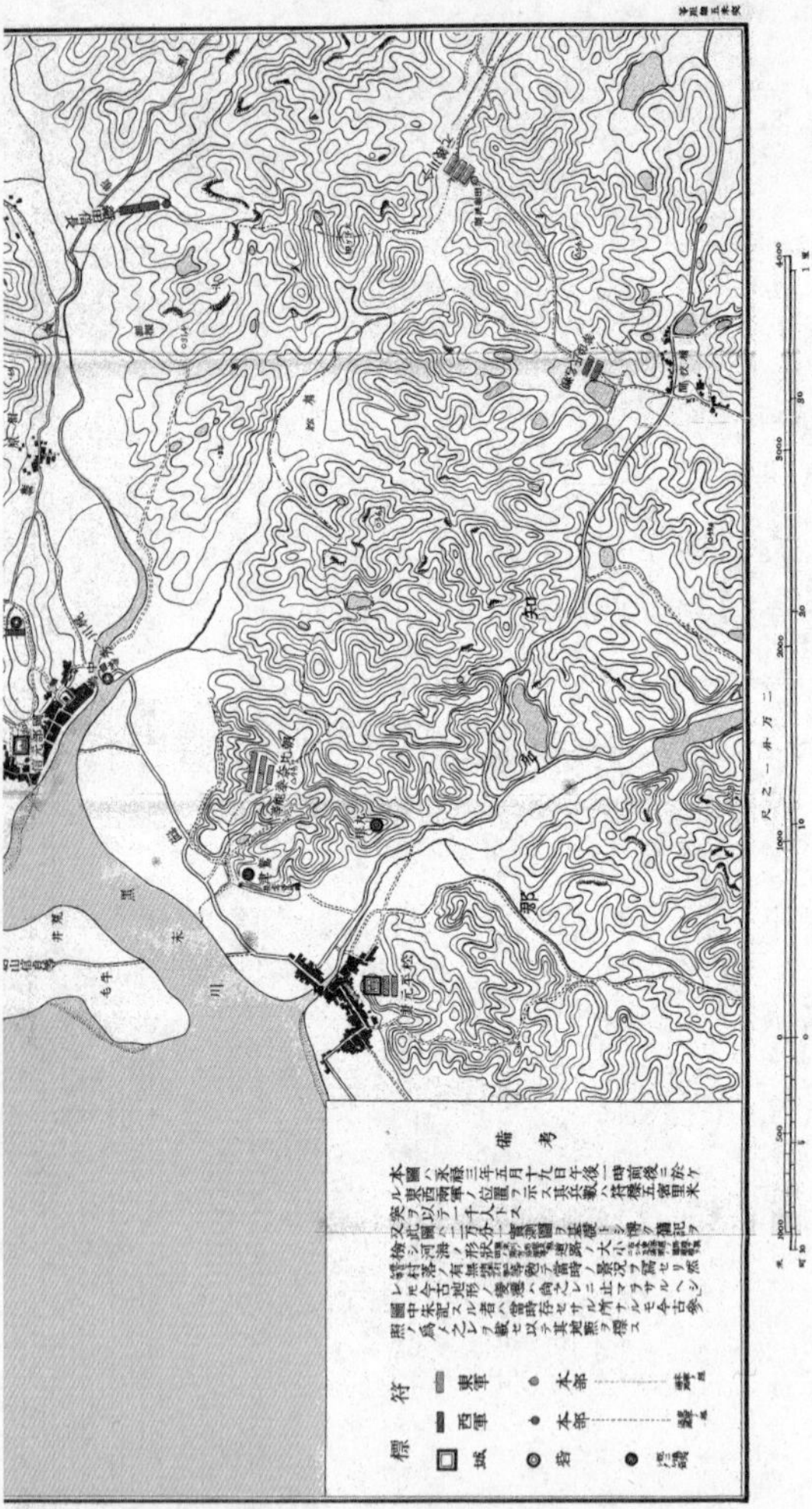

備考

本図ハ永禄三年五月十九日午後一時前後ニ於ケル東西両軍ノ位置ヲ示ス。

其兵数ハ符標五密里米突ヲ以テ一千人トス。

桶狹間戰圖

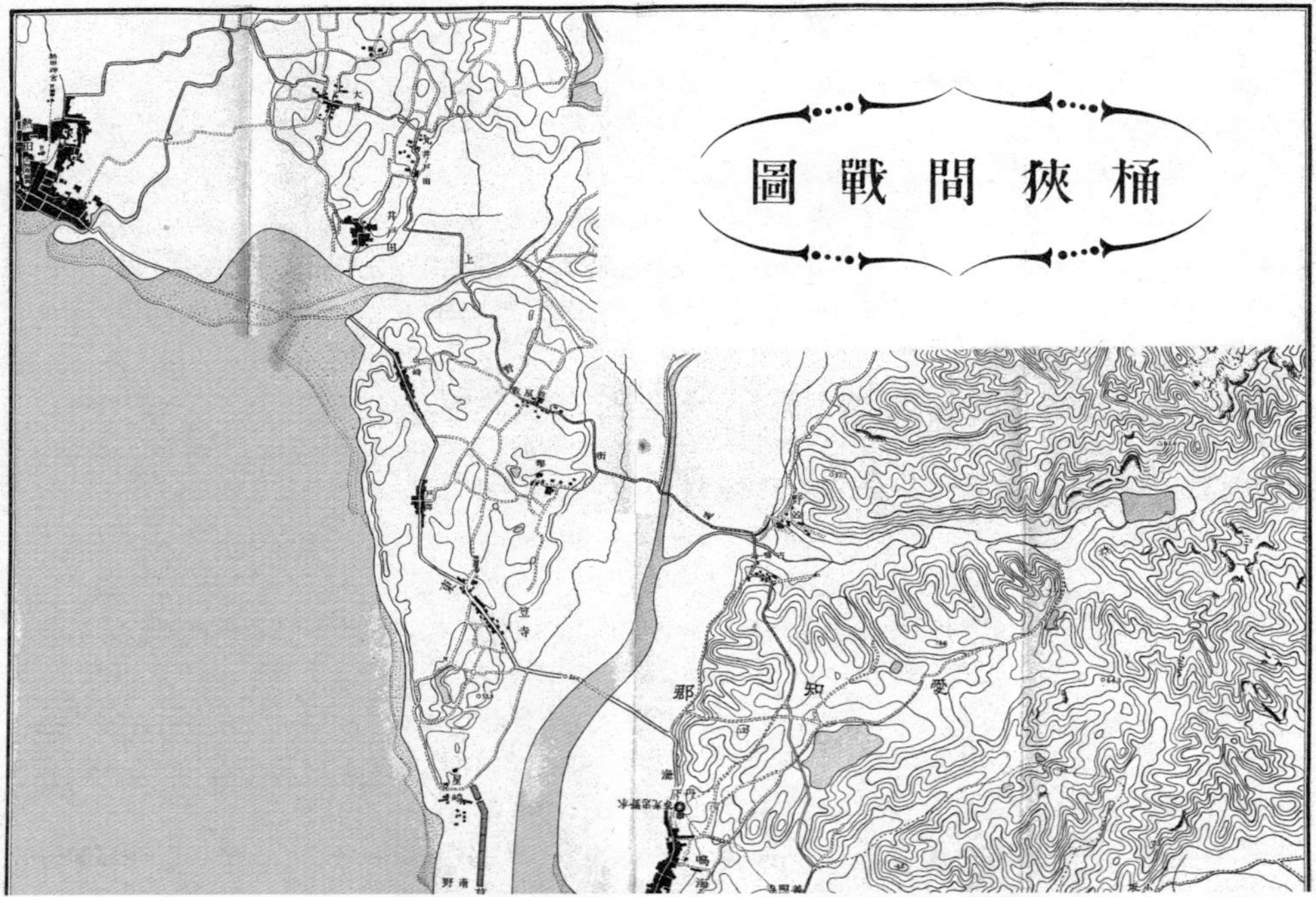

られた唯一の選択は可能性のない戦に勝つことしかありません。いくら何でも裏切りによる騙し討ちは暴論です」

「全く勝てる可能性がないのなら負けていたはずです。でも信長は『桶狭間合戦』に勝ったではありませんか。それから信長に凄みがないとは一度も言ってません、無論彼が偶然に助けられて勝ったとも想いません。ただ『裏切り、騙し討ち』で勝利した、こう言っただけです。小松さんは、納得できないと反論するけど、では、信長はなぜ勝てたのです……、これを説明して下さい」

「……、信長をして天才たらしめた最大の要因は、彼の『弁証法的発想』にあったと考えます。ヘーゲルの言葉に『死を恐れ荒廃がないよう用心する生命でなく、死を耐え忍び死の中に自らを維持する生命こそ精神の生命である。精神がその真理を見いだすのは絶対的な分裂の中で自分自身を見いだすことによってのみである』というのが視えます。桶狭間の信長は正にこうだったと想うのです。出陣直前に舞《ま》い謡《うた》った『人間五十年下天の内をくらぶれば……』、好んで歌った『死のうは一定……』、これはともすると信長の刹那《せつな》主義、虚無主義の表れと言われますが、むしろ『死の中に己を維持する生命』に対する日常的発想であったと想いたいのです」

「僕は『弁証法』というより、むしろ『禅的な悟り』を説明されたようにも、それから『人間五十年……』の類《たぐい》は、先ほど太田牛一の創作だと二人の意見は一致したものと想っていました。とにかく僕の聞きたいのは信長がなぜ勝ったのかという事なのです」

「ですから、否定することによって生まれる思考の偉大なエネルギーが、存在へと転換させる弁証法的生き方に、日本人離れした『凄さ』があったと説明したいのです。これが『桶狭間合戦』に奇跡として現象したと考えています」

「全く理解できません。天才信長は知性よりもむしろ狂気に近く、この狂気が奇跡を起こしたとでも、それとも信長は奇跡を現わした神だとでも言うのですか。織田信長は今川義元に実際に勝利した訳ですから、この理由を簡単に説明して下さい」

「……、合戦前夜の信長は『色々世間の御雑談』に視られるように戦評定《いくさひょうじょう》をしていません。信長の頭の中には具体的な戦術など一切なかったのだと想います。そして義元の本陣が桶狭間で息を休めるとの情報を入手した瞬間、奇襲を即実行したのです。これが信長を大勝利へ導いたと考えています。勝てる見込のない戦に、それでもなお臨もうとした信長が自ら奇跡を招いたと確信しています」

「偶然の集積は瞬間的に奇跡として現象しますが……、信長はこの無に限りなく近い現象を見事に捕らえたと言いたいわけですか」

「そうですね……、そのように想っています」

「今の小松さんの論が、信長勝利を説明しているとは想えません。信長は『桶狭間合戦』が情報の選択と戦術の選択によって絶対勝てると確信していました。頼山陽《らいさんよう》は彼を『超世之才』と絶賛していますが、確かに信長には抜きんでた軍事的センスを感じます。戦国における天才であったことは否定しません。でも、信長は戦国時代の申し子、これを忘れてはならないのです。要するに勝てばよいのです。信長は全てにおいてそれを実践しました。『裏切り、騙し討ち』、これが『桶狭間合戦』の真実です」

☆天下群雄《てんかのぐんゆう》。方守角依傍《まさにかたわらによってすみでまもる》。而《しこうして》右府《うふ》（信長）独以全局《ひとりぜんきょくをもって》制其勝《そのかちをせいす》。可不謂之超世之才歟《これちょうせいのさいといわざるべきか》。
〈日本外史〉

「何を指して『裏切り、騙し討ち』なのでしょうか。私の理解を越えた暴論です。とにかく全く承知できません」

「先ほど小松さんは、合戦前夜の信長は戦評定を全くしなかったと言いましたが、確かに信長は合戦前夜に戦評定をしていません。でも、今川義元との合戦に備え、信長は何度も何度も戦評定をしているんです」

「えっ、そうなんですか」

「あのね小松さん、桶狭間合戦が何故起きたのか、この原因は、信長が今川義元に何度も喧嘩を売り、堪り兼ねた義元が総力を挙げて信長征伐に出陣した、これが真相なんです。最初の攻撃は天文二十一（一五五二）年でした」

☆明年《みょうねん》（天文《てんぶん》二十一年・一五五二年）信長《のぶなが》、始《はじ》めて兵を将《ひき》いて参河《さんが》に入り、今川氏《いまがわし》の属城吉良《ぞくじょうきら》、大浜《おおはま》を攻《せ》め……。
〈日本外史〉

「あれ、信長が今川領に攻め込んでいるんですか……」

「そうですよ、この後も、信長は繰り返し義元を挑発します。永禄に入ると信長の義元に対する挑発は完全な恫喝になりました。『美濃、伊勢を制圧した後は、鳴海、鷲津、丸根、丹下、中村、善祥寺、中島の七ヵ所に砦を築き、一気に駿河、遠江、三河へ攻め込み、この合戦に勝利し、必ず駿遠三を押領する』と宣言します。信長はこの計画を実行し、全てに勝利するために戦評定を繰り返しました。その戦評定の結論として……、今川義元に勝つためには手段を選ばず、次に義元を欺き、そして裏切り、最後に騙し討ちで殺してしまう。信長は戦評定での戦略的帰結（今川義元に完全勝利）への戦術展開を着実に実行し、桶狭間合戦に勝つべくして勝ちました」

「私には今の論の全てが意味不明です。桶狭間合戦は信長が義元に仕掛けた合戦、これは私の理解を越えた発言ですし、ましてや信長の義元に対する裏切り、騙し討ち……全く賛成出来ません」

「太田牛一は桶狭間合戦における信長を実に巧みに美化しました。今川義元の軍勢は四万五千、それに対して信長軍は僅か数千（二千から四千説）です。この勝てる見込みのない合戦に信長がいかにして勝利したのか……、これを真実と嘘で上手に仕立てました」

「真実と嘘……、ますます判りません。太田牛一はどこに真実を書き、どこを嘘で固めたのですか」

「真実は『義元が戈先には天魔鬼神も忍《たま》るべからず。心地はよしと悦んで、緩々《ゆるゆる》として謡をうたはせ陣を居《すえ》られ候』、ここだけです。あとの描写は全て太田牛一の創作なんです」

「明石さんの論は結果を話すだけで原因と経過がありません。信長は勝つべくして勝った、この原因と勝利に至る経過を説明して下さい。さっきの『茶々は信長の娘』、これもそうですが、原因と経過の説明がなければ、その結果として発現した事象を、ただ事実であると一方的に結論されても、にわかに同調できません」

「茶々のこと……、原因は信長とお市が兄妹たわけだったからです。経過は……、信長はお市が妊娠した事実を知ると、浅井長政への間諜としてお市を嫁に送り込んだ。隠れ愛姦のお市は信長の言うことなら何を言われても『ハイ』なんです。結果として、お市は信長へ浅井長政と朝倉義景の情報を全て報告していました。お市が信長に送り込まれたスパイでなければ、また、正確な情報がなければ、信長は浅井・朝倉との合戦で間違いなく死んでいたはずです。何故、浅井長政はお市を信じたのか、これは自分とお市の間に三人の娘と嫡統がいたからです。昔も今も『子は鎹《かすがい》』なんだ。ただ、浅井長政は茶々が月足らずで生まれたことを怪しまなければならなかった。にも拘らず、浅井長政はお市の手練手管にメロメロで、自分の情報ストックをお市と共有してしまった。まっ、遠い昔は産婦人科もないし、少し早く生まれたって、誰も怪しまないからね。これが信長とお市の秘密です」

「…………」

「それでは、今度は桶狭間合戦の真実です。最初に戦評定のことですが……、当時の織田勢と今川勢を比較すると、小競り合いならそれほど勢力に開きがありません。今川義元が駿遠三の総力を結集した場合は、織田信長より遥かに大軍になります。信長が義元と対等の軍勢を結集させるなら、美濃と伊勢の制圧が必要ですが、桶狭間の頃の信長は、尾張だけで軍勢を整えなければならなかったので、今川義元が総力を挙げて合戦を挑んでくると、通常の戦術展開では今川義元に対して戦略的帰結としての勝利は難しい訳です。そこで、『勝つべくして勝つ』にはどうすべきかの戦評定が繰り返し行われたんです。例えば……、宿老の佐久間信盛は『今川義元大軍を以て攻め発《のぼ》るに、味方小勢にて戦はん事、鶏卵をもって大石に当るが如し。一旦は今川義元に降を乞ひ、時を見合わせ大業を起し給はんこそ、長久の謀《はかりごと》ならん』と、言上しています。先に結論すると、信長は『桶狭間合戦』の戦略的帰結としての大勝利を、この時の佐久間信盛の言上からヒントを得たんです」

「それが今川義元に対する裏切りと騙し討ちだと……」

「そうです」

「もう少し説明してくれませんか」

「あーそう、それではこと細かく説明します。太田牛一は何故この合戦に『天文二十一（一五五二）年　壬子《みずのえね》五月十七日』『天文二十一年壬子五月十九日』同じく『天文二十一年壬子五月十九日』と三ヵ所に八年も誤った元号と干支を挿入したのです」

「それは太田の単なる勘違いで永禄三（一五六〇）年庚申《かのえさる》とすべきを誤記したと先ほど説明しましたが」

「信長が戦国の世にデビューしたのは『桶狭間合戦』、これは誰もが認めると想います。太田牛一にとっても、ここの場面は大切ですから力も入るし、その書き振りも巧みです。にも拘らず、元号干支を八年も間違えている、有り得ないですよ。また、『首巻』全体の書き振りを観察すれば『桶狭間合戦』に三度も干支付きの元号を付ける必要は全くないのです。他の項目を視れば、全て月日で出来事を追っています。ですからこの『桶狭間合戦』も最初の『天文二十一年壬子《みずのえね》五月十七日』とさえ挿入すれば、次の二点は『五月十九日』『同十九日』と記せばよいはずです。なぜ『桶狭間合戦』のみが、こんな不自然な年月日の挿入が行われているのです」

「…………」

「この合戦は全てが謎めいていて不思議な合戦なんですね。今川義元の軍勢『四万五千』です。一守護大名が動員できる数字だと想いますか」

☆御敵今川義元《おんてきいまがわよしもと》は四万五千引率《いんそつ》し、桶狭間山《おけはざまさん》に人馬《じんば》の息《いき》を休《やす》めこれあり。

〈信長公記〉

「この数字は、信長の勝利を劇的に表現したかった太田牛一が大袈裟に書いたのでしょう。事実一万、一万五千、二万、二万五千、三万五千、四万と諸説ありますから」

「今川の軍勢が『一万五千』でも『四万五千』でも『六万五千』でも、信長は毛利新助が打落した義元の首を太刀先に貫き差上げた、と考えます。双方の兵力の差なんて、太田牛一にはどうでも良かったのです。つまり、『桶狭間合戦』の描写は綿密に観察すれば矛盾だらけ、これは明白なんですよ。因みに……、この記述です」

☆にわかに急雨石氷《むらさめせきひょう》を投打《なげう》つ様《よう》に、敵《てき》の輔《つら》に打付《うちつ》くる。身方《みかた》は後《うしろ》の方《ほう》に降《ふ》りかかる。
沓掛《くつかけ》の到下《とうげ》の松《まつ》の本《もと》に、二かゐ・三かゐの楠《くす》の木《き》、雨《あめ》に東《ひがし》へ降倒《ふりたお》るる。余《あま》りの事《こと》に熱田大明神《あつただいみょうじん》の神軍《しんぐん》かと申候《もうしそうろう》なり……。

☆空晴《そらは》るるを御覧《ごろう》じ信長鑓《やり》をおっ取《と》って大音声《だいおんじょう》を上げて……。

「…………」

「かつて道三をして『すさまじき男、隣にはいやなる人にて候よ』とまで言わしめた村木の戦《いくさ》では、水夫《かこ》らが大風で船は危険で出せないというのを無理矢理出させ『二十里ばかりの所只半時ばかりに御着岸』とやってしまうような戦国武将です。それが、ここで描写される信長は、奇跡的な急雨を天に感謝していたにも拘らず『空晴れるるを御覧じ』てからおもむろに鑓《やり》を取って『すはかかれ、〳〵と仰せられ』はないと想います。これぞ熱田大明神の御加護とばかりに、すかさず豪雨の中を奇襲するのが本来の信長像ではありませんか。大体当時は無音で静寂そのものなんですから大音声を上げるのも変でしょう。まぁ命を掛けていますから大音声での奇襲は止むを得ないとしても、尚更《なおさら》のこと豪雨が上がるのを待つより豪雨の中を突撃した方が音も消されて良いんじゃないの。太田牛一の『首巻』は矛盾と出鱈目の連続です。事実、こんな妙な合戦風景を『首巻』以外では書いてません。どう考えても、無理を承知で天文二十一年壬子五月に桶狭間という大合戦を入れざるを得なかった、或いは挿入しなければ説明のつかない事情が、信長にあったとしか想えません。付け加えれば、『桶狭間合戦』って、そんな凄い合戦だったのかな。実際は紛争の類、こんな風にも想えます」

「……、そうかなぁ」

「いずれにしても、信長は、希代の嘘つきで策略家でした。裏切りと騙し討ちの連続、そして自らも家臣の裏切りで殺されます。信長は、真に戦国の申し子なんですよ」

☆清洲城乗取りの折、織田宗家常祐《つねすけ》の嫡統彦五郎を騙し討ち。
☆弟信行を清洲城城内に誘《おび》き寄せ虐殺。
☆今川の勇将戸部新左衛門を陥《おとし》れるため、家臣に戸部の書を真似させ織田に通じる書を贋作、この書を今川義元に渡るように策略し、戸部は濡衣で殺される。
☆斎藤道三の夫人に、道三の勇将二人が謀叛を企てていると入れ知恵、道三は信長の嘘を見抜けず二人を殺害。
☆六角義賢《よしかた》との戦、観音寺城を攻めると宣言し、いきなり無防備の箕作《みつくり》城を攻撃。
☆北畠具教《とものり》との戦、信長の甘言に乗った柘《つ》植氏は具教を殺害。柘植氏が恩賞を要求すると口封じのためにこれを殺害。

「明石さんの今まで聞いた信長論は、いずれも奇想天外で面白いですが、とても支持できません。『桶狭間合戦』にしても同様です。この合戦をどのように読み解いたのか……、もう少し丁寧に説明して下さい」

「奇想天外、これは驚きです。全て真実ですけどね」

「ですから、『桶狭間合戦』の真実を聞かせて下さい」

「……信長は当初、今川義元との総力戦の前に美濃と伊勢を制圧し、尾濃伊の三軍で今川義元の駿遠三の三軍を迎え撃つ合戦を考えていた。鳴海・鷲津・丸根・丹下・中村・善照寺、中島の七ヵ所砦構想は、義元の駿遠三の軍勢を分散させるためだ。当時の城攻めは三倍で対等だから、四倍の兵力を必要とする。信長は七ヵ所砦に五百前後の兵力を入れ、この三千五百で今川勢一万五千を消耗させれば、合戦は確実に勝利すると考えていた。ところが、信長の挑発が効きすぎたのか、永禄（一五五八年）になると、今川義元が尾張領を総力で攻撃する、こんな噂が領内に広がった。信長は美濃・伊勢を制圧していなかったが……、柴田勝家、佐久間信盛、森三左衛門等の重臣たちの動揺を鎮めるため、七ヵ所砦を築き始め、全ての砦が永禄三（一五六〇）年の春正月には出来上がっていた。『桶狭間合戦』は、この砦完成の四ヵ月後なんだ。さっき小松さんに、太田牛一の真実は『義元が戈先には天魔鬼神も忍《たま》べからず、心地はよしと悦んで、緩々《ゆるゆる》として謡をうたはせ陣を居《す》られ候』、ここだけと言ったことを覚えているよね」

「無論覚えています。ただ、既に鷲津・丸根の二つの砦を陥《おと》していますし、ここは初戦に大勝した義元が油断している、こう表現したかっただけのように想います。ですから、この部分だけが真実と断定されましても、私には理解不能です」

「義元は砦の類《たぐい》を二つ陥したくらいで油断することはありません」

「『緩々として謡をうたはせ陣を居られ候』、この文に何か深い意味でも……」

「義元とて戦国の雄、完全に勝たなければ緩々する訳がないのです。信長を討ち取ってもいないし、清洲城を攻め陥したのでもないのです。鷲津・丸根に続き、中島・善照寺も落城寸前に、信長から明確な意思表示があったのです。だからこそ緩々していたんです。実は、信長から義元へ降伏するとの文書が届けられていました」

「エー」

「桶狭間の本陣は義元、信長の会見場所だったのです。それでなければ、あんな手薄はあり得ません。信長は合戦前夜『色々世間の御雑談』に視《み》られるように、全く戦評定をしないでしょう。これはしないというより、むしろする必要がなかったんです。信長は、この時点で乾坤一擲《けんこんいってき》、正に戦国の合戦常識を覆《くつがえ》す見事な戦術を採用していました。それが降伏文書なのです」

「如何《いか》にしても信じられません」

「勝てる見込の全くない合戦に信長は完璧に勝ちました。奇跡、奇襲、これよりも信長が実際に採用した戦術（降伏文書）の方が、はるかに優れています」

「しかし降伏誓紙《こうふくせいし》といえば、戦国武将にとって何よりも重いものです。これを一方的に破棄して騙し討ちしたとなれば、いくら何でも後世に伝わるはずです」

「信長は戦国の申し子なんです。要するに勝てばよいのです。だから勝つための手段として『降伏するゆえ会見をしたい』と意思表示する文書を出した、これは確信を持って言えます。

それから、信長の降伏誓紙のことが文献伝承していないと言うけど、信長は戦国の勝者ではなく敗者なんです。敗者のことなんて、どの時代の歴史家も興味はないのです。事実、織田信長のことを歴史書として残そうとしたのは太田牛一しかいないではありませんか」

「しかし明石さん……」

「信長は足利義昭（十五代将軍）の御教書《みぎょうしょ》でさえ偽書するほどです。尋常の手段では全く勝てる見込のない合戦に、この得意の戦術を使わないわけがないのです」

☆信長《のぶなが》江州《ごうしゅう》安土《あづち》ニ在《あり》テ……、計謀《けいぼう》ヲ廻《めぐ》ラシ将軍家《しょうぐんけ》ノ従臣《じゅうしん》サフカヤ源内《げんない》ト云者《いうもの》ヲ荷担《かたん》シ密《ひそか》ニ義昭公《よしあきこう》異国人《いこくじん》ヲ召寄《めしよ》セラルル所《ところ》ノ御教書《みぎょうしょ》ヲ偽書《にせがき》シテ……御教書《みぎょうしょ》ヲ竜造寺《りゅうぞうじ》ニ渡《わた》シケレハ高重《たかしげ》御教書《みぎょうしょ》ヲ拝見《はいけん》シ謀書《ぼうしょ》ナルコトヲ知《し》ラサレハ謹《つつしみ》テ畏《かしこま》リ

〈南蛮寺《なんばんじ》興廃記《こうはいき》〉

「…………」

「とにかく信長は偽書きを何度も何度も手段として使っています。あのね小松さん、奇襲で勝利したというのもおかしな話なんです。今川、織田の合戦は確かに始まっていましたが、義元本隊と信長本隊はまだ一度も戦っていません。ですから今川義元が緩々《ゆるゆる》するわけがないのです。奇襲という戦術は言葉は如何《いか》にもありそうですが、実際にはあり得ない戦術です。戦術における奇襲とは、真珠湾攻撃を想えば簡単に理解できると想いますが」

「信長はどのような降伏誓紙を……」

「降伏文書の主文は『今川義元公へ桶狭間ニテ降伏致シマス。降伏後ハ義元公ノ御加勢ヲ乞受ケ、尾州駿州ノ両旗ヲナビカセ美濃ノ斎藤龍興ヲ征シ、其国美濃ヲ以テ義元公ニ献上致シマス』、まっ、こんなところかな」

「ウーン、反論を試みたいのですが……」

「太田牛一の『桶狭間合戦』は解明できないことばかりです。なぜ今川勢に全く知られずに義元本陣に行き着けたのか。どこで義元と信長が戦ったのか、信長の軍勢はどのくらいだったのか、勝てる見込のない合戦になぜ勝てたのか、ところが降伏文書で考察すると全て解決してしまうのです」

「説明してくれませんか」

「信長は最初一騎で馳《は》せたよね。途中熱田《あつた》に寄りますが、この時になると信長には総勢二百騎が随《つ》いています。もっともこれは書き振りであって清洲を出陣した時から二百騎だったのでしょう。この二百騎こそは全て信長の旗本とでも言うべき強兵《つわもの》で雑兵《ぞうひょう》、足軽の類《たぐい》は一人もいません。信長はこの二百騎で充分今川義元の首を取れると確信していました。この時点で信長の降伏、もしくは恭順を知っていたのは、この中でも数人しかいなかったと思います。今川方にしても、これを知るのは義元の近習くらいなんです。義元にしても信長の意思表示があったとしても、全軍の士気をこの時点で弛《ゆる》ませる訳にはいきません」

「……、義元は信長降伏誓紙を正式に取り付けたところで全軍に知らせるつもりだったと」

「そうです。ですからそれを知らない今川、織田の軍勢は桶狭間から少し離れた所では戦をしているわけです」

「なるほど……」

「会見場所は無論、信長の指定によるものです。義元側は地理勘がありません。ですから、この信長の申し出を了承したのです」

「つまり今川義元は織田信長に桶狭間へ誘導されたと……」

「間違いありません」

「それで信長は、今川勢に少しも気付かれることなく義元本陣へ……」

「信長は二百騎をもって駆けに駆け抜けたんです。義元本陣は会見場所ですから義元の兵も少なく、恐らく三百人くらいしかいなかったんでしょう。今川方は信長は精々二、三十騎と考えていますからね。信長は会見場所へ着くと、本陣幔幕《まんまく》の裏からいきなり手勢を送り込みました。中には数十人しかいません。ですから義元の首をとるのは簡単なことでした。信長は義元の首を太刀先に貫き、『平の信長、自ら本陣を攻め破り、今川義元の首討ちとった。今川勢は総くずれ』と怒鳴りながら、今川勢の中を駆け抜けたのです。こうでもアピールしなければとても無事には清洲まで帰れませんし、今川の軍勢も引きません。総大将が失われれば合戦は成り立ちませんから、ここで戦は終わってしまいました。今日《こんにち》、信長と義元がどこで戦ったか誰にも解明できないのは会見場所が信長一人のみ知りえる場所だからなのです」

☆上総介信長《かずさのすけのぶなが》ハ、御馬《おうま》の先《さき》に今川義元《いまがわよしもと》の頸《くび》をもたせられ、御急《おいそぎ》なさるる程《ほど》に日《ひ》の内《うち》に清洲《きよす》……。

〈信長公記〉

「そうですか、信長ファンの私としては少しショックですが……」

「この『桶狭間合戦』は今に思うほど大きな合戦ではありません。信長、義元の直接対決に限定すれば双方で五百くらいのものなのです。『桶狭間合戦』は史実として確かにあったのでしょうが、太田牛一苦心の作でした。信長の裏切り、騙し討ちをカモフラージュする為のね。『首巻』は信長に関わる大事件ばかりですが、全てあやふやに書かれています。あやふやということは創作ということにつながりますから、より一層劇的に物語風になるのです。上田秋成は文化（一八〇四〜一八年）のころに『正史は寓《そら》ごと……、人はなぜか寓《そら》を真と思う』と指摘していますが、全くその通りなのです。今まで話したことが『首巻』に隠された信長の秘密です」

第七章

信長を手玉に取る

足利義教《あしかがよしのり》

応永《おうえい》元年《がんねん》（一三九四年）六月十三日誕生。同三十五年三月十二日従五位下《じゅごいのげ》。左馬頭《さまのかみ》。叙留《じょりゅう》。永享《えいきょう》元年《がんねん》三月九日元服《げんぷく》。加冠《かかん》畠山《はたけやま》尾張守《おわりのかみ》持国《もちくに》。理髪《りはつ》阿波守《あわのかみ》義《よし》慶《のぶ》。同日《どうじつ》禁色《きんじき》。十五日三木《さんぎ》（参議）。兼《けん》左中将《さちゅうじょう》。征《せい》夷《い》大将軍《たいしょうぐん》。改名《かいめい》義教《よしのり》。元《もと》義宣《よしのぶ》。同二十八日従三位《じゅさんみ》。二十九日権大納言《ごんだいなごん》。八月四日右大将《うだいしょう》。十二月十三日従二位《じゅにい》。永享《えいきょう》二年正月六日御監《ぎょかん》。十一月十七日従一《じゅいち》位《い》。四年七月二十五日内大臣《ないだいじん》。八月二十八日左大臣《さだいじん》。

十二月九日補殿上扞院別当《でんじょうかんいんべっとうにふす》。奨学《しょうがく》淳和《じゅんな》両院《りょういん》別当《べっとう》。氏《うじの》長者《ちょうじゃ》。牛車《ぎっしゃの》宣旨《せんじ》。五年八月九日辞右大将《うだいしょうをじす》。十年九月四日辞左大臣《さだいじんをじす》。嘉吉《かきつ》元年六月二十四日為赤松満祐殺害《あかまつみつすけのためさつがいさる》。四十八歳。二十九日贈太政大臣《ぞうだいじょうだいじん》。号普光院殿《ごうふこういんどの》。道号善山《どうごうぜんさん》。法名道慧《ほうみょうどうけい》。七月六日於等持《とうじいんに》院葬礼如形《おいてかたのごとくそうれい》。死骸《しがい》二十四日大葬《たいそう》。去《さる》応永《おうえい》二十六年十一月為天台座主《てんだいざすとなす》。大僧正《だいそうじょう》。准三后《じゅんさんごう》。号義円《ごうぎえん》。正長元年正月十九日令出青蓮院門主《しょうれいいんもんしゅださしむ》。三月十二日還俗《げんぞく》。

続群書類従《ぞくぐんしょるいじゅう》　足利系図《あしかがけいず》

「それでは次に信長がいかに義教《よしのり》を意識し模倣したかという実証をしてみますね。まずこの信長の台詞《せりふ》をみて下さい」

☆普《ふ》光院殿《こういんどの》をさ様《よう》に申《もうし》たると伝《つたへ》承《うけたまわり》候《そうろう》。

「アレこれは足利義教の事ではありませんか……」

「この一行こそ、信長が疑いもなく義教を意識していた、その憑拠《ひょうきょ》となるものなんです」

「この一行がですか……」

「そうですよ、この文は小松さんもよく承知のはずの足利義昭に対する『十七ヶ条異見状《いけんじょう》』に記されたものです。全文をもう一度確認してくれますか」

＊

元亀三（一五七二）年九月、信長は足利十五代将軍義昭に十七ヵ条からなる「異見状」を出し、義昭の征夷大将軍職として相応《ふさわ》しからぬ点を諫《いさ》めている。

☆去程《さるほど》に、公方様《くぼうさま》内々《ないない》御《ご》謀叛《むほん》思食立《おぼしめしたつ》の由其隠《よしそのかく》れなく候《そうろう》。子細《しさい》は、非分《ひぶん》の御《お》働《はたらき》共《とも》御《ご》勿体《もったい》なきの旨《むね》、去年《さるとし》十七ヶ条を捧《ささ》げ御意見《ごいけん》の次第《しだい》。
〈信長公記〉

信長は義昭に謀叛の意があることを指摘し、「異見状」を出す理由としているが不可解な理由といえよう。およそ謀叛といえば、朝廷及び足利将軍家に背《そむ》くことを指すのが常識的であり、征夷大将軍の義昭が遥かに下位の信長に謀叛とは表現として成り立たない。このため十七ヵ条からなる「異見状」は下位の者が上位者を諌めるための諌書《かんしょ》、諌状《かんじょう》ではなく、「恫喝《どうかつ》」もしくは「脅迫状」となんら変わりのない性格を持つとされている。「普光院殿」は、この「異見状」の最後の条に記されている。

☆諸事《しょじ》に付《つき》て御欲《おんよく》かましき儀《ぎ》。理非《りひ》も外聞《がいぶん》にも不被立入由其聞候《たちいられざるよしそれきこえそうろう》。然間不思議《しかるあいだふしぎ》の土民《どみん》百姓《ひやくしよう》に至迄《いたるまで》も悪御所《あくごしょ》と申成由候《もうすよしなりそうろう》。普光院殿《ふこういんどの》をさ様《よう》に申《もうし》たると伝承候《つたへたまわりそうろう》。其《それ》ハ各別《かくべつ》の儀候《ぎにそうろう》。何故如此御影事《なにゆえこのごときおんかげごと》を申候哉《もうしそうろうや》。爰《たれ》を以《もつ》て御分別《ごふんべつ》参《まい》るへき歟《か》の事《こと》。

＊

「明石さんのご指摘通り、信長は『十七ヶ条異見状』の中で確かに義教に触れていますね。ただ義教を深く意識していたとは読めません。『義教は悪御所《あくごしょ》と言われたそうだが、あなた（義昭）も同じ（悪御所）と陰口を言われている、これからは征夷大将軍職に相応《ふさわ》しく、威を正しなさい……』。この諫言のだしに義教を例に出しただけなのではありませんか」

「あのね、諫言のだしに使うのなら天魔王とも恐れられた足利歴代最大の英雄、義教を譬《たとえ》にするのは相手が大きすぎます。足利歴代将軍は八代の義政以後、将軍の体《てい》を成していません。駄目な将軍を例に出すのなら義稙《よしたね》、義澄《よしずみ》、義晴、義輝、義栄《よしひで》、この内から例を引けばよいし、特に十三代将軍の義輝は最適です。事実、異見状の第一条でも義輝に触れていますからね」

「………」

「信長が義昭に義教の如く超独裁的な真の将軍に成ることを望む訳がありません。何故なら、信長は武家史上最大の武人であった足利義教に自らを投影していたからです。信長が敢えて異見状の最後の条に『普光院殿』と挿入したのは、義昭及び全国各地の有力大名に己以外は義教の再来は許さないという意思表示なんです」

「そういえば、足利義教と織田信長は、その死に様も似ていますよね」

「表面的には似ています。例えば、二人とも人生最大の権力を得た時に……、最も近くに仕え、しかも安全と認識していた武将に同じ六月に殺され、そして二人の享年も同じ四十八歳ですからね」

「……信長の享年は四十九歳だと思いますが……四十八歳なんですか」

「さっきも言ったけど、信長誕生の日は、足利将軍の義教と違って確定していません。一応の定説は天文三（一五三四）年に那古屋城に生まれ、死亡したのは天正十（一五八二）年六月二日、この定説の天文三年を認めたとして、信長の誕生日を六月一日以前とすれば、信長と義教の享年は同じ四十八歳ですよ。ただ、信長の死に様は……、足利義教ではなく、足利十三代将軍の足利義輝とそっくりなんです」

※足利義教
　応永元（一三九四）年六月十三日誕生
　嘉吉元（一四四一）年六月二十四日死亡

織田信長
　天文三（一五三四）年誕生
　天正十（一五八二）年六月二日死亡

＊

☆足利義輝《あしかがよしてる》
母准后関白尚通女《ははじゆごうかんぱくひさみちむすめ》。天文五年三月十日誕生《たんじよう》。同十五年七月二十七日従五位下《じゆごいのげ》。十二月十九日元服於江州日吉社《ごうしゆうひよししやにおいてげんぷく》。加冠《かかん》佐々木《ささき》弾正少弼定頼《だんじようのしようすけさだより》。理髪《りはつ》細川中務大《ほそかわなかつかさのたい》輔《ふ》晴経《はるつね》。二十日征夷大将軍《せいいたいしようぐん》。禁色《きんじき》。昇殿《しようでん》。同十六年二月十七日三木《さんぎ》（参議）。左《さ》中将《ちゆうじよう》。同二十一年正月二十八日大樹《たいじゆ》。准后《じゆごう》。細川聡明丸上洛《ほそかわそうめいまるじようらく》。晴元自堅田出奔《はるもとかただよりしゆつぽん》。二十二年七月二十八日晴元赦免《はるもとしやめん》。彼勢入洛《かぜいじゆらく》。所々放火《しよしよほうか》。八月朔日《さくじつ》三好長慶《よしちようけい》以下河《かわ》内衆《ちしゆう》二万余騎上洛《よきじようらく》。大樹以下出奔《たいじゆいかしゆつぽん》。永禄《えいろく》四年七月二十八日江州出陣《ごうしゆうしゆつじん》。八年五月

十九日為三好家沙汰生害《みよしけさたにしようがいせらる》。三十歳。同六月七日 贈左大臣《さだいじんをおくらる》。従一位《じゆいちい》。号光源院殿《ごうこうげんいんどの》
融山道円《ゆうざんどうえん》。〈続群書類従　足利系図〉

永禄七（一五六四）年、足利義輝の後盾であった三好長慶が没すると、家臣の松永弾正忠《だんじょうのじょう》久秀《ひさひで》は阿波御所《あわごしょ》義栄《よしひで》の擁立を謀《はか》り、京都二条第《てい》の義輝へ謀叛を企てた。松永は翌年三月上洛、連日三好三人衆（三好長縁《ながやす》、三好政康《まさやす》、岩成友通《いわなりともみち》）と謀議を重ねるが、二条御所表門の未完を知ると、これを絶好の機会として捉えたのである。五月十九日、松永は表向き清水寺参詣と称して軍勢を集め、突然二条第へ押し寄せた。義輝の警護には奉公衆が当たっていたが、松永は将軍に御訴訟ありと偽りこれを突破、あっという間に二条第を囲んでしまった。奉公衆は当然これを阻止しなければならなかったのだが、余りの大軍に沈黙……、続いて慶寿院（義輝母）より義輝へ火急の用向きと使者を立て時間を稼ぐと、折から建築中の大手門からどっとばかりに乱入したのである。ここに至って義輝は、ようやく松永謀叛に気がつくが、既に手の打ちようはなかった。義輝は、この上は松永勢を肴《さかな》にと最後の短い酒宴を催した。細川隆是《たかこれ》が上臈《じょうろう》女房の小袖《こそで》を頭にかぶり一差《ひとさし》舞うと義輝も舞った。悠々として如何《いか》にも心地よさそうに舞い謡い……、辞世の歌「五月雨《さみだれ》ニ露《つゆ》カ涙《なみだ》カ郭公《ほととぎす》我カ名《な》ヲアケヨ雲《くも》ノ上《うえ》マテ」を書き終えると、己が集めた数十本の名刀を残らず畳に突き差し、やがて雪崩《なだ》れ込んで来るであろう松永勢を平然として待ち受けたのである。義輝は究竟《くっきょう》の敵二百人を前に一歩も引かず、血糊《ちのり》、刃こぼれして切れ味が鈍ると刀を投げ捨て取替え、忽《たちま》ちのうちに数十人を切り伏せる……、恐れをなした松永勢

は遠巻きにするばかりで誰一人として近づかない。やがて炎が近づくと、義輝は大声で笑いながら猛火の中へと消えていった。松永勢は静まりかえり呆然としてそれを視ていたという。

＊

「明石さんに指摘されて気がついたのですが、確かに義輝と信長の死に様はよく似ていますね。明智を松永に見立てれば、遠く中国攻めをしていた秀吉は三好長慶ともいえますし、松永が身内で謀議を謀《はか》る様も明智と同じ……、松永が二条第を囲んだときのやり口と明智が信長に軍勢の装備を視せるためと理由《ことわり》し、本能寺を囲む方法も似ています。それから信長は弓、義輝は刀、どちらも雪崩れ込んでくる敵勢に一歩も引かず、まるで鬼神が乗り移ったかのような戦い振り……、最期も自ら退いて猛火の中へ身を隠し、結局首を取らせなかったという事まで同じですね」

「そうでしょう……、小松さん、話を『十七ヶ条異見状』に戻しますね。この十七ヵ条に列記された条文を読むと、信長の人の好さ、情けないほどの御人好し……、信長が哀れになるんです」

「明石さんが、何故そういう解釈になるのか理解できません。この『十七ヶ条異見状』は、相手が将軍といえども敢えて諫言する信長の強大な力、さらに一歩進めて論ずればこれは諫言、諫状などではさらさらなく、恫喝、脅迫状とさえ言えるものです。私はこの十七ヵ条に信長の何物も恐れない満々たる自信を感じます。将軍義昭が哀れと言うなら理解もしますが、信長を

五ヶ条覚書
（一般財団法人 石川武美記念図書館　成簣堂文庫蔵）

哀れと言われては賛成できません。いったいどこをどう読めば『信長の御人好し』が視えてくるのでしょうか」

「僕には信長の御人好しと義昭の太々《ふてぶて》しさしか感じません。義昭は信長を御人好しの田舎大名としか視ていないのです。信長はまんまと乗せられました。信長と義昭の関係は、田舎の成金親父が都会のお坊ちゃん詐欺師に騙された典型的な図式と言えるものなんです」

「信長が義昭を利用したというのなら判りますが、義昭に信長が乗せられた、これは賛成できません」

「どうして反論するのか、不思議です。足利義昭は財力も武力も権力もなく、たった紙切れ一枚（御教書《みぎょうしょ》、御内書《ごないしょ》）で、名だたる戦国大名を手玉に取り、将軍にまで登りつめた戦国武将です。信長を大きく論ずるのは一向に構いませんが……、義昭を過小評価していませんか」

☆足利義昭《あしかがよしあき》
母慶寿院《ははけいじゅいん》。義輝《よしてる》同腹《どうふく》弟《おとうと》也《なり》。天文《てんぶん》六年十一月三日誕生《たんじょう》。永禄《えいろく》八年五月出一乗院門跡《いちじょういんもんぜきをでる》。元号覚慶《もとのごうかくけい》。到江州《ごうしゅうにいたる》。同十年往越前《えちぜんへいく》。於朝倉舘元服《あさくらやかたにおいてげんぷく》。号義秋《ごうよしあき》。加冠二条殿晴良《かかんにじょうどのはるよし》。理髪朝倉義景《りはつあさくらよしかげ》。同十一年六月信長合力入洛《のぶながとちからをあわせじゅらく》。十月十八日任三木《さんぎににんぜらる》（参議）。左中将《さちゅうじょう》。征夷《せいい》大将軍《たいしょうぐん》。従四位下《じゅよんいのげ》。同十二月従三位《じゅさんみ》。天正元年《てんしょうがんねん》信長不和《のぶながとふわ》。合戦敗北《かっせんはいぼくす》。同十三年出家《しゅっけ》。号昌山道久《ごうしょうざんどうきゅう》。准三后《じゅさんごう》。慶長《けいちょう》二年八月二十八日薨《みまかる》。六十二。贈霊陽院《れいよういんをおくらる》。

〈続群書類従　足利系図〉

「まぁ小松さん、『十七ヶ条異見状』に視る信長が、いかに御人好しかきちんと説明しますから……」

「……」

「是非に、お聞きしたいですね」

「……、この十七ヵ条が、どのような前提から出されたのか承知しているでしょう」

「そのことは、『信長公記』に書かれています。つまり、信長が義昭に謀叛の意を感じたからです。ただし、私はこの理由を認めていませんが」

「それは小松さんの指摘する通りです。将軍が遥かに下位の弾正忠《だんじょうのじょう》に謀叛とは成り立ちませんからね。この異見状は永禄十三（一五七〇）年正月二十三日の『五ヶ条覚書』が前段としてあるんです。そしてもっと遡《さかのぼ》れば、あの有名な、義昭が信長を『御父』と記した永禄十一（一五六八）年十月二十四日の感状《かんじょう》に端を発しているのです」

「……、『五ヶ条覚書』と『十七ヶ条異見状』が密接なつながりを持っていることは認めます。私は五ヵ条による恫喝がまずあって、それの詰めとして十七ヵ条が出されたと考えています。しかし『御父』の感状と十七ヵ条が結びつくとは想えません。明石さんの見解と異なるようですが、私の論を先に聞いて下さい」

「ドウゾ……」

＊

☆五《ご》ケ条覚書《かじょうおぼえがき》　永禄《えいろく》十三年正月二十三日

□（黒印、印文「義昭宝」）

条々

一、諸国《しょこく》へ以御内書被仰　出子細有之者《ごないしょをもっておうせでられししさいこれあるは》、信長《のぶなが》ニ被仰聞《おうせきかせられ》、書状を可添申事《しょじょうもうしそえるべきこと》。

一、御下知之儀《おんげぢのぎ》、皆以有御奔破《みなごほんぱあるをもって》、其上被成御思案《そのうえごしあんなされ》、可被相定事《あいさだめらるべきこと》。

一、奉対公儀忠節之輩《こうぎにたいしちゅうせつたてまつるのやから》ニ、雖被加御恩賞《ごおんしょうくわえらるといえども》・御《ご》褒美度　候　領　中　等　於無《ほうびわたしそうろうりょうちゅうとうにこれなきに》之ハ《おいて》、信長分領之内《のぶながぶんりょうのうち》を以《もっ》ても、上意次第《じょういしだい》ニ可申付事《もうしつけるべきこと》。

一、天下之儀《てんかのぎ》、何様《いかよう》ニも信長《のぶなが》ニ被任置之上者《まかせおかれるうえは》、不寄誰々《だれだれによらず》、不及得上意《じょういえるにおよばず》、分別次第《ふんべつしだいに》可為成敗之事《せいばいなさるべきこと》。

一、天下《てんか》御《ご》静謐之条《せいひつのじょう》、禁中之儀《きんじゅうのぎ》、毎事《まいじ》不可有御油断之事《これごゆだんあらざるべきこと》。

已上《いじよう》

永禄十参《えいろくじゆうさん》

正月廿三日　◯（朱印、印文「天下布武」）

日乗上人《にちじようしようにん》

明知《あけち》（智）十兵衛尉《じゆうべへのじよう》殿《どの》

永禄十二（一五六九）年十月五日、信長は伊勢参詣をし、その足で十一日入京、義昭と対面する。この対面に際し、信長は何か気に入らないことがあったのか、四、五日で京を離れ岐阜に帰城してしまう。信長、義昭の不仲に朝廷が介入し、その結果作成されたのが、この「五ヶ条覚書」とされている。内容を要約すると……。

①義昭（将軍）が諸国へ御内書を出す場合、信長に内容を説明し了解を得なければならない。御内書には必ず信長の添え状を副《そ》えるようにすること。

②義昭が従来出した御教書は全て破棄し今後はよくよく考慮の上決定すること。

③公儀への忠節の者に対する恩賞は、与えるべき所領がない場合、信長領内の土地を与えても

よい。

④天下のことは何事も信長に任せたのだから、特定の大名に肩入れしたり、無闇に御教書を出してはならない。

⑤朝廷のことは、何事も油断なく努めること。

これでは天下に向かって将軍（義昭）を信長の傀儡《かいらい》と宣言したも同然であり、また誰でもがこれを理解する。足利義昭は、この信長の「五ヶ条覚書」による恫喝を全く無視する。義昭からすれば、この覚書に止むを得ず袖印判《そでいんばん》を押したが、将軍として受け入れられる内容とは到底いえず、むしろ当然の反応でもあった。しかしこれが信長の戦術なのである。比叡山延暦寺、その前の堺のときも同じ手法を使っている。信長はまず厳しい恫喝を行う、これに対し相手は強い態度で反発するか、全く無視するかのどちらかである。信長は一年くらいはそれについてなんらの行動も起こさない、相手は「信長が諦めたか、それとも自らの考えを改めた」と想っていると、頃合いを見計らったかのように、以前正式に忠告したにもかかわらず、何の反応もなかったとし、今度は直ちに恫喝の内容を実行するのである。信長はこの手順を几帳面《きちようめん》に踏むことによって己の正統性を確立したが、「五ヶ条覚書」から「十七ヶ条異見状」への推移はこの戦術の性格を端的に物語っている。誰が考えても「五ヶ条覚書」の内容を受け入れることは、将軍職として困難なことは理解する。にも拘らず信長は平然と主張している。例えば将軍に恩賞のため「与えるべき所領がない場合、信長領内の土地を与えてもよい」は、仮に本当に実行したとすれば結果は目に視えている。恩賞の与え方がどうだとか、多すぎる少なすぎる、公平を欠くの、手続きが悪い……、いくらでも言掛《いいがか》りを付けることは容易である。そもそも信長は義昭が「五ヶ条覚書」を履行するとは考えていない。ただこれを戦術に使い次なる戦術（「十七ヶ条異見状」）へ移行したかっただけである。とにかくこの辺《あたり》の手練手管《てれんてくだ》は信長ならではのものといえよう。

☆十七ヶ条異見状《じゅうななかじょういけんじょう》　元亀《げんき》三（一五七二）年九月

条々

一御《ご》参内《さんだい》の儀《ぎ》光源院殿《こうげんいんどの》御無沙汰《ごぶさた》に付《つき》て果而無御冥加次第《はたしてごみょうがなきしだい》事旧《ことひさし》く依之当御代之儀《これによりとうみよのぎ》年々《ねんねん》無懈怠様《けたいなきよう》にと御入洛《ごじゅらく》の刻《とき》より申上 候 処早 被思食 忘近 年御《もうしあげそうろうところはやおぼしめしわすれられきんねんご》退転無勿体 存 候《たいてんもったいなくぞんじそうろう》事《こと》

一諸国《しょこく》へ御内書《ごないしょ》を被遣馬其外御所望《つかわされうまそのほかごしょもう》の体外聞《ていがいぶん》如何《いか》に候《そうろう》の間《あいだ》被加御遠慮《ごえんりょくわえられ》尤《もっともに》存《ぞんじに》候 但 被 仰 遣 候《そうろうただしおおせつかわされそうら》ハて不叶子細者信長《しさいかなわずはのぶなが》に被仰聞添状 可仕《そえじょうおうせきかせられつかまつるべき》の旨《むね》兼《かね》て申上《もうしあげ》被成其心得《そのこころえなられる》の由 候《よしそうろう》つれ共今《どもいま》ハさも無御座《ござなく》遠国《えんごく》へ被成《なられ》御内書《ごないしょ》御用被仰之儀《ようおおせられのぎ》最前首《さいぜんしゅ》尾相違 候《びそういそうろう》何方《いずかた》にも可然馬《しかるべきうま》など御耳《おみみ》に入 候《いりそうらわ》ハ、信長馳走《のぶながはせはしり》申進 上 可 仕《しんじょうもうしつかまつるべき》の由《よし》申旧 候《もうしひさしくそうろう》キさ様《よう》にハ候《そうら》ハて以密々直《もってみつみつただち》に被仰遣義不可然存 候 事《おおせつかわされのぎしかるべからずぞんじそうろうこと》一諸侯《しょこう》の衆方々御届申《しゅうかたがたおとどけもうす》忠節無疎略輩《ちゅうせつそりゃくなきやから》にハ似相《にあい》の御恩賞《ごおんしょう》不被宛行《あておこなわせられず》今々《いまいま》の指者《さしもの》にもあらさるにハ被加御扶持候《ごふちくわえさせられそうろう》さ様《よう》に候《そうろう》てハ忠不忠《ちゅうふちゅう》も不入《いらず》に罷成候《まかりなるそうろう》諸人《しょじん》のおもハく不可然事《しかるべからざること》

一今度雑説《このたびぞうせつ》に付《つき》て御物《ぎょぶつ》をのけさせられ候由《そうろうよし》都《と》鄙《ひ》無其隠候《なくそれかくしそうろう》就其京都《ついてはそれきょうと》以外《いがい》総意《そうい》たる由驚存候《よしおどろきぞんじそうろう》御構《おかまえ》に普《ふ》請《しん》以《い》下《か》苦《く》労造作《ろうぞうさ》を仕候《つかまつりそうろう》て御安座《ごあんざ》の儀《ぎ》候処御物《そうろうところぎょぶつ》を被退候《のけさせられそうろう》て再何方《ふたたびこれをいずかた》へ可被移御座候之哉《うつらるべきござそうろうこれや》無《む》念《ねん》の子細候《しさいそうろう》さ候時《そうろうとき》ハ信長辛労《のぶながしんろう》も徒に罷成候事《いたずらまかりなるそうろうこと》

一賀茂《かも》の儀《ぎ》岩成《いわなり》に被仰付百姓前堅御糺明《おおせつけられひゃくしょうまえかたくごきゅうめい》の由表向御沙汰《よしおもてむきごさた》候《そうろう》て御内儀《ごないぎ》ハ御用捨《ごようしゃ》の様《よう》に申触《もうしふれ》し候《そうろう》惣別《そうべつ》か様の寺社方御欠落如何《じしゃかたごけつらくいか》にと存候《ぞんじそうら》へ共岩成堪忍不届令難儀《どもいわなりかんにんとどかずなんぎせしむ》の由候間先此分《よしそうろうあいだまずこのぶん》にも被仰付御耳《おおせつけられおみみ》をも被休又一方《やすめられまたいっぽう》の御用《ごよう》にも被立候様《たたせられそうろうよう》にと存《ぞんじ》候処御内儀如此候《そうろうところごないぎこのごとくそうら》へハ不可然存候事《しかるべからずぞんじそうろうこと》

一信長《のぶなが》に対《たい》し無等閑輩女房衆以下《とうかんなきやからにょうぼうしゅういか》までも思食《おぼしめし》あたらるゝ由候令迷惑候我等《よしそうろうめいわくせしむそうろうわれら》に無疎略者《そりゃくなきもの》と被聞食候《きこしめられそうら》ハ、、一入被懸御目候様《ひとしおおめかけられそうろうよう》に御座《ござ》候《そうろう》てこそ忝可存候《かたじけなくぞんずべきそうろう》をかひさまに御意得《おこころえ》なされ候如何《そうろういかん》の子細候哉《しさいそうろうや》の事《こと》

一　無恙致奉公何《つつがなくほうこういたしなん》の科《とが》も御座候《ござそうら》ハぬ共不被加御扶助京都《ともごふじょくわえられずきょうと》の堪忍不届者共《かんにんとどかざるものども》　信長《のぶなが》にたより歎申候《なげきもうしそうろう》　定《さだめ》て私言上候《わたくしごんじょうそうら》ハ、何《なに》とそ御憐《おあわれみ》も可在之《これあるべき》かと存候《ぞんじそうろう》ての事候間且《ことそうろうあいだかつ》ハ不便《ふびん》に存知《ぞんぢ》且《かつ》ハ公儀《こうぎ》御為《おんため》と存候《ぞんじそうろう》て御扶持《ごふち》の義申上候《ぎもうしあげそうら》へ共一人《どもひとり》も無御許容候《ごきょようなくそうろう》　余《あまりにも》　文緊《きん》なる御諚共候間其身《ごじょうともそうろうあいだそのみ》に対《たい》しても無面目存候《めんぼくなくぞんじそうろう》　勧《かん》（観歎）　世与左衛門《ぜよざえもん》　古田可兵衛上野紀伊守類《ふるたかへいこうづけきいのかみたぐい》の事《こと》

一　若州　安賀庄御代官《じゃくしゅうあがのしょうごだいかん》の事《こと》栗屋《くりや》孫八郎訴訟申上　候　間難　去　存種　々執申参《まごはちろうそしょうもうしあげそうろうあいださりがたくぞんじしゅじゅとりもうしまい》らせ候《そうろう》も御意得《おこころえ》不断過来　候　事《たたずすぎきしそうろうこと》

一　小泉女家預ケ《こいずみむすめけあず》置雑物《おきぞうもつ》再《ふたたび》　質物《しちもつ》に置　候《おきそうろう》　腰刀脇　指等《こしがたなわきざしとう》まて被召置《めしおかれし》の由　候《よしそうろう》　小泉何《こいずみなに》とそ謀叛《むほん》をも　仕《つかまつり》　造意《ぞうい》曲事《くせごと》の子細《しさい》も候《そうら》ハ、根《ね》を断葉《たちは》を枯《か》しても勿論　候《もちろんそうろう》　是者不計喧《このものははからずけん》嘩《か》にて果　候　間一旦被守法度《はてそうろうあいだいったんはっとまもられる》ハ尤　候《もっともそうろう》　是程《これほど》まて被仰付　候　儀《おおせつけられそうろうぎ》ハ御欲徳《おんよくとく》の儀《ぎ》によりたると世間《せけん》に可存　候　事《ぞんずべきそうろうこと》

一　元亀《げんき》の年号不吉　候　間改元　可然《ねんごうふきっそうろうあいだかいげんしかるべき》の由天下之沙汰《よしてんかのさた》に付《つき》て申上　候　禁中《もうしあげそうろうきんちゅう》にも御催《おんもよおし》の由　候　処《よしそうろうところ》　聊《いささか》の雑用不被仰付于今延　々　候　是《ざつようおおせつけられずためにいまえんえんそうろうこれ》ハ天下《てんか》の御為　候　処御油断不可然《おんためそうろうところごゆだんしかるべからず》存　候　事《ぞんじそうろうこと》

一烏丸事《からすまるのこと》被蒙勘気《かんきこうむらせらる》の由候息《よしそうろうそく》の儀《ぎ》ハ御憤《おんいきどおり》も無余儀候処《よぎなくそうろうところ》誰哉覧内儀《だれやらんないぎ》の御使《おつかい》を申候《もうしそうろう》て金子《きんす》を被召置出頭《めしおかせられしゅっとう》させられ由候《よしそうろう》歎敷候人《なげかわしくそうろうひと》により罪《つみ》に依《より》て過怠《かたい》として被仰付候趣《おおせつけられそうろうおもむき》も可在之候是《これあるべきそうろうこれ》ハ賞性之仁候当時《しょうせいのじんそうろうとうじ》公家《くげ》にハ此仁《このじん》の様《さま》の処如《ところこの》此次第外聞咲止《ごときしだいがいぶんしょうし》に存候《ぞんじそうろう》つる事《こと》

一他国《たこく》より御礼申上金銀《おんれいもうしあげきんぎん》を進上歴然候処御隠密候《しんじょうれきぜんそうろうところおんおんみつそうろう》てをかせられ御用《ごよう》にも不被立《たてられず》候段何《そうろうだんなん》の御為候哉之事《おんためそうろうやのこと》

一明智地子銭《あけちぢしせん》を納置買物《おさめおきかいもの》のかハりに、渡遣候《わたしつかわしそうろう》を山門領之由被仰懸預《さんもんりょうのよしおおせられかかりあず》ケ置候者《おきそうろうもの》の御押《ごおう》の事《こと》

一去夏御城米被出金銀《さるなつごじょうまいだされきんぎん》に御売買《ごばいばい》の由候《よしそうろう》公方様御商買《くぼうさまごしょうばい》の儀古今不及承候今《ぎここんうけたまわりおよばずそうろういま》の時分候間御倉《じぶんそうろうあいだおくら》に兵粮在之体《ひょうろうありのてい》こそ外聞尤存候如此《がいぶんもっともぞんじそうろうこのごとき》の次第驚存候事《しだいおどろきぞんじそうろうこと》

一御宿直《おんとのい》に被召寄候若衆《めしよせられそうろうわかしゅ》に御扶持《ごふち》を被加度思食候《くわえられたくおぼしめしそうら》ハ、当座〳〵何成共可有御座《とうざとうざなんなりともござあるべき》事候処或御《ことにそうろうところあるいはお》代官職被仰付《だいかんしょくおおせつけられ》或非分《あるいはひぶん》の公事《こうじ》を申《もうし》つかせられ候事天下褒貶《そうろうことてんかほうへん》沙汰限候事《ざたかぎりそうろうこと》

一諸侯《しょこう》の衆武具兵粮《しゅうぶぐひようろう》以下《いか》の嗜《たしなみ》ハなく金銀《きんぎん》を専《もつぱら》に蓄之由候《たくわえるのよしそうろう》牢人之《ろうにんの》支《し》度《たく》と存候是《ぞんじそうろうこれ》も上様金銀《うえさまきんぎん》を被取置《とりおかせられ》雑説《ぞうせつ》の砌者《みぎりは》御構《おんかまえ》を被出候《だせられそうろう》に付《つき》て下々迄《しもじもまで》もさてハ京都《きょうと》を捨《す》させられるへき趣《おもむき》と見及申候《みおよびもうしそうろう》て之儀《のぎ》たるへく上一人《うえひとり》を守候《まもりそうろう》段不珍候事《だんめずらしからずそうろうこと》

一諸事《しょじ》に付《つき》て御欲《おんよく》かましき儀理非《ぎりひ》も外聞《がいぶん》にも不被立入由其聞候《たちいらせざるよしそれきこえそうろう》然間《しかるあいだ》不思議《ふしぎ》の土《ど》民百姓《みんひやくしよう》に至迄《いたるまで》も悪御所《あくごしょ》と申成由候《もうすなるよしそうろう》普光院殿《ふこういんどの》をさ様《よう》に申《もし》たると伝承候其《でんしょうそうろうそれ》ハ各《かく》別《べつ》の儀《ぎ》候何故如此御影事《そうろうなにゆえにこのごときおんかげごと》を申候哉《もうしそうろうや》爰《これ》を以《もつ》て御《ご》分別《ふんべつ》参《まい》るへき歟《か》の事《こと》

以上

「私は二点の結び付きをこのように捉えています」

*

「さすがに信長贔屓《びいき》の小松さんですね。五ヵ条、十七ヵ条の二点は、戦術から戦術への移行、これは信長の手練手管ですか。でもね、僕はその論を認めません」

「何故でしょうか……」

「……小松さんは『五ヶ条覚書』から『十七ヵ条異見状』への移行を評価しているようですが、この移行こそ、信長の御人好しを物語る典型的な例ですよ。足利義昭はチマチマしたことばかりを言う、田舎大名信長を嘲《あざけ》り笑っていたはずです」

「いったい信長のどこがチマチマしているのでしょうか。まして信長だけが頼りと言ってもよかった義昭が、信長を嘲り笑っていたとは、私には明石さんの論が全く理解できません。とにかく『十七ヶ条異見状』は『五ヶ条覚書』を前段として踏まえ、よりいっそう恫喝に凄みを増して出されたものです。この見事な戦術が功を奏していることは、これ以後の義昭と信長の立場が完全に逆転した事からも充分に窺えると考えます」

「信長と義昭の天下における立場は、別段ここから変わった訳ではないんです。もともと信長の方が力も立場も何もかもが上です。どちらの立場が上かということは、信長の想いだけで変わる問題なのです。要するに『十七ヶ条異見状』後の信長は、ようやく自分の方が最初から力も立場も上だったと気が付いたにすぎません。ここまでの信長は、義昭の『御父《おんちち》』の二文字にすっかり乗せられ……、たった一枚の紙切れ（『御父』）で翻弄され続けていたんです。全くどうしようもないほどの御人好しなんです」

「明石さんの論に賛成できません。私は『十七ヶ条異見状』に戦国武将信長の優れた政略的資質を視ています」

「僕は五ヵ条から十七ヵ条への移行が、信長の戦術から戦術への成長とは考えません。今日の信長論は、余りに信長を大きく論じすぎています。先ほど触れましたが、『十七ヶ条異見状』は永禄十一（一五六八）年の『御父』の感状に端を発していると考えなければ正しく解釈できないんです。そして、もう少し前の出来事にその最初の原因があるんです」

第八章

弓八幡

「ホー、明石さんの論を聞かせてくれませんか。私も『十七ヶ条異見状』は、信長の根幹に関わる問題ですから、遠慮なく反論させてもらいます。少し前の出来事とは何なのでしょうか」
「義昭がめでたく十五代将軍に任ぜられると、彼が最初に行った仕事です」
「細川信良《のぶよし》の邸で行われた、義昭能興行のことをおっしゃっているのでしょうか」

*

永禄十一年九月七日、信長は尾張、美濃、伊勢、三河、四ヵ国の兵四万とも六万ともいわれる大軍を引き具し岐阜を立ち上洛の途についた。

九月八日　江州高宮着陣。
十一日　愛智《えち》川近辺に野陣。
十二日　佐久間右衛門、木下藤吉郎に箕作山《みつくりやま》城を攻落させる。
十三日　上洛にあたっての最大の敵、佐々木承禎《つぐさだ》の観音寺山城を陥落させる。
十四日　美濃立正寺の足利義昭へ迎えの使者（不破河内守）。
二十六日　琵琶湖を渡り、三井寺の極楽院着陣。

二十七日　足利義昭、三井寺光浄院着陣。
二十八日　柴田勝家ら先陣、岩成主税頭（三好三人衆）の正立寺を攻撃、翌日岩成降服、東福寺着陣、義昭清水寺着陣。
晦日　山崎着陣、細川六郎、三好日向寺（三好三人衆）、池田筑後守等を攻撃、これを破る。芥川城を本陣に定め「五畿内隣国皆以て御下知に任せらる」。芥川城の信長に松永弾正は我朝無双と言われた茄子《なす》の茶入れ「つくもかみ」を進上、今井宗久は「松嶋の壺」「紹鷗《じょうおう》茄子」進献。有力者たちが門前に市をなすほど殺到。芥川には義昭もいたが訪れる有力者は少ない。
十月十八日　足利義昭、征夷大将軍（足利十五代将軍）。
義昭は上洛にあたり粉骨の武将たちの慰労を名目に能興行。

*

「小松さん、この能興行が最初十三番行われる予定だったことは承知しているでしょう」

「……、確か脇能『弓八《ゆみや》幡《わた》』から始まる十三番だったと想います。信長の申入れによって五番に縮めて行われたのですが、これが何か」

「この理由について確認しておきたいのですが……」

「義昭能興行十三番は、信長が義昭に対して初めて不快感を表した出来事と理解しています。

この時点では、まだまだ全国統一を果たした訳ではありません。にも拘らず義昭が悠長に能を十三番も興行するという事が信長のカンに障ったのだと想います」

「それで義昭は五番に縮めて興行したと……」

「他に理由があるとも想えません」

☆第一番　脇能　高砂（神）
☆第二番　修羅物　八嶋（男）
☆第三番　鬘物《かずらもの》　定家（女）
☆第四番　雑物　道成寺（狂）
☆第五番　切能　呉羽（鬼）

「能の演目数は時代によって変化があるんです。南北朝時代は四、五番。室町中期から桃山にかけて次第に増え七番から十二番。戦国のころには十七番という記録も視えるのです。そして江戸に入ると能の演目は『五番立』として定着しました。結論を言ってしまえば、『信長公記』や『続応仁後記』に記される五番の演目は、太田牛一が当時の適当な五番立の能番組を挿入したものと考えた方が適切です。確認してみれば、直ぐに判るはずですが、うまく並びすぎています」

「明石さんは、この義昭能興行を太田牛一の作り話だと……」

「そうは言いません。でも信長が能番組にクレームを付けたことは事実だと想います。それと長すぎるから五番に縮めさせたというのは誤りだと言いたいのです」

「すると演目が気にいらないので代えさせたと……」

「能が十三番、五番、これはどうでも良いのです。信長が気に入らなかったのは演目に『弓八幡』があったからなんです」

「……弓八幡」

「これは義昭と信長を語るとき、最も重要な問題なんです」

「………」

「あのね、十三番の演目が長いので五番に縮めたのなら、脇能を『弓八幡』から『高砂』へ代える必要はありません」

「ウーン、明石さんに指摘されてみると……、なぜ『弓八幡』を外《はず》したんでしょうね。何か理由があったのでしょうか」

「義昭の能興行は、有力武将の前で『弓八幡』を行うことが目的にあり、これを外すか外さないかで、この能興行の性格は大きく変わってしまうのです」

「その説明の意味が……」

「……『信長公記』、『続応仁後記』のいずれも、何故『弓八幡』を変更したのか触れていないでしょう」

「………」

「十三番の能が長いのなら、十三番を五番に減らしたとだけ記せばよいではありませんか。でも、ここに書かれていることは、最初は『弓八幡』を脇能に十三番、そして他の十二番の演目は記されません。次にこれを縮めて五番です。演目は全て掲載されています」

「なるほど……、脇能を変更して能興行が行われたと強調しているわけですか」

「このことを簡単に見逃しがちですが、当時の武家にとって『弓八幡』を外す、これは大問題だったのです」

☆公方家《くぼうけ》仮御所《かりごしょ》ニ於《おい》テ、「将軍宣下御祝《しょうぐんせんげおいわい》ノ御能《おのう》」有《あ》リ諸将軍勢《しょしょうぐんぜい》各《おのおの》見物仕《けんぶつしかまつ》ル信長《のぶなが》今日《きょう》モ御太刀《おんたち》御馬献上《おんうまけんじょう》ス御能《おのう》ハ観世大夫《かんぜだゆう》ニ被仰付《おおせつけられ》「御吉例《ごきちれい》ノ弓八幡《ゆみやわた》」ヲ脇能《わきのう》ニテ十三番《じゅうさんばん》ト被相定《あいさだめられ》シ処信長諫言《ところのぶながかんげん》ヲ申之上《これもうしあぐ》ルハ諸国干戈《しょこくかんか》未止《いまだとどまらず》騒動《そうどう》ノ時節《じせつ》ニ悠々《ゆうゆう》タル御遊《おんあそび》不可然《しかるべからず》御祝《おいわい》ノ験《けん》ヲ遂《とげ》ラレハ早々諸国《そうそうしょこく》ノ軍兵《ぐんぴょう》ニ御暇賜《おひまたまわ》リ帰国《きこく》サセ休息《きゅうそく》サセシメ可然由執《しかるべきよししつ》シ申上《もうしあぐ》ルニ依《より》テ今日《きょう》ノ御能俄《おのうにわか》ニ五番《ごばん》ニ定《さだめ》ラル……、脇能《わきのう》ヲ「高砂《たかさご》」ニ被定《さだめらる》。

〈続応仁後記〉


「私は、『弓八幡』から『高砂』へ代わったことに別段深い意味があったと考えていなかったので……、しかし明石さんの指摘する通り裏に何かあったようにも感じますね」

「この義昭による能興行は、彼の足利十五代将軍としての晴舞台になるはずでした。ところが信長は満天下に義昭の面目を潰《つぶ》し、赤恥を掻かせたのです」

「……、義昭に赤恥を掻かせた、どうもよく判らないのですが」

「義昭は十三番を一番に減らしても『弓八幡』さえ演じることができれば、それで充分目的を果たせました。『御吉例《ごきちれい》ノ弓八幡』とあるでしょ、ここが重要なんです」

「……、『弓八幡』に、やはり何か深い意味があるようですね」

「小松さん、『弓八幡』に『御吉例』の言葉が添えられているのは理由があるんです。『高砂』には、『御吉例』と付いていないでしょう。『弓八幡』は、足利嫡統（武家の棟梁）が征夷大将軍に任ぜられると、宣下《せんげ》御祝のために必ず演じられる特別な性格を持っていたのです。だからこそ『弓八幡』は『御吉例』と言葉が添えられました。義昭が将軍宣下直後に、何は差し置いても能興行を催す理由はこれなんです。『粉骨の武将たちの慰労』なんかではなかったのです。信長は十三番の能が長いから五番に縮めさせたのではなく、『俺の後盾で将軍になれたおまえが、俺の前で将軍職を誇り、俺の許しもなく『弓八幡』はないだろう』……、信長は脇能を代えることによって、こんな意思表示をしたのです。当時の武家は誰でもが『弓八幡』の重みを承知していましたから、これを外させたというだけで、たちどころにその意味を理解しました。『信長公記』他の文献が、『弓八幡』が行われる予定だったことを必ず記すのは、こういった背景があるからなんです」

「すると明石さん、義昭は『弓八幡』を演じられないのであれば、この能興行は行わなかったと……」

☆弓八幡《ゆみやわた》

弘安のころ、後宇多院《ごうたいん》に仕える臣下《しんか》（ワキ）が男山八幡《おとこやまはちまん》の二月初卯《きさらぎはつう》の御神事に、陪従《ばいじゅう》として参詣していると、一人の老翁《ろうおう》（前シテ）が八幡の神徳を讃え、君の御代を寿《ことほ》ぎながら、神前に詣でる。見れば錦の袋をかついでいる。どこから来たのかと陪従が問うと、老翁は当社に久しく仕えて君の安全を祈り申す者で、この桑の弓をわが君に捧げたいのだが、身分の賤《いや》しい自分には、直接これを献上することができないので、ただいまの御参詣をお待ち申し上げていたのだという。奇特の志に感じた陪従は、重ねて、それは老翁自身の考えから出たものか、それとも当社の御託宣《ごたくせん》かと問うと、老翁は、いうまでもなく神の思召《おぼしめ》しだと答え、さらに桑の弓・蓬の矢で天下を治めたいいわれを語る。すなわち、弓矢をもって世を治めるのは当八幡の御神力であること、神功皇后《じんごうこうごう》の三韓征伐、八幡宮の由来などを語り、実は自分はこの八幡の末社高良《こうら》の神で、この御代を守ろうとやってきたのだ、これは八幡大菩薩のお告げであるといって、失せる。〈中入〉

やがて山上に妙《たえ》なる音楽が聞え、芳香が漂う中に高良《こうら》の神（後シテ）が現われ、君の聖徳を崇《あが》め、天下一統の安穏を守ることを誓いながら舞い〈神舞《かみまい》〉を舞う。

〈能の辞典　戸井田道三監修〉

「それから『弓八幡』は源氏の氏神、石清水八幡宮の神徳を讃えたものなんです。つまり全ての武将にとって吉例ではなく『源氏』の武将にとってのみ吉例だという事なんです。信長が当時『平氏』を名乗っていたとすれば、これは吉例どころか、まさに不愉快そのものとも取れるでしょう」

「義昭は信長が不愉快になることを承知で『弓八幡』を演目に入れたと」

「それは判りません。ただ信長が平氏を称していたとすれば、そう言えると想います。尤も義昭が信長にきちんと根回しをしていれば、信長は許したかもしれませんが」

「義昭は、なぜ信長に根回しをしなかったのでしょうか」

「芥川《あくたがわ》での信長の盛況振りが原因しているんです」

「芥川……、松永久秀を始めとする有力者たちがこぞって信長に挨拶に出向き、門前に市をなしたという一件ですか」

「そうです。あの時義昭も芥川にいたのですが、義昭は全く無視されてしまったんです。信長上洛の大義は、義昭を足利嫡統として天下に認識させることにあったはずでしょう。当然芥川での主役は義昭でなければならず、信長には義昭のために一歩引いて構える配慮が必要でした。芥川での信長は、舞い上がってしまったのか、義昭の存在を全く忘れる振舞いに終始し……、義昭にしてみれば、有力者たちとの対面になぜ自分を同席させないのか理解できなかったと想います。この時点で義昭の信長に対する認識は、すっかり変わってしまったんです」

「義昭は、その仕返しをしたと……」

「恐らくそうです。芥川での信長の振舞いは、力はあっても垢抜けない田舎大名と認識させるのに充分な出来事でした。義昭はこの返礼に、信長に全く相談することなく『弓八幡』を演目筆頭にした能興行を行い、有力武将の面前で己こそが『源氏の嫡統』、武家の棟梁だと意思表示し、芥川の鬱憤《うっぷん》を晴らそうとしたのです」

「……、信長はそれを察して『弓八幡』にクレームを付けたわけですか」

「いいえ、信長は義昭の心内に少しも気づきませんでした。本当は、この時点で信長が義昭の心内に気が付いてやればよかったのです。芥川での振舞いを義昭に詫び、信長の発案によって『弓八幡』をやらせてやれば、義昭が信長を心から信頼したことは間違いありません。信長が天下を取れなかったのは、ここに源があるんです。歴史家は『本能寺』に『もし』を考えますが、本当はこの義昭能興行こそが『もし』の世界かもしれません。信長は徹底的に義昭をかつぎ、義昭の『御教書《みぎょうしょ》』をもって天下を制覇すべきでした。そして完全に天下を掌中に収めてから、義昭を隠居もしくは出家させる方法を採用すれば良かったのです」

「それを逆に義昭を離反させてしまったと」

「これでは何のために義昭を担《かつ》いで上洛したのか判りません。結局これが原因して、義昭は終生信長を信じませんでした。この『弓八幡』の一件が『本能寺』での末路を呼び込んでしまったのです」

「義昭能興行に、そんな深い意味があったとは全く気が付きませんでした」

「実は『弓八幡』には、もう一つ信長が絶対に許すことができない要因があったのです。むしろこちらの方が、信長が『弓八幡』を許さなかった原因なのかも……」

「何なのでしょうか、私には全く見当がつきません」

「……『弓八幡』が、足利義教を意味していたからです」

「エー、『弓八幡』は義教なんですか」

「この能は、世阿弥が義教のために創作しました。『弓八幡』で何度も繰返される石清水八幡宮の神慮神託とは、義教の足利六代将軍即位を指しているんです。当時の武家は、皆義教に憧れを持っていましたから、この室町六代将軍が石清水八幡宮の御託宣で将軍になったことは誰でもが知っていました。要するに、信長は己以外に『弓八幡』を許したくなかったのです」

「…………」

「武家が自ら『弓八幡＝足利義教』を演ずる事は、天下に武家の棟梁であるとの誇示につながりますが、信長は生涯ついに『弓八幡』を演じる事はありませんでした。この栄誉に最初に輝いたのは、やはり秀吉だったのです」

「そうですか……」

「……、信長はこの能興行で『弓八幡』を外させ義昭の面目を丸つぶしにした挙げ句、さらに義昭の立場、心情を全く考えない振舞いを続けました」

☆爰《ここ》において信長《のぶなが》へ久我殿《くがでん》、細川兵部大輔《ほそかわひょうぶだいふ》、和田伊賀守《わだいがのかみ》三使《さんし》を以《もっ》て、再三御使《さいさんおつかい》これあり。副将軍歟《ふくしょうぐんか》、官領職《かんりょうしょく》に准《じゅん》ぜらるべき趣《おもむき》仰出《おおせい》ださる。然《しか》りといへども、此時《このとき》に至《いたり》ては語斟酌《ごしんしゃく》の旨《むね》仰上《おおせあ》げられ御請《おんうけ》これなし。
〈信長公記〉

「この文の解釈は、官職になんらの魅力も感じなかった信長の性格がよく出ていると想っていましたが」

「しかし義昭から視たらどうですか。義昭は『弓八幡』が信長の不興をかった事に敏感に反応しているんです。だからこそナンバー2の副将軍もしくは管領職をただちに提示しました。これは言葉を換えれば、将軍職さえ保証してくれれば何事も譲るという意思表示以外の何物でもないでしょう。信長はこれを簡単に拒否しますが、義昭から視れば、兄義輝の一件がある訳ですから、信長に謀叛の意とまで受け取るのではありませんか」

「そうかもしれませんね」

「能が始まると、義昭に信長の心内を探るかのような振舞いが視えるのです」

「…………」

「四番目の道成寺が始まる前、義昭は信長に鼓を所望しています。義昭は『信長は鼓の上手と聞こえが高い故』と、心遣いの言葉を添えて所望しますが、信長はこれを拒否します。ごく常識的に考えても、将軍主催の能で将軍自ら弾正忠へ所望した訳ですから、これを拒否されては義昭の立場はありません」

「義昭の命ずることは何一つ聞かないと意思表示した訳ですか……」

「ただ、この時の義昭はあえて意地悪な頼み方をしています。この能興行における二人の心理戦は、実に凄いものがあったのです」

「ホー」

「道成寺の小鼓は観世《かんぜ》彦右衛門、この人は当代一流の奏者と言われた名人です。義昭はこれを承知しながら信長に所望しました」

「義昭は、信長をある種試した……、己の面目を捨て義昭の命ずるままに鼓を打つ、それとも満座のなかで拒否することによって己の力を誇示する……、どちらか確認したというのでしょうか」

「恐らくそうです。こういうあたりが義昭の凄みなんだと想います。何しろ義昭という人は、いわば徒手空拳で将軍にまで登り詰めた人物です。いつもギリギリのところを歩き続けていた訳ですから、人の心の奥底を慮《はか》ることは非常に長《た》けていたのです。信長には義昭が何を目的に鼓を所望したのか判りませんでした」

「義昭は己が満座のなかで面目を失うかもしれないことを承知で鼓を所望し、信長の心内に巧みに探りを入れてしまった……、ウーン」

「信長は平然と観世彦右衛門と鼓較べをしてしまえば良かったんです。観世の方も心得ていますから手心を加えて打ったに違いないのです。信長は……、満座のなかで恥を掻かせるとしか想えない義昭の無神経な所望と受け取り、単純に腹を立ててしまいました」

☆此時《このとき》信長《のぶなが》ハ世《よ》ニ隠《かく》シ無《な》キ小鼓《こつづみ》ノ名人《めいじん》ト上聞《じようぶん》ニ達《たつ》セリ一興打申《いっきょううちもう》サルベシト公方家《くぼうけ》御《ご》
所望有《しよもうあり》ケレ共信長《どものぶなが》辞《ことわら》シメ不打申《うちもうさず》。

〈続応仁後記〉

「………」

「……、信長は義昭との心理戦に負けたんです。尤も満座のなかで将軍の申し出を拒否する己に酔いしれていたと想いますが」

「義昭に持っていたイメージが少し変わりそうです。よく考えてみると大した人物だったのかもしれませんね。上杉謙信、武田信玄、朝倉義景、織田信長、毛利輝元と渡り歩き、結局天正十六（一五八八）年まで将軍職にあった訳ですから……」

「義昭の立場で彼を論ずればやはり戦国を代表する人物だと考えます。次に小松さん、この文なのですが」

☆一坐《いちざ》の者《もの》、田楽《でんがく》かつら等迄信長《などまでのぶなが》より御引出物《おひきでもの》下《くだ》され。　〈信長公記〉

「これは明石さん、私も信長が大人気ないと想います。主催者はあくまで義昭ですし、信長の名で引出物を出されてしまっては立場がありません」

「全くこの辺りが信長の垢抜けないところなのです。この能興行における信長の振舞いを義昭がどう感じたかと言えば、言うまでもないでしょう」

「………」

「この二、三日後、義昭はあの『御父《おんちち》』で有名な感状《かんじょう》を信長に贈ったのです」

☆今度国々凶徒等《このたびくにぐにのきょうとらを》、不歴日不移時《ひをかぞえずときをうつさず》、悉令退治之条《ことごとくたいじのじょう》、武勇天下第一也《てんかだいいちのぶゆうなり》、当家《とうけ》再興不可《さいこうこれあや》過之《まるべからず》、弥《いよいよ》国家之《こっかの》安治《あんち》偏《ひとえに》憑入之外無也《たのみいるのほかなきなり》、尚藤孝《なおふじたか》・惟政可申也《これまさにもうすべきなり》。

十月廿四日　　　　御判

御父《おんちち》織田《おだ》弾正忠殿《だんじょうのじょうどの》

「私は今までこの感状を、征夷大将軍として威厳の欠片すらないものと解釈していましたが、そう簡単に考えてはいけないようですね」

「……、能興行での一連の出来事を表面だけで簡単に解釈していると、これも義昭の卑屈なまでの心配りとしてしまいがちです。しかし、これこそ義昭の最も得意とする戦術でした。義昭はもともと何も持っていません。彼が持っていたのは、いわば権威だけと言っても良い訳です。ですから、たかが紙切れ一枚で済むものなら恥も外聞もなく乱発しました。例えば一乗院を脱出したばかりの永禄八（一五六五）年八月五日、上杉謙信に室町幕府を再興するとの文書を送ったり、朝倉義景に対しても平気で『偏　憑入《ひとえにたのみいる》』を使っています。とにかくやたら『御内書《ごないしょ》、御教書《みぎょうしょ》』を乱発するんです。信長に対する『御父』の感状も、無論義昭一流の手口でした」

「信長はそれに引っ掛かったと……」

「義昭は信長の不遜な態度に将軍職としての体面を捨て一歩引いて信長に挑みました。それが『御父』の感状なんです。これに信長はまんまと釣上げられてしまいました。義昭は芥川での一件と能興行における振舞いを合わせ考え、信長の性格、価値観、物の考え方を完璧に見通したのです」

「………」

「とにかく小松さん、義昭を侮って考えてはいけません。芥川から『御父』の感状に至るまでの信長に対する反応の見事さを、もう一度確認して下さい」

☆永禄十一（一五六八）年

十月十四日　芥川より帰洛《きらく》、六条本国寺御座《ぎょざ》。

十月十八日　征夷大将軍。

十月二十二日　義昭能興行。

演目「弓八幡」を脇能に十三番。

信長「弓八幡」を外す。義昭これを承知。

脇能の後、信長へ副将軍、管領職の申入れ、信長これを辞退。

四番目の前、信長へ鼓を御所望、信長拒否。

終演後、信長全員に引出物。

十月二十四日　信長へ「御父」の感状。

「私は、この一連の出来事を信長の不興を買った義昭が、恐怖の余り次々と反応したと考えていたのですが……、どうやら義昭を過小評価していたのかもしれません」

「義昭はすっかり承知して何一つ信長に逆らいません。それどころか、いくらでも譲るのです。彼の武器は軍勢でも無論金でもなく、最大の武器は足利嫡統にして征夷大将軍……、義昭は将軍が譲ってやることの効果を充分承知していましたし、紙切れ一枚（御教書、御内書、感状）の持つ重みも知り尽くしていたんです。ですから、逆らわないことが、むしろ彼の攻撃でした」

「何となく義昭が視えてきました……」

「義昭は承知の上で全く鮮やかに垢抜けた負け方をするんです」

「承知の上で負ける……」

「芥川での信長を少しも責めないでしょう。そして、いけしゃあしゃあと『弓八幡』です。これを信長が拒否しても、義昭は何も反応しません。そして間髪《かんはつ》を容《い》れず副将軍、管領とくるんです。これも信長が拒否すると、次に鼓を所望と平気でやり、またまた拒否されても、何ら不快の念を視せません。信長が当て付けのように引出物を配っても何も不服を表現しないのです。それどころか、ぬけぬけと『御父』の感状を贈りました。要するに先へ先へ、上へ上へと何もかにも承知して負けてしまうのです」

「義昭は、その場その場で最も効果的な反応をし、そこからの結果で対応を考え表現したと言うのでしょうか」

「上杉謙信に対する態度にしても、とても良くそれが窺えるでしょう」

「明石さんに指摘されてみると確かにそうですね。義昭は永禄十一（一五六八）年から十二年にかけて『御内書』を謙信に連発しますが、信長の後盾によって征夷大将軍になるとコロッと態度を変えているんです。何しろ『ヒトエニ頼リ（謙信）オボシメシ候』が『信長ニ相談スベキガ肝要・委細信長ニ申スベキ候』なんです。変わり身の早いのには全く驚かされます。そういえば信長の前には、散々朝倉義景の世話にもなっていましたし」

「紙切れ一枚、買ってくれるならどこでもよく、たとえ売ってしまっても、もっと高値で買ってくれるところがあれば次の日には平気で売りました。義昭にすれば、昨日の敵は今日の友なんです」

「……、紙一枚で戦国の世を渡り歩いた凄い奴とも言えるのかなぁ」

「話を戻しますが、この『御父』の感状は、義昭の思惑通り実に効果的でした。信長は所詮、尾張の田舎大名でしたから、将軍に『御父』と持ち上げられすっかりその気になってしまったのです。例によって義昭は芸が細かいですから、この時も『御父』の感状だけでなく『桐』と『引両筋《ひきりょうすじ》』の紋（↓P. 57）まで一緒に付けて贈りました」

☆前代未聞《ぜんだいみもん》の御面目《ごめんぼく》重畳書詞《ちょうじょうしょし》に尽《つく》し難《がた》し。　〈信長公記〉

「……いずれもタダ」

「そういうことです。信長は全く馬鹿みたいな話に引っ掛かりました。だいたい『桐』は足利家が朝廷から拝領したものですから、義昭が贈るのも妙な話なんですね。おまけに『引両筋』は源家を象徴する紋です」

「そうですね。平信長は絶対に『引両筋』を使えません。そうか、信長が義昭のために室町御所を造り始めるのは永禄十二（一五六九）年二月、『御父』の感状四ヵ月後のことでした。なるほど信長はすっかり義昭の『御父』を務めてしまう訳ですね」

「……、『御父』の感状後の信長は、何があっても義昭なんです。この年の正月、義昭が三好三人衆に攻められるや、すわ息子の一大事と大雪の中を一騎駆けしてまで京に駆けつけ……、御所の工事が始まればタイトなスケジュールの中で何度も何度も岐阜と京を往復し、全くもう涙ぐましいばかりの父親振りでした」

「………」

「ここから少し妙なことが起きるんです。『信長公記』を確認すれば判ることですが、十月十一日まで義昭と信長の接触が視えません。そして、三ヵ月後『五ヶ条覚書』（↓P.156）が信長から義昭に出されました。これは小松さんに言わせれば、恫喝状の第一弾とも言うべきものですが……、義昭と『御父』の仲が、わずか数ヵ月で険悪になってしまったのです」

「順を追って『五ヶ条覚書』まで来てみますと、何か変ですね」

「そう想うでしょう」

織田信長の「天下布武」の印(1)
永禄十一年「成就院文書」

織田信長の「天下布武」の印(2)
永禄十三年「曇華院文書」

織田信長の「天下布武」の印(3)
天正七年「大雲院文書」

『印章　日本歴史叢書13』荻野三七彦著／日本歴史学会編（吉川弘文館）より

「小松さん、これは信長による恫喝状なんかではないんです」

「……………」

「私も何か……」

「この覚書には、余りに有名な『天下布武』印、いわゆる第一期のものですが、これが確認できることから誰も何の疑いもなく信長が義昭に出した覚書としますが、実は全く違うのです」

「エー、では偽書《にせがき》と……」

「偽書とは言ってません。この覚書は恫喝状ではないと言ったのです。信長が義昭へ出したとするから恫喝状になってしまうのです。これは、義昭が出した覚書なんです」

「ウーン……、恫喝状と考えたのは誤りと想えてきたのですが、義昭が信長に出したとの論は少し……」

「小松さん、それではこの『五ヶ条覚書』を信長によるとする根拠は何なのでしょうか」

「それは信長の『天下布武』印が押されていますし、私は単純に信長が義昭に出した覚書と考えていましたので……。言うまでもありませんが、定説も同様の解釈です」

＊

永禄十二（一五六九）年十月十一日、信長は義昭と対面するが、不快の念を示し突然岐阜に帰城してしまう。二人の不仲に正親町《おおぎまち》天皇が調停に入り和解が成立した。信長は五ヶ条からなる和解の条件を提示し、義昭もこれを承認する。

この「五ヶ条覚書」には、信長の「天下布武」印の他に、義昭の袖印判《そでいんばん》「義昭宝」の黒印があり、足利将軍が文書に捺印した唯一の例としても知られている。信長、義昭の権力争いは、この覚書が広く知られたことから公のこととなり、これがまた天下に信長優位を認識させることにもつながった。

信長は元亀三（一五七二）年九月、「五ヶ条覚書」の不履行を詰《なじ》るかのような十七ヵ条からなる異見状を義昭に差し出し、二人の不仲は完全に表面化した。尚「五ヶ条覚書」一条、二条、四条の三点は「十七ヶ条異見状」の二条、同三条は三条、七条、同五条に関しては一条、十条、十一条で触れている。

＊

「定説はどうでも良いのです。小松さんも先ほどから順を追って考えてみると何か変だと言いましたよね。何が変だと想ったのです」

「……、あれほど義昭に尽くした信長がいかに不快なことがあったにせよ、三ヵ月後にいきなり恫喝状とも想われる覚書を義昭にぶつけるのかなと、想え始めたんです。何しろ『御父』でしょう」

「それが正しいんです。永禄十二（一五六九）年室町御所の造営が始まると、義昭の『御父』信長に対する復讐が始まりました。例によって『御教書、御内書』の類《たぐい》を武田信玄、朝倉義景、浅井長政、毛利元就へ乱発したのです」

「この頃から義昭は、信長に無断で『御教書、御内書』の乱発をしていたのですか……」

「それでは小松さん、もう少しつけ加えます。十月十一日の対面で二人が何を原因に対立したのか今でも不明でしょう」

「そうですね、『多聞院日記』などを読んでも二人が衝突したとはありますが、何が原因か書かれていません」

『原因は、この年の三月から十月にかけて義昭が乱発した『御教書、御内書』なんです。根拠になるのが何か、もう判るでしょう」

「そうか、『五ヶ条覚書』の一条、二条、四条に書かれることか……、室町御所造営が始まると、義昭が『御教書、御内書』を乱発したのは間違いありませんね」

☆一条　義昭が諸国へ御内書を出す場合、信長に内容を説明し了解を得なければならない。御内書には必ず信長の添え状を副えるようにすること。

☆二条　義昭が従来出した御教書は全て破棄し今後はよくよく考慮の上決定すること。

☆四条　天下のことは何事も信長に任せたのだから、特定の大名に肩入れしたり、無闇に御教書を出してはならない。

「さっき『五ヶ条覚書』を定説とは逆に義昭が信長に出したと言ったでしょう。実は覚書をよく観察すると、信長が義昭に提示したと考えるには、もの凄く不自然だからです」

「私は気が付きませんでしたが、どこが不自然なんでしょう」

「……第一点は、この覚書にはどこにも信長の名前がありません。確認できるのは『天下布武』の朱印だけです」

「…………」

「第二点は、義昭の名もありません。視えるのは『義昭宝』の黒印です。第三点は宛先が日乗《にちじょう》上人、明知（智）十兵衛尉。第四点は誓紙の形式ではなく義昭の袖印判……。小松さん、『五ヶ条覚書』を信長が作成していないことは明確だと想います」

「明石さんの指摘されたことを迂闊《うかつ》にも疑問に想いませんでした。確かに信長が義昭に提示したとするには様式上無理があるかもしれませんね」

「今日《こんにち》の定説は僕の指摘した四点に関し、『義昭の袖印判は誓約書の証印の意義。義昭は主人であるので袖印判の黒印。信長は奉者《ほうしゃ》にもかかわらず堂々たる朱印判を花押《かおう》代用に使用。信長の署名がないのは書札礼上《しょさつれいじょう》からは破格な様式。五ヵ条の条目は明智、日乗に宛てた様式。内容と様式が違うのはいかにも変則的だが、信長の非凡な性格がこの様式を無視するところに窺える』……、この解釈は、もう無茶苦茶としか言いようがありません」

「確かにこれだと、今日の定説論者達は日乗、明智への宛先をどの様に解釈したのかなぁ」

「小松さん、信長がこの覚書を作成したとして解釈を付けると、『信長は五ヵ条からなる覚書を、自らの家臣日乗上人、明智光秀宛に書し、そこに署名もせずに朱印した。義昭は信長の朱印を確認し、宛先が日乗、明智になっているにも拘らず、これに黒印の袖印判し信長に返した』になるんです。こんなことは有り得ないでしょう。この覚書は素直に日乗、明智宛に出された義昭の袖印判とするのが自然なんです」

「明石さん、少し説明してくれませんか」

「十月十一日、信長の不興をかった義昭は例によってすぐに反応……。次に信長に対する取り繕《つくろ》い方を、いくつかのパターンに画策し、選択したのが最も得意な戦術『紙一枚』……」

「それが明石さんは『五ヶ条』だと……」

「覚書の内容は、義昭が『御教書、御内書』の乱発を認め、また信長を最大にして一人の後盾、要するに『御父』の再確認。そして信長の家臣の中で自分に近かった明智光秀、日乗上人を呼び覚書を作成。覚書の文面を義昭不利に作り承知の上で袖印判し、二人に信長のところへ持って行かせた」

「…………」

「明智光秀と日乗上人が袖印判の覚書をもとに義昭の恭順を伝えると、信長は文面に満足し義昭の申し出を承知した。僕はこう解釈するのが正しいと考えています」

「……、覚書には『天下布武』朱印が押されていますが、その意味は何なのでしょうか」

「信長の了承印です。明智、日乗の二人は義昭に信長が確かに了承した証《あかし》を視せなければなりません。二人は覚書をもう一度義昭に視せたんです」

「もう一つお聞きしたいのは、義昭はなぜ明智、日乗宛にしたんでしょう」

「ここいらが義昭が利口で、嫌らしいところなんです。この覚書に義昭は袖印判していますから、信長宛にすると誓紙になってしまいます。無論、信長は明智と日乗にそこいら辺りも尋ねたはずです。全くの推測ですが、明智光秀は信長に対して、己の一存で義昭を説得し、このような覚書を書かせた、こう説明したのだと想います。この覚書を、信長は明智一人の才覚によると誤認したんでしょう。これ以後、明智の急速な出世が始まっているのです」

「ぴったりと辻褄《つじつま》が合いますね。しかしどうしてこの覚書は信長が義昭に出したとされるのでしょうか」

「さっきから何度も言っていますが、信長を余りに大きく論じようとするからこういった誤読が生じるんです。芥川の一件を基点に考慮すれば、これが義昭の得意とする戦術だった事は直ぐに気が付くはずなんですけどね」

「…………」

「それから義昭は、『御父』の感状に平気で『武勇天下第一也』『偏憑入之外無也《ひとえにたのみいるのほかなきなり》』と書くような人物です。覚書の内容なんて気にもしないし何でも良いんです。信長を満足させればそれで良かったのです。事実、義昭はこの覚書を全く無視しました。そして必然的に信長の『十七ヶ条異見状』へとつながったんです」

「……『十七ヶ条異見状』は、どうやら私が主張した『五ヶ条覚書』に一層の凄みを付けた恫喝状と解釈するのは間違っているようですね」

「……『五ヶ条覚書』の不履行が『十七ヶ条異見状』を生じさせる切っ掛になったことは間違いないと想います。しかしこの十七ヵ条は、決して恫喝状なんかではないのです。こんなものを義昭にぶつけるから信長は舐められてしまうのです。聖徳太子の十七条憲法を意識し十七ヵ条としたのでしょうが、義昭が心の底から馬鹿にし嘲《あざけ》り笑う様を全く読めていません。『十七ヶ条異見状』での信長は、『御父』を未だ真に受けているんです。義昭が最初から一つの戦術として『御父』を使っていたことに少しも気がつきません」

「………」

「おまけに、この十七ヵ条は内容が全くチマチマしているんです。天下の将軍相手の諫状《かんじょう》としては最悪です。それに始まりが義輝、終わりが義教でしょう、センスがなさすぎます」

「二人とも不幸な死に方をしていますから、義昭にすれば良い気分がしないでしょうね」

「十七ヵ条の内容にも簡単に触れてみますね。二条、諸大名に御内書を送り、馬などを所望するのは将軍として聞えも悪い、また御内書には信長の添え状を付ける約束だが少しも守られていない。信長の知らぬところで御内書を送り、直接何かを所望するのは止めて欲しい……。これなど義昭がいかに信長を軽く見ていたか端的に物語っているではありませんか。『五ヶ条覚書』に書かれる一条、二条、四条を全く無視していることが如実に判ります」

「私は、今までこれを信長の義昭に対する脅迫、恫喝と解釈していましたから……、前段にあたる『五ヶ条覚書』の性格が変わってしまいますと、『十七ヶ条異見状』の解釈も視点を換えて読まなければならないと、今は想っています」

「……四条、将軍と信長の不仲が噂として天下に聞え、これを裏づけるかのように将軍が室町御所を退去するという。信長は大変な苦労の上、室町御所を造営し将軍をここに迎えた、にも拘らず、いったいどこへ御所を移すというのか……、全く残念でたまらない。もしこれが事実となれば、今まで信長が将軍に尽くしたことはいったい何だったのか。こんなことを言うから義昭に舐められるんです。信長は、もっと毅然として義昭を責めれば良いんです。例えば『お前の態度があやふやだからこんなつまらぬ風説（二人の不仲）が立つ。お前の責任でこれを解消しろ。御所を出たければ勝手にどこへでも好きなところへ行け。俺の後盾がなければ、お前など一日たりとも将軍職にはいられない』……、こう言えば良いんです。信長は義昭との実際の力関係を全く理解していません」

「…………」

「……六条、信長にとって疎略でない者達を、女房衆以下までが辛く当たると聞いた、もう少し将軍が配慮して欲しい。なぜこんなに低姿勢なのか理解できません」

「…………」

「……十二条、信長に内緒で金銀を進上させている。それを公金として使っているのならともかく、ただひたすら蓄財している。いったい何のために蓄財しているのか。十四条、幕府備蓄米を売ったと聞くが驚いている。将軍自ら商売するとは聞いたこともない。だいたい今の時節を考慮すれば、兵糧米としてなお一層の備蓄をするのが常識である。十五条、宿直《とのい》に召し寄せた若衆（義昭の男色の相手）に加増したと聞く……、代官職を与えたり、道理に合わない訴えを聞いたりするとも聞く、こういった目に余る依怙《えこ》贔屓《ひいき》に対し天下の人は皆批判している」

「…………」

「僕なりに十七ヵ条を整理してみると、こんな具合なんです」

☆征夷大将軍としての姿勢に関する条項……一条から十七条

☆「五ヶ条覚書」に関する条項…………一条、二条、三条、七条、十条、十一条

☆信長の立場に関する条項…………二条、四条、六条、十六条

☆朝廷に関する条項…………一条、十条、十一条

☆信長の義昭への助言…………五条、七条、八条、九条、十五条、十七条

☆金にまつわる条項…………十二条、十三条、十四条、十六条

「……、もう一度視点を換えて読み直してみるつもりです」

「それから信長の立場を、敢えて二条、四条、六条、十六条としましたが、無論全ての条項に『信長の立場を理解して欲しい』、この意味を持っている事を理解して下さい」

「判りました」

「この『十七ヶ条異見状』は、確かに将軍相手の諫状だったと想います。しかし全体を考慮す

ると、一つ一つの条項主文が余りにも小さくチマチマしているんです。もっと真正面から大義名分を振りかざし、大向こうを唸らせる正論で諫言しなければ……、これでは武将としての風格がなさすぎます」

「この十七ヵ条を読んだ義昭が、信長を嘲笑したことは確かなことに想えるなぁ……」

「でもね、この異見状は信長の人の好さを充分窺わせています。僕は取り上げる問題が小さすぎると言いましたが、この原因は『御父』を余りに意識したからなんです。ですから『御父信長』を前提にこの文を読むと、『十七ヶ条異見状』は本当に細やかな心温まる『御父信長』から将軍義昭への助言だと理解できます」

「………」

「信長の『御父』としての心配をよそに、義昭は『十七ヶ条異見状』を歯牙《しが》にも掛けません。それどころか、この後すぐに義昭の策略による武田、浅井、朝倉の信長包囲網が始まったのです。義昭はどこまでも信長を舐めていたのです。信長はここに至ってようやく『御父』を断ち切りますが、気が付くのが遅すぎました」

「先ほど明石さんが、信長の『もし』は『本能寺』ではなく義昭能興行こそが『もし』、と指摘しましたが、漸くその意味が判ったような気がします」

「信長を語る場合、『芥川』から『十七ヶ条異見状』までは非常に重要です。ここで信長の一生が決まってしまったと言っても良いほどです。また性格や能力が最も判り易いのもここなんです。信長は戦国を代表する武将だと僕も想います。ただ彼の欠点は、戦術に優れているばかりで戦略に疎《うと》いのです。いつもその場その場の勝ちで終わらせて、もう一歩踏み込んで勝ち切ってしまうことを知りません。信長は多くのことを義教に模倣しましたが、彼が本質的に持っていた優柔不断な性格は義教と全く逆なんですね」

☆弓八幡

ワキ、ワキツレ（次第）「御代《みよ》も栄《さか》ゆく男山《をとこやま》。御代も栄ゆく男山。名高《なたか》き神《かみ》に参《まい》らん。

ワキ「そもそもこれは後宇多《ごうだ》の院《いん》に仕《つか》へ奉《たてまつ》る臣下《しんか》なり。さても頃は二月初卯《きさらぎはつう》八幡《やわた》の御神事《ごしんじ》なり。郢曲《えいきょく》のみぎんなれば。陪従《ばいじゅう》の参詣仕《さんけいつかまつ》れとの宣旨《せんじ》を蒙《こうむ》り。唯今八《ただいまや》幡山《わたやま》に参詣《さんけい》仕り候。

ワキ、ワキツレ「四《よ》つの海波静かなる。時なれや。波静かなる時なれや。八洲《やしま》の雲もおさまりて。げに九重《ここのえ》の道すがら。往来《ゆきき》の旅も。豊かにて。めぐる日影も南なる。八幡山《やわたやま》にもつきにけり。八幡山にもつきにけり。

ワキ「急ぎ候ふほどに。八幡山につきて候。心静かに神拝《じんぱい》を申《もう》さうずるにて候。

シテ、ツレ「神祭《かみまつ》る。日も二月《きさらぎ》の今日とてや。のどけき春の。けしきかな。

ツレ「花の都の空なれや。

シテ、ツレ「雲もをさまり。風もなし。

シテサシ「君《きみ》が代《よ》は千世《ちよ》に八千代《やちよ》にさざれ石《いし》の。巌《いわお》となりて苔《こけ》のむす。

シテ、ツレ「松の葉色も常盤山《ときわやま》。緑の空ものどかにて。君安全《きみあんぜん》に民敦《たみあつ》く関の戸ざしもささざりき。もとよりも君を守りの神国《しんこく》に。わきて誓《ちか》ひも澄める夜の。月かげろふの石清水《いわしみず》。絶えぬ流れの末《すえ》までも。生けるを放つ。大悲《だいひ》の光《ひかり》。げにありがたき。時世《ときよ》かな。神と君との道すぐに歩みを、運ぶこの山の。松高《まつたか》き。枝も連なる鳩の嶺《みね》。枝も連なる鳩の嶺。曇らぬ御代《みよ》は久方の。月の桂《かつら》の、男山《おとこやま》げにもさやけき影に来て。君万歳《きみばんざい》と祈るなる。神に歩みを運ぶなり神に歩みを運ぶなり。

ワキ「今日は富社《とうしゃ》の御神事とて。参詣の人々多き中に。これなる翁錦《おきなにしき》の袋に入れて持ちたるは弓と見えたり。そもいづくより参詣の人ぞ。

シテ「これは富社に年久《としひさ》しく仕《つか》へ申《もう》し。君安全と祈り申す者なり。又これに持ちたるは桑《くわ》の弓《ゆみ》なり。身の及びなければ未《いま》だ奏聞申《そうもんもう》さず。唯今御《ただいまご》参詣《さんけい》を待《ま》ち得申《えもう》し。君へ捧げ物にて候。

ワキ「ありがたしありがたし。まずまずめでたき題目なり。さてその弓を奏《そう》せよとは。私《わたくし》に思いよりけるか。もし又富社の御託宣《ごたくせん》か。わきて謂《いわ》れを申《もう》すべし。

シテ「これは御言葉《おんことば》ともおぼえぬものかな。今日御参詣《ごさんけい》を待《ま》ち得申《えもう》し。桑《くわ》の弓を捧《ささ》げ申すこと。則《すなわ》ちこれこそ神慮《しんりょ》なれ。

ツレ「その上聞けば千早《ちはや》ぶる。

シテ、ツレ「神の御代《みよ》には桑《くわ》の弓《ゆみ》。蓬《よもぎ》の矢《や》にて世を治めしも。すぐなる御代のためしなれ。よくよく奏《そう》し給《たま》へとよ。

ワキ「げにげにこれは泰平《たいへい》の。御代のしるしは顕《あらわ》れたり。まずその弓を取り出だし。神前にて拝《おが》み申さばや。

シテ「いやいや弓を取り出だしては。何の御用のあるべきぞ。

ツレ「昔唐土周《むかしもろこししゅう》の代《よ》を。治めし国のためしには。

シテ「弓箭《きゅうせん》をつつみ干戈《かんか》をおさめし例《ためし》をもつて。

ツレ「弓を袋に入れ。

シテ「劔《つるぎ》を箱に納《おさ》むるこそ。

ツレ「泰平の御代のしるしなれ。

シテ、ツレ「それは周《しゅう》の代《よ》これは本朝《ほんちょう》。名にも扶桑《ふそう》の国を引けば。

地謡「桑の弓。取るや蓬の八幡山《やわたやま》。取るや蓬の八幡山。誓ひの海も豊かにて。君《きみ》は船。臣《しん》は瑞穂《みずほ》の国々も残りなく靡《なび》く草木《そうもく》の。恵みも色もあらたなる。御神託《ごしんたく》ぞめでたき、神託ぞめでたかりける。

ワキ「桑の弓蓬の矢にて世を治めし謂《いわ》れなほなほ申《もう》し候《そうら》へ。

地謡「そもそも弓箭《きゅうせん》をもって世を治め始めといつぱ。人皇《にんのう》の御代《みよ》始まりても。則《すなわ》ち富社の御神力《ごしんりき》なり。

シテサシ「しかるに神功皇后《じんごうこうごう》。三韓を鎮《しず》め給《たま》ひしより。

地謡「同じく応神天皇《おうじんてんのう》の御聖運《ごせいうん》。御在位《ございい》も久《ひさ》し国《くにの》富み民《たみ》も。豊《ゆた》かに治《おさ》まる天《あめ》が下《した》。今《いま》に絶《た》えせぬ。調《みつき》とかや。

地クセ「上雲上《かみうんじよう》の月卿《げつけい》より。下萬民《しもばんみん》に至《いた》るまで楽《たの》しみの声つきもせず。しかりとは申せども。君を守りの御恵《おんめぐ》み。なおも深き故《ゆえ》により。欽明天皇《きんめいてんのう》の御宇《ぎよお》かとよ。豊前《ぶぜん》の国《くに》。宇佐《うさ》の郡《こおり》。蓮台寺《れんだいじ》の麓《ふもと》に。八幡宮《はちまんぐう》と現《あらわ》れ。八重旗雲《やえはたぐも》をしるべにて。洛陽《らくよう》の。南《みなみ》の山高《やまたか》み。曇《くも》らぬ御代《みよ》を守らんとて。石清水いさぎよき霊社《れいしや》と現《げん》じ給《たま》へり。されば神功皇后《じんこうこうごう》も。異国退治《いこくたいじ》の御為《おんため》に。九州四王寺《しおうじ》の峯《みね》において七箇日《かにち》の御神拝《ごじんぱい》。例《ためし》も今は久方《ひさかた》の。天《あま》の岩戸《いわと》の神遊《かみあそ》び。群れゐて謡《うと》ふや榊葉《さかきば》の。青和幣白和幣《あおにぎてしらにぎて》とりどりなりし神霊《しんれい》を。

シテ「遷《うつ》すや神代《かみよ》の跡《あと》すぐに。

地謡「今も道あるまつりごと。あまねしや神籬《ひもろぎ》の。をかたまの木の枝に。黄金《こがね》の鈴を結びつけて千早ぶる神遊び。七日七夜《しちにちしちや》の御神拝《ごじんぱい》誠に天も納受《のうじゆ》し。地神《ぢがみ》も感応《かんのう》の海山《うみやま》。治まる御代に立ちかへり。国土を守り給うなる。八幡三所《まんじよ》の神託《しんたく》ぞめでたかりける。

地ロンギ「げにや誓ひも影高き。げにや誓ひも影高き。この二月《きさらぎ》の神祭《かみまつり》。かかる神慮《しんりよ》ぞありがたき。

シテ「ありがたき。千世《ちよ》の御声《みこえ》を松風《まつかぜ》の。更《ふ》け行《ゆ》く月《つき》の夜神楽《よかぐら》を。奏《そう》して君《きみ》を祈《いの》らん。

地謡「祈る願ひも瑞籬《みずがき》の。久しき代《よ》より仕《つか》へてき。

シテ「われは真《まこと》は代々《よよ》を経《へ》て。

地謡「今この年になるまでも。

シテ「生《い》けるを放《はな》つ。

地謡「高良《こうら》の神とはわれなるが。この御代を守らんと。唯今《ただいま》ここに来たりたり。八幡大菩《はちまんだいぼ》薩《さつ》の御《ご》神託《しんたく》ぞ疑うなとてかき消すやうに、失せにけりかき消すやうに失せにけり。

＊

「弓八幡」は、定説によると義教ではなく義持の将軍祝賀の為に作られたとされている。この根拠となっているのが「申楽談儀《さるがくだんぎ》」の一説である。

「先《まず》、祝言《しゅうげん》のかゝり直成道《ちょくせいどう》より書《か》き習《なら》ふべし。直成体《ちょくせいたい》は弓八《ゆみや》幡也《わたなり》。曲《きょく》もなく、真直成能也《しんちょくせいのうなり》。『当御《とうご》代《だい》の初《はじ》め』のために書《か》きたる能《のう》なれば、秘事《ひじ》もなし。放生会《ほうじょうえ》の能《のう》、魚放《うおはな》つ所曲《ところきょく》なれば、わたくし有《あり》。相生《あいおい》も、なをし鰭《ひれ》が有也《あるなり》」

一般的には、この「当御代」を足利義持の御代と解釈し「弓八幡」の成立を次のように、応永十五（一四〇八）年頃の作としている。
☆この引用文中「当御代の初め」の、その「当御代」が誰の御代であるかがはっきりすれば、自《おのずか》ら「弓八幡」の成立年次が明確になるという行文である。現在迄の研究段階では、この「当御代」は不明とせざるを得ないのだが、蓋然性の最も高いものとしては、足利義持の御代（応永元年将軍宣下、家督を相続して実際に「当御代」となったのは、義満が没した応永十五年以降）、即ち、応永十五年以降かという説があって（表章氏・加藤周一氏 岩波日本思想大系『世阿弥 禅竹』四九八頁、補注一六七）、私も、世阿弥能楽論の推移から、ほぼ、この時期に、直成体の脇能が生れ出るべき必然性を説いた事がある。そして、この問題は、次の『三道』の規範曲例の冒頭の曲が、「弓八幡」であるか、「放生川」であるかの問題に関係して来るのである。……「弓八幡」は、典型的な五段組織の能ではあるが、構成等「金札」に学んでいるらしい点、一曲内の文章の移り方に、後年の作に見るような滑らかさがない点等、その小段構造が画期的な割には、文章面に於ける完成度は低いように見受けられる。「高砂」はその点、序破急五段の構造が整っているだけでなく、クセは、松の目出度きいわれを叙して、『三道』に言う、「其能一番の本説の理を書きあらはして」とするクセの主旨に沿う構造になっているが、「弓八幡」のクセに、このような叙事的一貫性は求められないのである。その上、『三道』の「作」の部分は「高砂」の小段構造をなぞっていると考えられるが、傍点の部分に見るように、この大様なる能の形体が、天女能を示唆する気配が強く、脇能の持つ基本形式につながるという自覚に迄、未だ至っていなかったようである。恐らく「弓八幡」はこの主張の延長上に応永十五年頃創作されたのであろうが、この「弓八幡」的な能は、正花風として、能作の最初に

手がけるべきものといった形で格がきまって来るのである。〈金井清光著　能の研究〉

また「当御代」を天皇と解釈する人もいる。

☆当御代は天皇の事を意味するものと見て、称光天皇の御代始を祝して書いた能となり、応永十九（一四一二）年頃の事となる。〈川瀬一馬校註　謡曲名作集〉

この二点の解釈からも理解できることだが、結局のところ「弓八幡」がいつ成立したのかは不明のようである。私は義教説を提唱しているので、ここで少し述べたい。

まず世阿弥による「当御代《とうごだい》」の解釈だが、これを「当御代」もしくは「当御代の初め」で切って解釈するのは賛成できない。正しくは「当御代の初めのために」まで続けて考慮するのである。この違いは判りきったことだが、前二点が天皇即位あるいは将軍宣下の「時間的」解釈とするのを、後者は「現象的」解釈とする違いにある。

要するに前者は、即位、宣下の「時、頃」作られたとするが、後者は即位、宣下を「祝賀」して作られたと変化する。これは一見すると同様の解釈をしがちだが、実は明確に違った性格を持っている。例えば「祝賀」を適用すれば天皇即位は可能性を持たない。世阿弥が天皇即位祝賀の能を直接献上できる訳もないからである。

☆称光天皇　応永十九年（一四一二年）八月二十九日
☆後花園天皇　正長元年（一四二八年）七月二十八日
☆足利義持　応永元年（一三九四年）十二月十七日
☆足利義量　応永三十年（一四二三年）三月十八日
☆足利義教　永享元年（一四二九年）三月十五日

文献（『申楽談儀』）の成立（永享二年・一四三〇年）を考慮して天皇即位、将軍宣下を記すが、「祝賀」を考慮すれば適当するのは足利義量、義教の二人であることは明白である。次に「当御代の初め」及び「当御代の初めのために」のいずれをも時間的解釈すると、前者は「はるかにサカノボル」の意を持ち、後者は「ごく近い過去」の意を持つ。これを文献成立の時点で観察すれば、前者は応永年間に適当し、後者は正長元（応永三十五）年、正長二（永享元）年に適当する。従って義教以外は全て排除することができる。因みに義満没年が応永十五（一四〇八）年ゆえ、義持の「当御代」は応永十五年以降との解釈は「弓八幡」がいかにしても応永元年まで遡れないゆえのゲリマンダー（自分に都合のよい考え方）解釈の典型と言え、全く賛成できない。

最後に「弓八幡」は石清水八幡宮の「神慮」を主題に持つことは明らかと考える。

☆もし又当社《またとうしゃ》（石清水八幡宮）の「御託宣《ごたくせん》」か。わきて謂《いわ》れを申《もう》すべし。
☆即ちこれこそ「神慮」なれ。
☆恵みも色もあらたなる「御神託」ぞめでたき、「神託」ぞめでたかりける。
☆八幡大菩薩の「御神託」を疑ふなとて。
☆殊にこの君の「神徳」天下一統と守るなり。
☆げに頼もしき「神心」、示現大菩薩八幡の「神託」ぞ豊かなりける、「神託」ぞ豊かなりける。

これを考慮すれば適当するのは純粋に義教一人となり、「弓八幡」は世阿弥が義教将軍宣下祝賀のために創作した能であったことは確定できる。

一、今日於室町殿《こんにちむろまちどのにおいて》（義教）御所観世《ごしょかんぜ》三郎《さぶろう》（音阿弥）猿楽施芸能《さるがくげいのうほどこす》 云々《うんぬん》。
応永三十五（一四二八）年四月五日

二、今日猿楽如恒例《こんにちさるがくこうれいのごとし》。 観世《かんぜ》大夫《だゆう》（元雅）六番施芸能了《ろくばんげいのうほどこすなり》。
応永三十五年四月十八日

三、今日於室町殿御所《こんにちむろまちどのにおいてごしょ》日吉《ひよし》申楽芸能《さるがくげいのう》云々《うんぬん》。
正長元（一四二八）年六月十二日

四、今日《こんにち》於室町殿《むろまちどのにおいて》申楽在之《さるがくこれあり》。観世《かんぜ》三郎《さぶろう》并《ならびに》十二五郎《じゅうにごろう》（宝生大夫《ほうしょうだゆう》）一手《いって》ニ成《なり》テ施芸能《げいのうほどこす》。十二五郎《じゅうにごろう》七十六歳云々《うんぬん》。

正長元年七月十七日

五、於室町殿御所笠懸馬場《むろまちどのにおいてごしょかさかけばば》。観世大夫《かんぜだゆう》両座一手《りょうざいって》。宝生大夫十二五郎《ほうしょうだゆうじゅうにごろう》一手《いって》ニテ出合《であい》申楽《さるがく》在之《これあり》。

正長二（一四二九）年五月三日

〈満済准后日記〉

この五点のうち元雅（世阿弥長男）が確実に出演しているのは、二、五の二点である。「弓八幡」の初演がこのどちらであるか推測すると、二に関しては、この演能が義円（義教）の還俗後わずか一ヵ月及び将軍宣下以前の二点を考慮すればあり得ない。五は義教の将軍宣下（三月十五日）直後、観世大夫（元雅）、観世三郎（音阿弥）、宝生《ほうしょう》大夫勢揃いで催された極めて大掛かりな将軍祝賀の能である。従って「弓八幡」はこの日（正長二年五月三日）観世大夫によって初演されたことと推測する。なお世阿弥は応永二十九（一四二二）年出家、元雅が観世大夫を襲名したが、永享四（一四三二）年、義教の手によって伊勢で客死。翌年、音阿弥が観世大夫を襲名。

第九章

天魔王

「明石さん、少し義教《よしのり》のことを語ってくれませんか。どうやら、私の知っている義教像と明石さんの義教像では、随分掛け離れているように想えるんです」

「判りました。それでは僕の義教論を述べますから、これを聞きながら小松さん自身で義教と信長を比較して下さい。最初に今日《こんにち》の義教観を紹介しておきますね」

☆義持の弟で六代将軍の義教にいたっては、異常性格もあって、日野家に対する待遇は惨酷なものさえあった。義持の死後、次代の将軍をくじで決定したのはよく知られている。くじにあたったのは、天台座主青蓮院准后義円《ぎえん》、すなわち還俗した義教である。彼はこの時三十四歳だった。管領畠山道頓入道満家は諸将をひきいて青蓮院にうかがい、将軍のことをつげた。義円はそれまでまったく政治的な野心はなく、事の意外さ、また重大さに将軍職をひきうける気はなかった。彼が拒否するのを、諸将たちは言葉をつくして、ようやく承諾させた。彼は今までの待遇とまったくちがった俗界の征夷大将軍として、青蓮院を出た。「大名等供奉せしめて裏松に入る」と『看聞御記』にある。世界がまったく変わったのだ。あいさつにうかがう有力者たちに、裏松邸の主人裏松中納言義資がかいがいしく中次をつとめた。
都をあげて、多くの人が群れをなしてお祝いのあいさつに来た。そのまま日が暮れて、義教は裏松邸にとまり、幾日も生活することになる。彼は一人になったとき、自分が変わった意味にはじめて気がつき、将軍になった実感がわいて来ただろう。社会が彼にむかってほほえみかけている。義教が過酷な処罰で、公家や家臣などを苦しめたのは、ひとつには将軍としての教育をうけていないコンプレックスから、おのれが真の将軍の資格をそなえていることを見せつけようとしたからだと思われる。あるいは彼にサディズム的傾向があったことを言わねばなるまい。

〈吉村貞司著　日野富子〉

☆「足利義教が赤松満祐という播磨の守護の邸宅に招かれて殺されるという暗殺事件があるわけです。この頃の将軍というのは、始終守護大名のところに順番に遊びに行っているわけですよ。言ってみればご機嫌取りですね」
「まあ、その義満、義政がヤマでしょうね。尊氏はともかくとして、尊氏の後はその二人がヤマになるだろうと思いますね」

〈林屋辰三郎氏談　池島信平編　歴史よもやま話〉

「この吉村氏や林屋氏の言うとおり、足利将軍で語れるのは尊氏、義満、義政の三人くらいしかいないようにも……」

足利家系図

1〜15　室町幕府将軍代数
(1)〜(5)　鎌倉公方代数

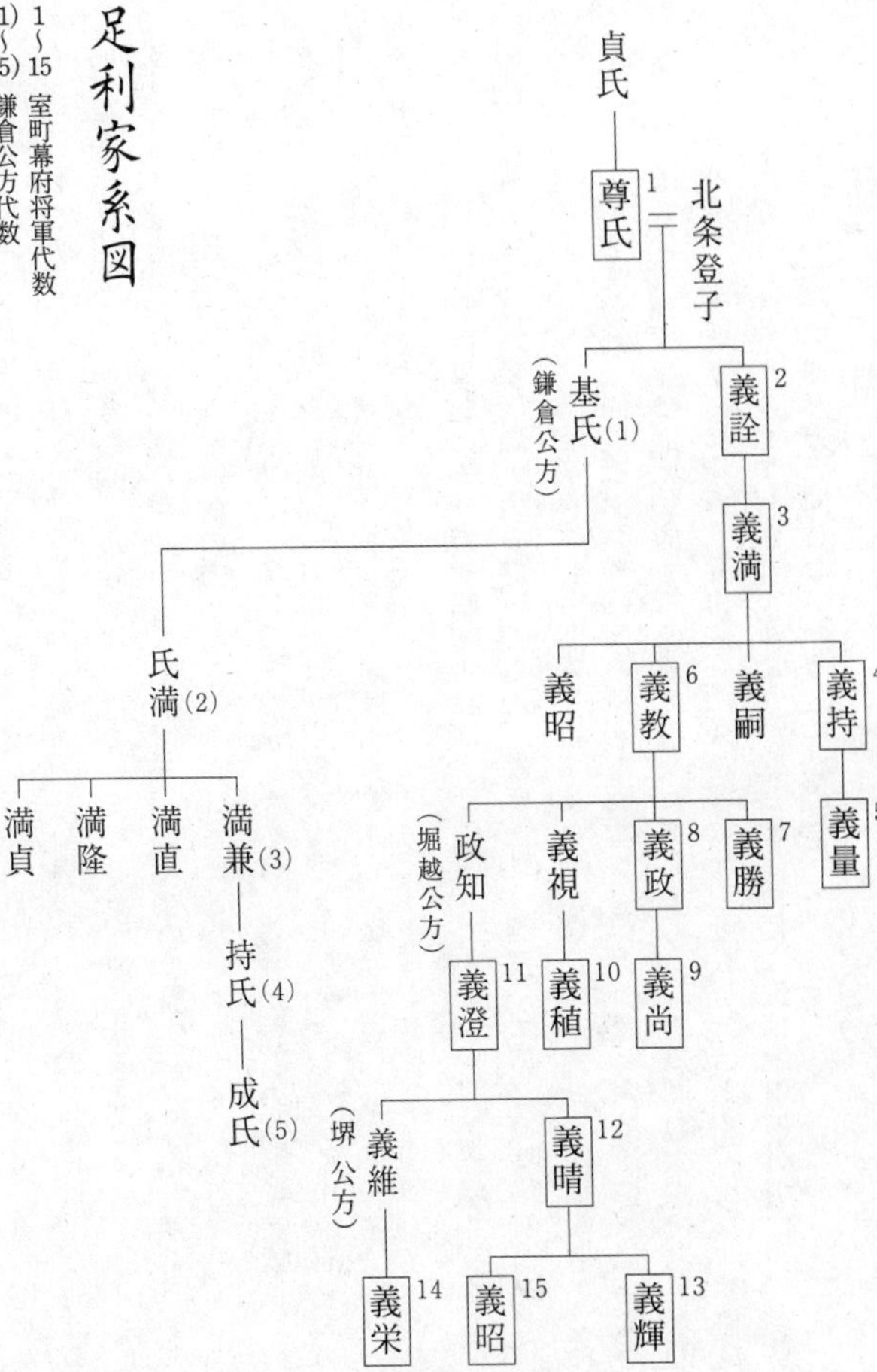

「それは誤った考え方です。また、義教が『コンプレックスから、おのれが真の将軍の資格をそなえていることを見せつけようとした』『サディズム的傾向』『ご機嫌取り』、こんな論は全く的外れです。何故このような論で義教を片づけてしまうのか、僕には理解できません。まして室町を語るとき、尊氏、義満、義政の三人で論ずる、こんなのは歴史を愚弄《ぐろう》してますよ」

「そうかなぁ、明石さんの義教評価の方がむしろ奇異に感じるのですが」

「小松さんね、足利将軍が曲がりなりにも十五代続いたのは、義教が磐石《ばんじゃく》の基盤を構築したからなんです。義教の幕府運営に関する方法論は徳川幕府でさえ踏襲しました。徳川幕府最大の戦術、参勤交代にしても、元を正せば義教が考案したものなんです」

「また明石さんの新説ですか……」

「違います、義教の幕府運営のあり方を確認すればすぐに理解できます。例を挙げてみますね。当時山名時熙《ときひろ》といえば、幕府最大級の重臣でした。永享三（一四三一）年この時熙の嫡統持熙《もちひろ》が幕府へ出仕を怠《おこた》ると、義教は時熙に出仕しないのであれば持熙を国へ帰せ（所領没収）と命じたのです。義教を恐れる時熙は直ちに嫡統の持熙を廃嫡し、弟の持豊《もちとよ》（宗全《そうぜん》）に家督を継がせました。また、九州平定の最大功労者である大内氏に対しても、一族筆頭の大内持世《もちよ》が京都への参勤の礼を怠ったとし、所領の安芸《あき》東条、西条を容赦なく没収しています。義教は参勤の礼を批判した全ての大名に対して容赦なく所領を没収しました。これは徳川幕府が行った参勤交代の根底に流れているやり方と同じなのではありませんか」

「ウーン」

☆幕府《ばくふ》、大内持世《おおうちもちよ》ノ参勤《さんきん》セザルヲ以《もっ》テ、安芸《あき》ノ所領《しょりょう》ヲ削《けず》リ之《これ》ヲ小早川持平《こばやかわもちひら》ニ与《あた》フ。
〈永享十一年七月三十日　建内記《けんないき》〉

「それからね、足利幕府の官職について、小松さんは少し誤解と過小評価していると想います。日本の封建制度を完全に成立させたのは足利義教なんです。彼が制定した制度は完璧です。信長の職制なんていうのは、これはもう足利時代の単なる大名の職制にすぎません。その意味では秀吉でさえ及びません。徳川幕府が三百年の長きに亘って継続したのは、足利の職制を戦略の基盤にしていたからなんです」

「そうかなぁ、信長はかなりの職制を巡らしていたと想うのですが」

「新たに制定された官職は何一つありません。信長の職制も勢力圏も応仁の乱における細川勝元と同じようなものです。まぁ、疑念があるのでしたら『古事類苑　官位部』でも繙《ひもと》いて下さい。十五分もあれば納得できると思います」

「……、後ほど確認してみます」

＊

「古事類苑　官位部」を参照すると、室町幕府の官職、職制は足利将軍から相伴衆《しょうばんしゅう》に至るまで、三百五十ページに亘って掲載されており、武家の政権を維持するにあたり磐石ともいえる完成度を持っている。これに引き替え織田の官職、職制はわずかに二十八ページで全文である。因みにここに付けられた表文は、「織田信長、足利氏ニ代《かわ》リテ政柄《せいへい》ヲ執《と》ルヤ、虚威甚《きょいはなは》ダ熾《さかん》ナリト雖《いえど》モ、其征服《そのせいふく》スル所《ところ》二十余国《よこく》ニ過《す》ギズ、故《ゆえ》ヲ以《もっ》テ官職ノ如《ごと》キモ、新ニ制定スル所ナク、従来ノ慣例ニ仍《よ》リテ、家老《かろう》、右筆《ゆうひつ》、奉行《ぶぎょう》、目付《めつけ》、小姓《こしょう》、馬廻等《うままわりとう》ヲ置《お》キタリ是即《これすなわ》チ当時大名ノ職制ナリ」。

＊

「小松さんね、義教の完成させた官職と職制は、まさに世界史に誇れるほどのものなのです」

「なにか明石さんの話を聞いていると、足利義教に興味が湧いてきますね」

「僕の話が全て終わると、小松さんもきっと義教ファンになると想います。話を続けますね。義教を語るとき忘れてならないのは彼が義円と称した僧侶の頃、僅か二十六歳で天台座主《ざす》にまで昇り詰めていた事実なんです。これが何を意味するのか理解できるでしょう」

「えっ、義教は天台座主《ざす》になっているのですか」

「義教は鬮《くじ》で選ばれた、鬮将軍と怪顛《けでん》され揶揄されていますが、六代将軍に就任する以前は五山（臨済宗）をしのぐ勢いのあった天台の最高位にあったのです。僧侶時代の出世は前代未聞で、十八歳大僧正、二十一歳准三后《じゅさんごう》、二十四歳で座主に請われ、二十六歳にして天台座主という驚くべきものでした。この出世は、別に彼が義持《よしもち》の弟であったからではありません。義教は天台開闢《かいびゃく》以来の逸材と言われていたのです。これを物語っているのが、当時天台最大の尊敬を集めた百四十七世恒教《つねのり》が、良順《りょうじゅん》（百四十八世）、尭仁親王《ぎょうにんしんのう》（百四十九世）、実円《じつえん》（百五十一世）、相厳《そうげん》（百五十二世）を差し置いて、百五十三世義円（義教）に天台相伝の秘書を伝えたことなんです」

「意外な事を聞いた気がします。私は全く知りませんでした」

「義教は、応永三十五（一四二八）年三月十二日還俗《げんぞく》していますが、最初義宣《よしのぶ》（義円改め）と名乗っていたのです。翌年三月十五日、征夷大将軍に補せられると、何故か義教と改名しました。定説では義宣が『世忍ぶ』に通ずるのを嫌ったとされていますが……、僕はこの説を疑問に想っています」

☆今日室町殿《こんにちむろまちどのの》昇《のぼり》迄《および》参議《さんぎ》中将《ちゅうじょう》並《ならびに》征夷《せいい》大将軍《たいしょうぐん》被宣下《せんげせらる》。名字《みょうじ》義教《よしのり》ト改名《かいめい》。元義宣也《もとよしのぶなり》。
よしのふと被読也《よまれるやふ》不快之間《かいのあいだ》被改《あらためられ》云々《うんぬん》。〈正長二年三月十五日　看聞御記《かんもんぎょき》〉

「しかし……、辻褄は合っているとも想えますが、私は何の疑念もなくそう考えていました」

「義宣が『世忍ぶ』に通じる、確かにこれは辻褄が合うように想えます。でも今度はなぜ義教なのかという疑問が生じるでしょう」

「ウーン、でも大きな問題とは想えませんが」

「僕は義教を語る上で、この改名は重要な問題の一つだと考えています。何故、義宣から義教と改名したのか、この一字改名の解釈を歴史家が誤ったが故に義教の評価は大きく変わってしまった、こんな風に想っています」

「ホー、明石さんの論を聞きたいですね」

「義教といえば、鬮で選ばれた鬮将軍、もしくは還俗将軍というのが定着しているイメージです。次に義宣が『世忍ぶ』に通じ縁起が悪いから改名した……、これらが並べばどうなるんです、誰が考えたって義教を論ずる前提は、管領を始めとする足利元老の都合によって将軍職に祭り上げられた全く無能な将軍となるではありませんか」

「私もそう想っていましたが……」

「その意味で、これらに関する定説を否定し、小松さんの誤解を解いておきたいと想います。義教以前の足利嫡統の名前は、朝廷が命名するのが慣例となっていて、義宣（義教）の名は称《しょう》光《こう》天皇が命名しました。義円（義教）は還俗するにあたり、一旦はこの名前を用いますが、将軍宣下直前に突然改名を朝廷に申し入れます。当然、朝廷側は不快の念を示し、公家連中は『世忍ぶ』に通ずるゆえ、改名を申し出たと誹謗、中傷……、これがどういう訳か誤解され伝わって、今日《こんにち》の定説となってしまったのです。無論、この改名は『世忍ぶ』などという陳腐な理由ではありません。この改名の問題は重要ですからきちんと説明しますね。朝廷は将軍宣下前日、義宣（義教）の申し入れ（再度の改名）を受け入れ、万里小路《までのこうじ》大納言を使者として義宣（義教）へ『義敏《よしとし》』という命名を持参したのです」

「ホー、義教の前に『義敏』との命名があったのですか」

「そうです……、この『義敏』命名に関し、朝廷は内々に申し入れをしており、使者万里小路大納言は、いわばセレモニーと考えていました。ところが、将軍宣下当日、朝廷側は仰天することになるんです。義宣がこの命名を拒否し、自ら『教』の字を採用し『義教』と名乗ると宣言してしまったのです」

☆義円（天台座主）→義宣（称光天皇命名。これに改名の申し出）→義敏（後花園《ごはなぞの》天皇命名。この命名を拒否）→義教（自らの名乗り）

「…………」

「なにしろ宣下当日ですから朝廷側は何の対応もできず、結局その日のうちに後花園帝もこれを認めてしまうのです。補足しておきますが、このことは征夷大将軍が自らの名を、自らで命名した最初の出来事でした。

☆正長《しょうちょう》二年三月十四日。室町殿御改名事《むろまちどのごかいめいのこと》。今日被治定了《こんにちおさめさだめられおわんぬ》。敏字也《としのじなり》。万里小路《までのこうじ》大納言御字持参《だいなごんおんじじさん》。

☆十五日。去夜定御名字敏ノ字事《さるよのごみようじさだめしとしのじのこと》。能々被加御思案処《よくよくごしあんくわえられしところ》。猶教字勝《なおのりのじまさり》タル様被思食也《ようおぼしめされしなり》。

〈満済准后日記《まんさいじゅごうにっき》〉

「そういう裏話があったんですか……、明石さん、一つ判らないのはなぜ『教』を採用したんです」

「天台座主百四十七世桓教の影響だと考えています」

「義教の『教』は、桓教の一字からだと……」

「桓教は天台の秘書を義教に伝えた翌年（応永三十一年・一四二四年）示寂《じじゃく》していますが、義教は非常に桓教を尊敬していました。ですから『教』の字の謎はこれが正しい答えです。義教は天台に大きく影響力を残すための戦術として、この一連の改名騒動を考えついたのでしょう」

「なるほど……」

「この改名事件は、義教の将軍職としての最初の仕事でした。これは何事も己が決めるという強い意思表示以外の何物でもなかったのです」

「…………」

「また弟の義承《ぎしょう》を、己が将軍になるや二週間後には天台座主に据え、旧仏教界を完全に制圧します。義教は自ら室町第《だい》で盛んに天台の秘法（五壇《ごだん》法、安鎮《あんちん》法他）を行っていますが、これは還俗後も旧仏教界の最高峰に君臨している自負心があったからなんです。将軍になった義教は急速に五山（臨済宗）に肩入れを始めます。この五山に対しては蔭涼軒主《いんりょうけんしゅ》の季《き》瓊真蕊《けいしんずい》、相国寺の瑞渓周鳳《ずいけいしゅうほう》を重用し、短期間のうちに五山をも掌中に収めました。また伊勢、熱田、石清水八幡宮には大変な配慮を行い、結果として将軍就任後わずか四、五年で宗教界を完全に押さえ込んでしまったのです。これは平清盛、源頼朝、足利尊氏、足利義満でさえできなかった本当に凄いことなんです。徳川家康は南光坊天海（天台宗）、金地《こんち》院崇伝《いんすうでん》（臨済宗）をブレーンとして物凄く重用しますよね。これは義教の宗教政策の模倣なんです」

「明石さんは、信長は義教に憧れたにすぎず、家康こそが義教を継承したと……」

「そう考えています」

☆自今日臨時五壇法始行。《こんにちよりりんじごだんほうをしぎょう》　〈永享三年九月十日　満済准后日記〉

☆室町殿鎮宅修法始　行之。《むろまちどのちんたくしゅうほうこれをしぎょう》　〈永享三年十二月三日　満済准后日記〉

五壇法……密教で五大明王（不動《ふどう》・降三世《ごうざんぜ》・軍荼利《ぐんだり》・大威徳《だいいとく》・金剛夜叉《こんごうやしゃ》）を五壇（大壇・息災護摩壇・増益護摩壇・聖天壇・十二天壇）に安置し、経文を誦唱し、護摩をたいて祈禱する修法。兵乱鎮定・息災・現世利益などのために行なうが、わが国では天皇または国家の一大事の時に修した。

安鎮法……また安鎮国家不動法・鎮宅法ともいう。密教の修法で、新宅をつくるとき、その安穏を祈り、また国家の鎮護のため、不動尊を本尊として行なう。　〈仏教語大辞典〉

「それから鬮《くじ》将軍のことにも触れておきますね。簡単に説明すれば『四代将軍義持は、嫡統義量《よしかず》（五代将軍）の早世（十九歳）から気力をなくし、継嗣《けいし》を決めなかった。管領畠山満家《はたけやまみついえ》以下の重臣は、僧籍にあった義持の四人の弟、義円（義教）、義昭、永隆、義承の中から鬮によって決める事とし、三宝院満済が鬮を作り石清水八幡宮に納めた。義持没後、畠山満家が鬮を持ち帰り開いたところ、義円の名があり後継者に決定した』。まっ、こんなところかな」

「そうですね。私もそんな風に想います」

「確かに当時……、義持に僧籍にあった弟がいたことは事実なのでしょう。でも、これが正確に誰であったのか、実は不明なんです」

「明石さんが挙げた名前は定説ですから承知しています。違うのですか」

「不明だと言ったのです。この四人の名が正しいのか、間違いなのか、僕には不明だからです」

「…………」

「また義教は義満の四男というのが定説ですが、これも疑問と考えています。『尊卑分脈』、『続群書類従　足利系図』、『柳営御伝《りゅうえいぎょでん》』この三点の系譜によれば、義教は紛れもなく三男なのです。つまり、義持、義嗣、義教の順です。四男説が何を根拠としているのか、不思議としか想えません。なおのこと、義教の弟のことになると、これはもう全くの闇の中です」

「…………」

「例えば『尊卑分脈』ですが、ここに掲載される義教の弟は、法尊、尊満、義承、承隆、義昭です。承隆に関しては注があり、恐らく永隆の間違いとしています。『続群書類従　足利系図』の方は、周喜、義承、義昭、法尊、持円、尊満となっていて、全く違います。『満済准后日記』は鬮に関して義持の四人の弟を書したとしていますが、何故か各人の名前を記載していません。四人の名前を書したのは満済であったにも拘らずです」

☆御《ご》兄弟四人御名字《きょうだいよにんごみょうじ》ヲ於八幡神前御鬮《はちまんしんぜんにおいておんくじ》ヲメサレ可被定歟《さだめらるべきか》。由申入処《よしもうしいれしところ》。（中略）仍《なお》御鬮書事《おんくじがきのこと》ヲハ面々予《めんめんよ》ニ申間《もうすあいだ》。（中略）無力書之了《ちからなくこれをかきおわんぬ》。以続飯ヲ堅封之《そくいをもってこれをけんぷうす》。

〈応永三十五年正月十七日　満済准后日記〉

「するとこの義円、義昭、永隆、義承の内から選ばれたという説はどこから出てきたのでしょうか」

「ですから不明だといったのです」

「…………」

「少し考えれば判る事ですが、当時義円を差し置いて嫡統になれる弟は一人もいません。まして天台に最高の権力を振るっていた義円が、鬮《くじ》のお告げで将軍職を決めることに同意するなどあり得ない話なんです。義円は意思表示するだけで簡単に将軍になれました」

「それでは何故、鬮を引いたのです。満済が鬮を作り、石清水八幡宮で畠山満家が鬮を引いたのは事実なのではありませんか」

「ここで考えなければならないのが……。なぜ石清水八幡宮かということです。小松さん、石清水八幡宮は源家にとって最高峰に位置する神廟なんです。当時は鎌倉公方の持氏《もちうじ》も大きな力を持っていましたから、義円は還俗するにあたり大義名分が必要と考えました」

「すると、鬮は義円の発案だと……」

「そうです。義円は、僧籍からいきなり源家の嫡統になるわけですから……、その理由付けに、己が将軍になるのは石清水八幡宮、要するに源家の氏神の神慮神託だとセレモニーしたかったんです」

☆神慮之上着《しんりょのうえにつき》、為天下珍重々《てんかちんちょうちょうになす》。

〈応永三十五年正月十九日　師郷記《しごうき》〉

「外に向かって義円の名前だけではまずかったと……」

「義円が石清水八幡宮の神慮であることは、最初から判りきったことでした。義円以外の三人なんていうのは表向きのことで、最初から満済は名前を書いてはいません。ですから日記にも四人の名を記さなかったということです。一ヵ月後、満済は突然破格の出世を遂《と》げ、めでたく准三后になりますが、この理由は言うまでもないことです」

☆今暁《こんぎょう》　感夢事在之《ゆめにかんずることこれあり》。詠歌也。（詠歌略）准后宣下心《じゅんごうせんげのここち》して
比詠歌《このえいか》ニ戴此名字《このみょうじをのせ》由見之了《なほこれをみおわんぬ》。（中略）歓喜《かんき》歟《か》感涙千万《かんるいせんまん》而已《のみ》。但過分至也《ただしかぶんにいたりしなり》。

〈応永三十五年四月十五日　満済准后日記〉

「先ほど明石さんは『弓八幡』を義教と断定していましたが、世阿弥はこのときの義教を……」

「そうです。義持が没し、義教が石清水八幡宮の神慮から将軍になると、それをテーマに祝賀の能を創作し献上したんです」

「義教に取り入ろうとした訳ですか」

「そうだと想います。尤も世阿弥の思惑は義教には通じなかったようです。世阿弥は永享六（一四三四）年義教によって佐渡へ流されました」

「どんな理由からだったのでしょうか」

「世阿弥に対し、何か気に入らないことでもあったのでしょう」

「それでは理由になりませんが」

「義教は己の行う全てに手順を全く踏まなかったんです。そして表現したことの理由に触れず、何一つとして説明しません。ですから他人から観察すると、義教の所行は意味不明にして理解できないのです。この理解を越えるということが、『義教天魔の所行』と言われました。現在の歴史家はこの義教のやり方を常軌を逸した行為と解釈しがちですが、正しくありません。ですから世阿弥に対する処置も『看聞御記《かんもんぎょき》』に書かれた『義教天魔の所行』としか説明ができないのです」

☆看聞御記……後崇光院《ごすうこういん》（一三七二～一四五六年）の応永二十三（一四一六）年から文安五（一四四八）年に至る日記。日記という性格から、室町時代中期の公家、武家社会の様子をかなり正確に伝えている。永享六年二月十六日の条に、義教を

「天魔王」と呼ぶ原因ともなった「凡天魔所行歟《すべててんましょぎょうか》」の記述を視ることができる。後に信長も「天魔王」と呼ばれるが、これは当時の人が信長に義教の影を視たからである。

「……『義教天魔の所行』について、何か聞かせてくれませんか」

「義教の正室は宗子《むねこ》といって、日野義資《よしすけ》の実妹です。しかし宗子は男子に恵まれず、嫡子（義《よし》勝《かつ》）を出産したのは宗子の妹重子《しげこ》でした。義勝の誕生は、永享六（一四三四）年二月九日ですから、義教は七年間も嫡子に恵まれなかった事になります。常識的に考えれば、日野家は将軍正室と嫡子を出産した室の二人を出している訳ですから、隆盛を極めて然るべきでしょう」

「…………」

「ところが日野家は惨憺《さんたん》たる有様《ありさま》でした。宗子、重子の実兄日野義資は所領没収、閉門の身の上だったのです」

「所領没収、閉門ですか……、不思議な話ですね」

「重子が嫡子を出産すると、多くの公家、武家、僧俗が重子の実家へ慶賀に駆け付けます。これはある意味では当然でしょう」

「そうですね、七年目にようやく嫡子の誕生をみた訳ですし、実兄日野義資の復帰を見越した人もいたと想います」

「義教はこれを激怒し、日野家へ慶賀に出かけた者を一人残らず厳罰に処してしまったんです」

「エッ、祝に駆け付けた人達をですか……」

「小松さん、これが『天魔の所行』と言われるものなんです」

☆裏松許《うらまつもと》へ行人々事《いくひとびとのこと》。室町殿以《むろまちどのい》外腹立《がいはらだつ》。厳密及沙汰《げんみつのさたにおよぶ》。……。惣而《そうじて》公家《くげ》武家《ぶけ》僧俗行向《そうぞくゆきむか》人六十余人也《うひとろくじゅうよにんなり》。所帯被注《しょたいちゅうされ》　或《あるいは》遂電云々《ちくでんうんぬん》。相国寺当住《しょうこくじとうじゅう》。鹿王院主《かおういんしゅ》。芳菴和尚《ほうあんおしょう》も被《ちく》遂電云々《でんさるうんぬん》。凡天魔所行歟《すべててんましょぎょうか》。

〈永享六年二月十六日　看聞御記《かんもんぎょき》〉

「………」

「僕はこの義教の『天魔の所行』を高く評価しています」

「何故この義教の所行を評価したいのか、良く判らないのですが」

「日野義資が所領没収、閉門になったのは、義教の義兄と声高に吹聴したからなんです」

「しかし日野義資が義兄なことは事実ですし、多少それを誇示したところで所領没収、閉門は重いのではありませんか。それから日野家へ将軍嫡統の出産慶賀に駆けつけた全ての人を厳罰というのも、いかにしても行き過ぎと想えますが」

「義教は将軍の権勢を何人《なんぴと》も利用してはならないと考えていたんです。今の世でも権力者の家族、親戚、親友、忠実なスタッフ、たったこれだけの理由で、あたかも自分も権力者になったかのように錯覚し、傲《おご》る人が多いでしょう。また何となく周りもそれを認めてしまいます。でもこれは、いつの時代に限らず歓迎すべき風潮ではないんです」

「………」

「義教の権力に対する認識は、実に優れていたと考えています。彼は己の持つ権力を純粋に個人の所有と理解し、頂点に立つ権力者として終生孤高を貫き通しました。小松さん、権力者が己以外を全て均等に観察する、これは大変な事でしょう」

「………」

「ですから、日野家へ慶賀に駆け付けた人達を厳罰に処したのは、義教の考えからすれば当然なんです」

「つまり、日野義資の実妹重子が足利六代将軍嫡統を出産したのは事実だが、この慶賀と日野家は全く関係ない、義教はこう考えていると……」

「そうです。日野義資はそもそも義教の命で閉門中……、にも拘らず先走って慶賀に出向く事は将軍の権威に触れるでしょう。義教がこれを断固許さなかったのは当然の事です。義教は将軍の権力を将軍一人のみに存在するとし、己以外は何らの権力も認めませんでした。言葉を換えれば、義教以外は万民全て平等という事です。しかもこれを征夷大将軍の職責として遂行しました」

「天皇の為だったとおっしゃるのですか」

「義教ほど武家の分を弁《わきま》え、天皇を崇敬した武将は存在しません」

「朝廷に対しては義満のことがありましたので、義教もてっきり同様と想っていました」

「厳密にいうと朝廷ではなく、天皇個人と理解して下さい。義教は公家に厳しくもあるんです。

これは公家が天皇を支えない、こう義教が判断した時です」

「ホー」

「彼は天皇が補任した征夷大将軍の理想型とも言うべき武将でした。義教が宣下された当時は幕府のありとあらゆる綱紀が緩《ゆる》み、将軍相手でさえナアナアの世界が生じていたんです。彼はまず身内から正し、次に武家階級全体を引締め、これを徹底させ、その姿勢をもって朝廷の綱紀粛正に着手しました。天皇に不敬と義教が判断した場合、いかなる重職にあろうとも容赦なく過酷な処罰を科し……、例えば永享三（一四三一）年、後小松上皇御出家に際し西園寺実永《さねなが》の出家が遅れると、これに激怒し領地の三分の一を没収しています。また先ほども触れましたが朝廷綱紀の緩みを禁裏五番によって正し、後花園天皇の警護強化を図りました。彼の最大の功績は、言うまでもなく南朝を決定的に滅ぼしたことです。小松さん、今日《こんにち》の天皇家を考慮すれば、これだけで充分武家史上最大の功労者と言えるでしょう」

「何となく……義教の凄さが視えてきた気がします」

「義教の話を続けますね。小松さん、信長がついに天下を制すことができなかった要因の一つに旧仏教、五山（臨済宗）、一向宗の押さえ込みに失敗してしまった事があるでしょう」

「それは認めます。元亀元（一五七〇）年の伊勢長島の一向一揆以来、信長は生涯一向一揆に悩まされたようですし……、本願寺顕如《けんにょ》との石山合戦、比叡山延暦寺焼き討ち、日蓮宗弾圧、確かに信長は宗教界に対しての戦術が下手ですね」

「下手というより……、むしろ無策と表現する方が適切ではありませんか。比叡山延暦寺の焼き討ちに視る信長は、無策からなる愚かさを如実に物語っていますよ。笑っちゃうのは、この焼き討ちの後にわざわざ吉田兼和《かねかず》を出頭させて南都（奈良興福寺）、北嶺（延暦寺）を滅ぼしたら祟りがあるかと尋ねている事です。兼和の『先例にない』との返答を聞いてやっと安心するんですが……。この『先例』というのが、実は義教の比叡攻めを指しているんです」

＊

☆永享五（一四三三）年七月十九日、延暦寺は十二ヵ条からなる要求書を幕府に嗷《ごう》訴《そ》した。要求書の内容は、山門の法印猷秀《ほういんゆうしゅう》が山門奉行飯尾為種及び赤松満政と結託し山門の財を思いのままに流用、私利私腹を肥やしている。よって幕府はこの三人を、遠流《おんる》に処せというのが主な理由になっていた。無論これは山門側の、ある種の言掛りである。義教は「神輿《しんよ》入京は鹿苑院殿（義満）御代にすでに三度《みたび》、何も驚くに足ることでもない。僧兵が入京するのなら、容赦なくこれを迎え撃て」と山門側の嗷訴を拒否。幕府方は、細川、畠山、山名、赤松、斯波、佐々木、京極、六角の総動員態勢を敷き、僧兵を迎え撃った。当然のことながら戦は簡単に幕府方の勝利で終わってしまった。山門側は、義教がこれほどの軍勢を動員し強硬策をとるとは想ってもいなかったのである。この時の義教は、己が元天台座主でもあったことから山門側の首謀者、円明院兼宗《けんそう》を幽閉することだけで赦《ゆる》すという穏便な処分で済ませている。

……、永享六（一四三四）年八月、承蓮院兼珍《けんちん》等が義教を呪咀、鎌倉（足利持氏）と通じ関東の兵を京に引き入れ幕府を攻撃するとの噂が立ち、これを裏づけるかのように山門側は溝を造り砦まで築く。前年のことがあったため怒り満面の義教は、穏便な処置を願い出る満済准后、赤松満宗、山名持豊（宗全）の進言を退け、叡山に攻め寄せた。この結果、首謀者の兼珍死亡、山門は降伏。義教はお許さずに金輪院弁証他、主だったものを全て捕らえ処刑してしまった。歴代の朝廷、武家は叡山に代表される僧兵に常に苦慮させられたが、義教の時代のみは僧兵は完全に沈黙、恭順の意を示している。〈看聞御記、満済准后日記他〉

＊

「私は義教の比叡攻めを全く知りませんでしたので……」

「義教は真の天下人として、数限りないほど優れた戦術を遂行していますが、比叡攻めはその良い例なんです。信長の暴挙ともいうべき比叡攻めと較べてみて下さい。山門と正面切って戦ったのはこの二人だけですから良く判るはずです。それから付け加えておきますが、いわゆる信長の暴挙というのは、本質的に彼が持っていた優柔不断さが原因していました。これが集積して爆発するのです」

「明石さんは先ほども、信長は優柔不断とおっしゃっていましたが……」

「信長の優柔不断、義教の天才的な即断即決、この違いは二人の情報収集能力に大きく起因しているのです。小松さんもそうかもしれませんが、多くの人が言う信長の情報収集力なんていうのは、どこを指して言っているのか理解できません。信長はこの情報という戦術に関し、無能と決め付けても良いとさえ考えています」

「そうかなぁ……」

「それでは信長は何故、天下人となれなかったのです。それに引替え足利義教は真の意味での天下人でした。彼の武家としての業績は全く輝かしいものです。九州平定、比叡攻め、南朝剪《せん》滅《めつ》、関東平定。これを全てたった一人でなし得たんですよ」

「……………」

「……、この天下統一に大きく寄与したのが時衆《じしゅう》（時宗）の保護でした。要するに阿弥《あみ》の大集団を諜報活動に使っていたという事です。阿弥を全国どこにでも自由に動けるようにしたのは義教なのです。義教は遊行上人《ゆぎょう》を筆頭に布教活動する時衆を自在に操り、日本中の情報を収集していたのです。特に関東平定、九州平定には、時衆の情報が大きく寄与しました」

「時衆……、なるほど遊行上人の本拠地は藤沢でしたね。関東公方に関する情報は、義教に筒抜けというわけですか」

「信長は一向宗と生涯敵対しているでしょ、一向宗っていうのは、時衆（時宗）と同根なんです。信長の時代は一向宗の全盛ですが、彼らは時衆と同じく念仏を唱え、諸国を流浪する時衆（時宗）を基盤としているのです。これだけでも、信長が情報という戦術に疎《うと》かったのは理解できるではありませんか。無論、信長は、義教のように時衆を戦略上の戦術に組み込むといった発想を持てませんでした」

＊

義教と遊行上人の密接なつながりを示す文献は数多く残されている。

☆室町殿《むろまちどの》（義教）、今朝《けさ》四条道場《しじょうどうじょう》へ渡御《とぎょ》。聖人御発句《しょうにんごほっく》のことを所望申入《しょもうしもうしいれ》云々《うんぬん》。〈永享二（一四三〇）年六月十一日　満済准后日記〉

☆室町殿御歌御会今日也《むろまちどのおうたおんかいこんにちなり》、公方様《くぼうさま》七条道場《しちじょうどうじょう》へ渡御云々《とぎょうんぬん》。〈永享二年八月二十九日　満済准后日記〉

☆将軍渡　御壇所《しょうぐんだんしょへとぎょす》。御雑談及数刻了《ござつだんすうこくにおよびおわんぬ》。因幡堂縁起絵《いんばどうえんぎえ》三巻一遍上人絵十二巻《さんかんいっぺんしょうにんえじゅうにかん》。自御前可令一見由被仰出了《ごぜんよりいっけんせしむべしのよしおおせでられおわんぬ》。〈永享四（一四三二）年四月十九日　満済准后日記〉

☆六条　道場御成《ろくじょうどうじょうおなり》。御焼香于当院《とういんにてごしょうこう》。〈永享九（一四三七）年九月六日　蔭涼軒日録〉

時衆は京に四条道場、六条道場、七条道場の三つの道場を持っており、特に四条派の勢力は、東は近江、三河、西は摂津、山陰にまで及んでいた。永享四年九月十三日、富士遊覧中の義教は、尾張四条派の円福寺にあえて三日間逗留《とうりゅう》し、円福寺聖を宗匠に百韻《ひゃくいん》連歌を張行《ちょうぎょう》している。義教がいかに関東公方の情報を時衆に求めていたかを如実に物語る事例と言えよう。

永享八（一四三六）年には「清浄光寺、遊行金光寺の時衆の人夫、馬、輿已下《こしいか》の諸国に下向の事、関々の渡し、印、判形を以て、その煩《わずら》ひなく勘過すべし」と、時衆が全国を自由に動けるように御教書を下している。

「満済准后日記」によれば、義教と遊行上人の接触は永享二（一四三〇）年六月十一日より遡れないが、『時宗の成立と展開』（大橋俊雄著）には、永享二年三月、遊行十六代南要と義教が密接な関係であったことを示す清浄光寺文書の存在が掲載されている。また遊行十七代暉幽《きゆう》とは特に親交が深かったらしく、義教は暉幽の肖像画を描かせて座右に置いていたとも伝えられている。義教が没したとき、義勝《よしかつ》（七代将軍）は分骨を清浄光寺（藤沢）に送っているが、これなどはいかに義教が遊行上人と親交が深かったかを示す良い事例である。

また、義教の時衆（阿弥）に対する肩入れは、能阿弥を始めとする時衆阿弥を幕府の職制同朋衆として認知することにつながり、これが文芸全体の発展に大きく寄与した。

能阿弥（中尾真能）の重用は、芸阿弥（子）、相阿弥（孫）を出現させ、この三代によって「君台観左右帳記《くんだいかんそうちょうき》」の完成が成るのである。これは宋元画を中心とする画人の等級化と、画人録、座敷飾、道具類の鑑定解説書の最初とも言うべきもので、その後の同朋衆におけるテキスト的存在となっている。また能が「将軍御成」に必ず演じられるようになるのも、義教の時である。

この他、義教は闘茶を嫌い、会所の茶を大成させるが、これが後の町衆茶に大きく影響を与えたのは言うまでもない。犬追物、相撲、競馬、連歌、枯山水……、義教の文化政策は、文芸全般を戦略（天下統一）を支える戦術の一つに組み込むという特異性から行われたものだが、いずれにしても幕府に文芸の年中行事を定着させた功績は特筆すべきといえる。

＊

「明石さん、義教がこれほど時衆と親交があったとは全く知りませんでした」

「義教は時衆のもたらす膨大な情報を常に分析していたのです。ですから何か事があると瞬時に反応することができました。それに引替え信長は、良質の情報が全く取れなかったんです。これを証明しているのが、あのやたらに遅い勢力圏の拡大なのです。例えば斎藤家との争いですが……、斎藤道三と長子義竜が嫡統問題から内紛になり、道三は弘治二（一五五六）年四月二十日討死します。この道三討死の最大原因は、信長がモタモタしていたからなんです。信長は道三援軍に出陣しますが、一族の織田信安と敵将義竜が内通していたことを全く知りませんでした。信安がガラ空きの領内へ侵入したので、信長は戻らざるをえません。その間に道三は義竜に討たれてしまいました。道三は義竜との合戦に際し、娘婿の信長に大きな期待を懸けていたんです。美濃は信長に与えると遺言状に認《したた》めたほど当てにしていました。ところが信長は、この合戦でただアッチコッチウロウロするばかりで結局道三を見殺しにしたのです」

「しかし、このときはまだ若く……、それに余りやる気もなかったのではありませんか」

「若いとか、合戦をする気がなかったとか、そんなことはどちらでも良いんです。僕の指摘したいことは、信安に対する情報を全く取れなかったこと、付け加えれば道三を見殺しにした事実の確認だけです」

「…………」

「信長は四年後の永禄四（一五六一）年美濃攻めを始め、永禄十（一五六七）年稲葉山城をようやく攻め落とします。この戦は大勝利だったのですが、ここでも信長は大きなミスをしているんです」

「この時の稲葉山城攻略は完璧だったと想いますが……、明石さんは何を指して信長のミスとおっしゃるのでしょうか」

「敵将の斎藤竜興に、まんまと逃げられたでしょう」

「確かに竜興を討ち取ることはできませんでした。しかし竜興には何らの力も残っていませんし、大勢に影響もありません、大きなミスというのは少し……」

「それは小松さん、結果から論じています。竜興と同じ立場から生き返るのが戦国の世なのではありませんか。信長は稲葉山城で絶対に斎藤竜興を討ち取っていなければいけないのです。事実、竜興は天正元（一五七三）年八月まで、ノウノウと生きていました。浅井、朝倉の滅亡があと一年遅れていたら竜興は復活してますよ。とにかく、信長は斎藤家を滅亡させるまで優柔不断と情報の選択を何度も間違えることによって、十七年かかったことは事実です」

「なにか認めたくないなぁ」

「アーそうなの、それでは次に浅井、朝倉に移りますね。元亀元（一五七〇）年六月二十八日『姉川合戦』の二ヵ月前、信長は越前朝倉に攻め入るでしょう」

「待って下さい明石さん、その時の事は私も信長が情報の選択を誤ったと考えています。浅井長政に妹を嫁がせ姻戚関係にあり……、よもや浅井に裏切り挟み討ちに遭うとは想ってもいなかった訳で、まぁ秀吉が殿《しんがり》を務めたので助かったのですが……、あれは例外ともいえる信長なんです。それよりも、僅か二ヵ月後に『姉川合戦』で浅井、朝倉を破る信長の復元力を評価してもらいたいと想います」

「織田宗家に謀叛から始まった一族十人殺し、今川義元裏切り騙し討ち、義父斎藤道三見殺し……、こんな信長が妹を嫁がせたくらいで浅井長政を信じたとは……、己のこととなると、全く何も視えなかったと理解すれば良いんですね」

「しかし、明石さんの信長評価はどうしてそんなに低いのでしょうか……」

「何もないからです。ただ戦国における大大名だったことは認めています。さっきから何度も言っていますが、今日《こんにち》の信長像は講談の世界なんです。『姉川合戦』『長篠合戦』における信長の評価は、まさにそれを如実に物語っています」

「アレ、明石さんはこの合戦も認めないのですか」

「当り前ではありませんか。この二つの合戦が、どうして信長評価となるのか理解に苦しみます」

「いくらなんでも同意できません。この二つの合戦は信長の戦歴の中でも特に輝かしいものです。明石さんの論を是非とも、お聞きしたく想いますね」

第十章

姉川・長篠は織田の戦にあらず

「それでは『姉川合戦』から説明します。元亀元（一五七〇）年頃の信長は、今川義元を討った以後の十年、順調に勢力を増し、尾張五十二万石、美濃五十八万石、伊勢五十七万石、この他にも大和南、和泉、若狭、近江南を領有、その総石高は二百四十万石にも達しています。当時は一万石で兵二百五十人、信長の軍事勢力は兵六万人にもなるのです。従って、総動員すれば、浅井・朝倉との合戦は数時間もあれば終わります。ところが、信長は軍事費を惜しんで、本軍二万三千（阪井政尚兵三千、池田信輝兵三千、木下秀吉兵三千、柴田勝家兵三千、森可成兵三千、佐久間信盛兵三千、信長本隊及び本陣兵五千）、本軍後方の横山城監視に五千（丹羽長秀兵三千、氏家直元兵一千、安藤範俊兵一千）と、軍事勢力の半分以下しか動員しません。そして、この穴埋めに徳川家康へ加勢（本軍兵五千、後方稲葉通朝兵一千）を頼みます。まっ、こんな手抜きでも織田・徳川連合軍は本軍二万八千、後方六千、合わせれば三万四千もの大軍勢です。当然、信長は浅井・朝倉連合軍には楽に勝てると思い込んでいました。信長の見立ては、浅井本軍の最大兵力は一万弱、朝倉支援軍は八千弱です。この時の信長は圧倒的な兵力ゆえに正確な情報を採取せず、浅井が本軍、朝倉は支援軍、だから兵力は浅井が上と単純に考えました。そして、信長はごく当たり前のように徳川家康に浅井勢を押し付けます。ところが当日の朝になって、実は朝倉勢一万五千、浅井勢八千に気が付くんです。すると信長は恥も外聞もなく『我は浅井を討つべし、徳川殿には越前（朝倉）勢へむかひたまへ』と軍令を急遽《きゅうきょ》改めてしまうのです。この結果、徳川勢は大混乱に陥《おちい》り不利な陣立てのまま朝倉勢と合戦に臨まざるを得ませんでした。一方、織田勢は楽な相手のはずの浅井勢に苦戦を強いられ、十三段陣構えの十一段までも崩されるという敗北を重ねてしまいます。家康は信長本陣危うしに気がつくと、朝倉勢と激戦中にも拘らず本多平八郎忠勝《ただかつ》を始めとする旗本を浅井勢側面に突撃させたのです。これが見事に功を奏し信長は浅井勢に勝利できました。さすがに家康も腹が立ったと見え『徳川実紀』の信長はボロクソに書かれています」

「アレ『姉川合戦』は、信長大勝利ではないのですか」

「結果的には大勝利です。ここで家康には信じられないことが起きたのです。信長は敗走する朝倉景紀《かげとし》、浅井長政を追撃しようとしません。二ヵ月前の越前攻めの手痛い敗北と、当日戦った浅井勢の強さに逡巡し、判断を誤ってしまったのです」

「手痛い敗北というのは、金ヶ崎城にいた信長が浅井と朝倉に挟み打ちを画策された一件ですね」

「あの時の信長は、浅井の謀叛に余程驚愕したのか、加勢を頼んだ家康へ何も告げずに一目散に逃げました。それはともかく、『姉川合戦』で浅井・朝倉が敗走した折、信長が追撃していれば、ここで浅井・朝倉を滅ぼせたことは間違いなかったはずです。浅井・朝倉を滅亡させるのに、ここから三年かかりました。信長の合戦は勝ち切らないのが最大の特徴なんです。さっきも言いましたが……、信長は戦術に巧みですが、戦略に疎いのです。その時その時の勝ちで終わらせてしまい、もう一歩踏み込んで勝ち切ってしまうことを知りません。この『姉川合戦』にしても、一度痛い目に遭っているのですから、戦費を惜しまず最初から兵六万動員の総力戦を仕掛け、この合戦で浅井・朝倉の息の根を完全に止めるべきでした。ですから、この時の家康は高く評価できますが、戦場での信長は評価できません。付け加えると、明治期の参謀本部が『日本戦史姉川役』という編纂物を出していますが、そこではこの合戦が、午前五時に始まり午後二時に終わり、戦死者は浅井・朝倉が千七百位、織田・徳川は八百人位と解説しているので、そんなに凄い合戦ではなかったようにも想えます」

「何か私が知っている姉川合戦と少し違うように想えるなあ」

「でもね、この合戦後の信長は見事でした」

「どういうことですか」

「この合戦で得た成果は『浅井・朝倉の小さな敗走と横山城』だけでしたが、信長は各地の大名に織田軍は未曾有《みぞう》の大勝利と宣伝したんです。結果として、北近江は信長の支配下となり、京への道の完全確保に成功しました。今度は逆に小松さんに聞きたいのですが『長篠合戦』を評価する根拠は何なのですか、僕にはさっぱり判りません」

「明石さんが、なぜ『長篠合戦』を評価しないとおっしゃるのか私の方も判りません。三千丁の鉄砲を三段構えに使用し、武田軍の戦死者一万数千、信長の力量を遺憾《いかん》なく発揮した見事な合戦だと想っています。『信長は狙いを定めて目標に弾《たま》を当てるという発想を捨て、単位時間に単位面積にある数の弾を流す、つまり絶えず打ち込むという方法をとった。これは三百年以

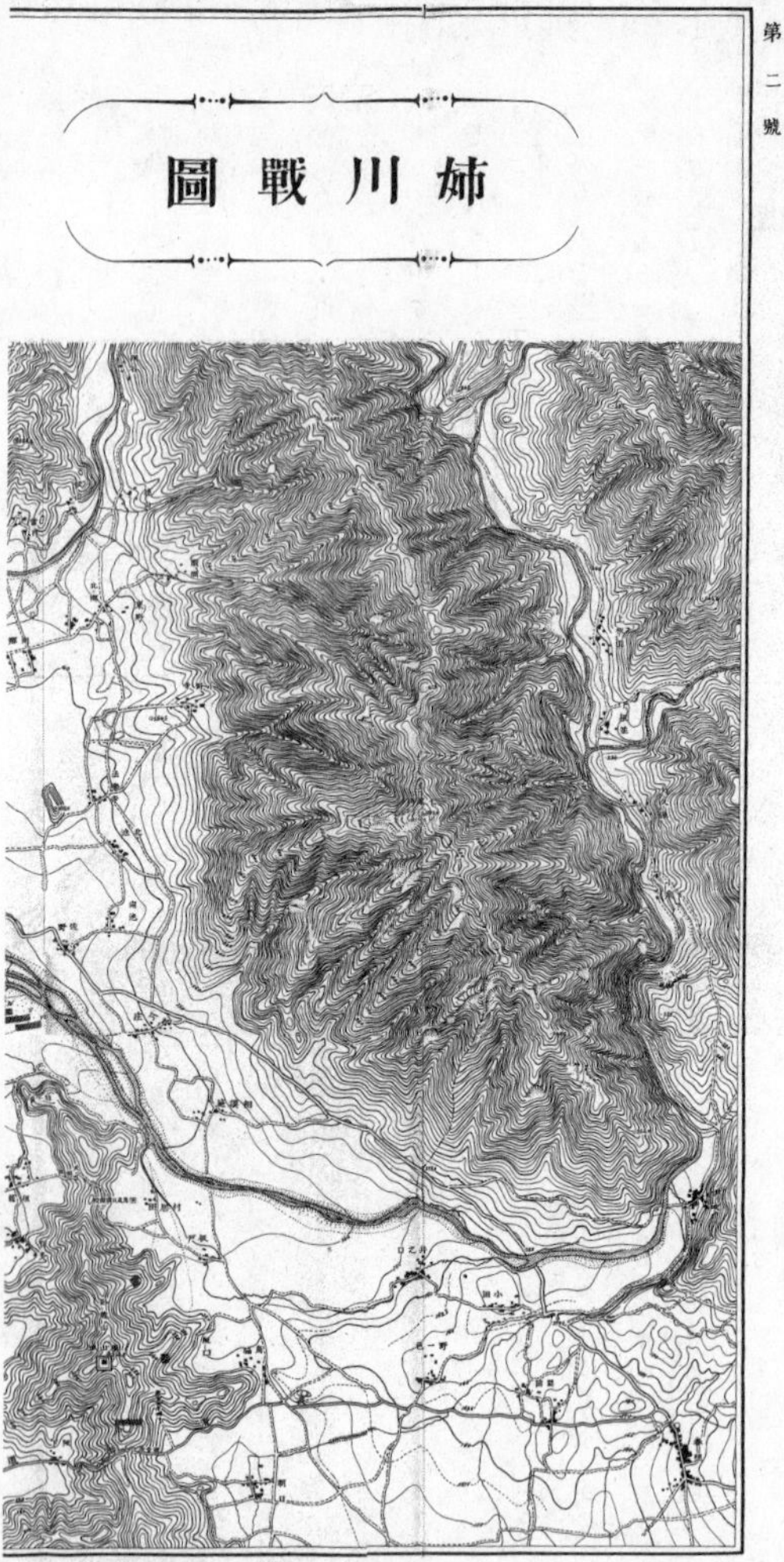

姉川戦図：参謀本部編纂『日本戦史 姉川役附図』（偕行社）

備考

本図ハ元亀元年六月二十八日午前四時ヨリ午後二時頃ニ至ル南北両軍戦闘ノ経過ヲ示ス。

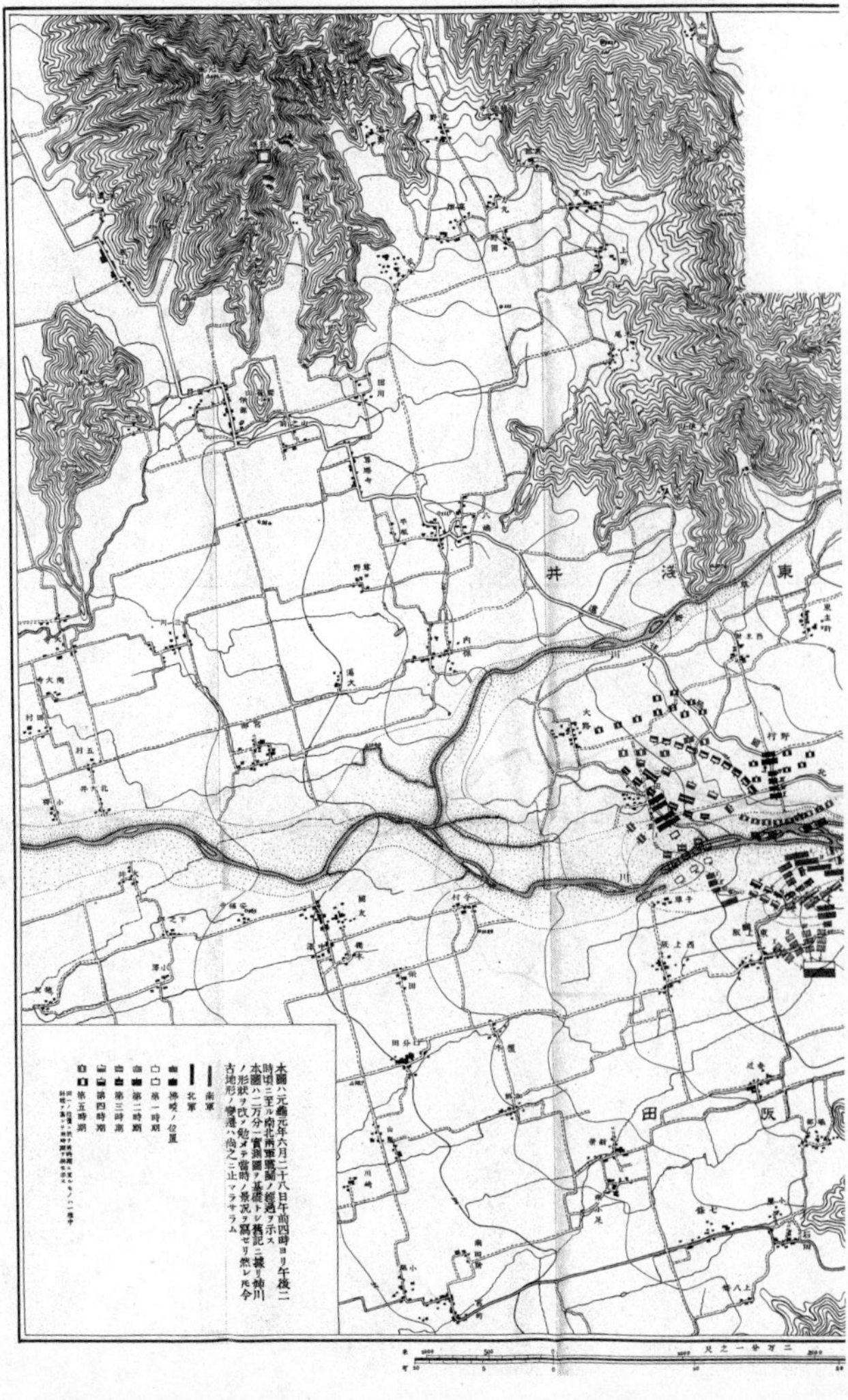

東浅井
阪田
本圖ハ元龜元年六月二十八日午前四時ヨリ午後二時頃ニ至ル南北兩軍戰鬪ノ經過ヲ示ス
本圖ハ二万分一實測圖ヲ基礎トシ舊記ニ據リ姉川ノ形狀ヲ改メ勉メテ當時ノ景況ヲ寫セリ然レドモ今古地形ノ變遷ハ尚之ニ止マラザラム
南軍
北軍
第一時期
第二時期
第三時期
第四時期
第五時期
二万分一之尺

上経った第一次世界大戦末に西部戦線で、ドイツの参謀総長代理と言うべきルーデンドルフが取った方法と同じ思想であった。この大胆な発想転換は天才信長ならではで、私が信長を近代の創始者とするのも、この鉄砲の使い方あってこそである』これは渡部昇一氏の論ですが、私も全く同様に考えています」

「申し訳ないのですが、その渡部さんを知りません。いわんやルーデンドルフが何者なのか聞いたこともありません。ただ言えるのは、渡部さんは鎌倉以来の日本国の合戦を全く知らないということです。まあ一人言ですけどね、『長篠合戦』を『ＥＡＳＴ　ＯＦ　ＥＤＥＮ』で語られてはたまりません。日本武士の弓における戦術は非常に優れているんです。十二世紀から十七世紀の戦闘集団として、世界最強と言える程のものでした。遠矢《とおや》、越矢《こしや》、横矢《よこや》、指矢《さしや》、これらは弓における戦術の幾つかです。最初の遠矢は比較的離れている集団に、およそ四十五度の角度をもって射る弓の代表的な戦術です。これは三百人程の射手が何段にも分かれ次々と一斉に射るのです。平地での戦に多用され、角度をもった矢を横殴りの豪雨のように降らせました。次の越矢は、攻める相手（近距離）が高い塀や石垣の内側にいる場合、要するに視えない敵ということです。殆ど空に向かって射ますが、これは矢を真上から雨あられのように落すためでした。この二つの戦術は敵を面に捉えて攻撃する発想なんです。言葉を換えれば、単位時間で単位面積に定量の矢を降らしました。そして横矢ですが、敵を待ち受ける時に使われる戦術です。敵を線で捉える発想で、文字通り真横から水平に一斉に射ました。繰返して言っておきますが、ここまでの三点は全て集団による連続攻撃なんです。最後に指矢、敵を点として

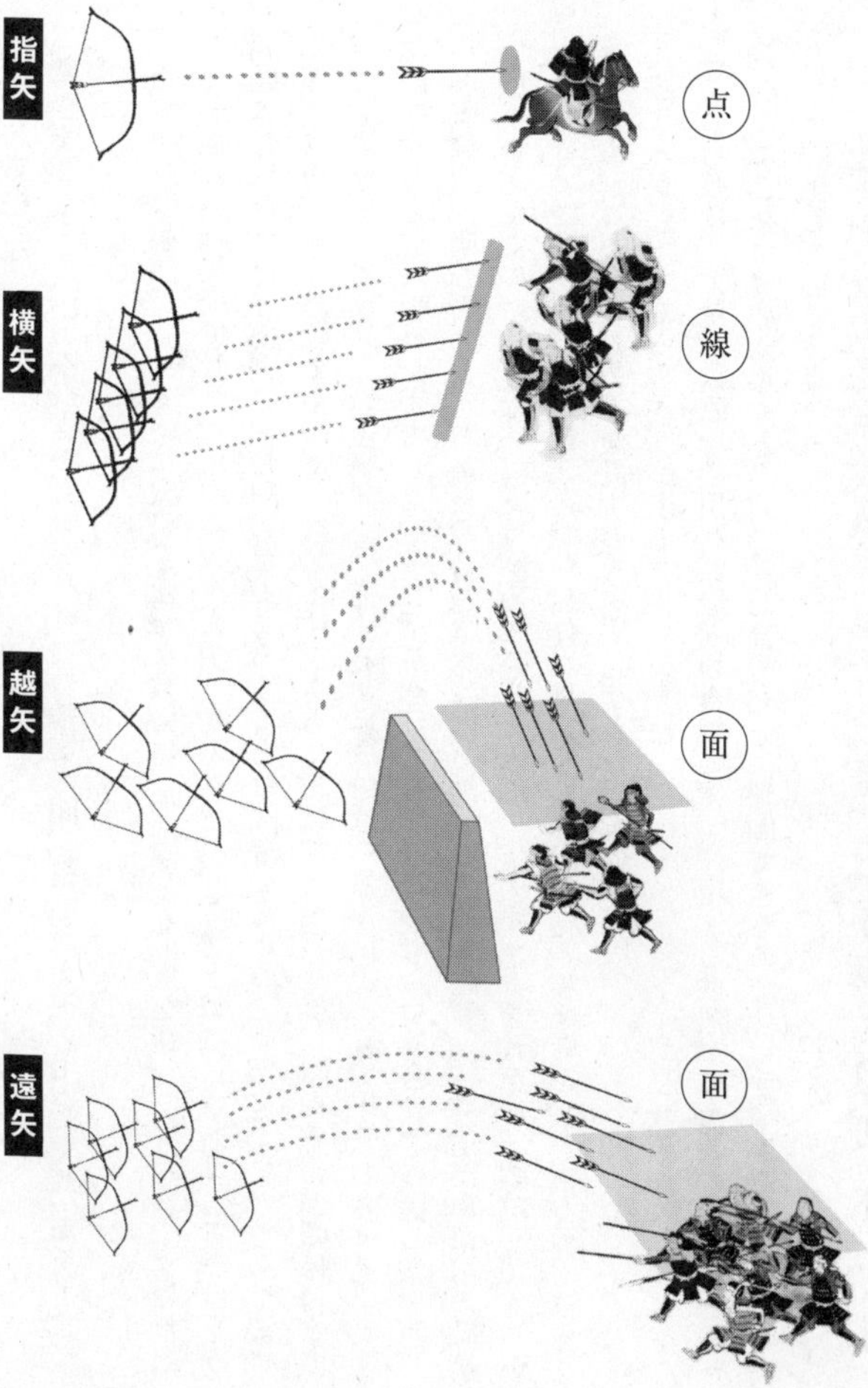

指矢
点
横矢
線
越矢
面
遠矢
面

観察する戦術です。一矢ずつ慎重に……、つまり狙撃手ということです」

「驚きました……、日本武士の合戦が、戦略の基盤に面、線、点を捉えていたとは知りませんでした」

「当時の武家集団が持っていた戦略と複雑な戦術は、完璧な完成度を持っていたんです。無論、世界最強の戦闘集団でした。足利義教が大明、ヨーロッパの軍勢と戦闘に及べば、これはもう問題にならないほど圧倒し、勝利したであろうことは間違いないのです。言うまでもありませんが、秀吉、家康の頃に至っても同じです。さらに付け加えて言えば、特に秀吉の頃は日本武士の武勇も頂点に達し、秀吉来寇《らいこう》を恐怖するマニラでは、日本武士一人で十人のスペイン兵士に匹敵すると恐れられた程でした。少し話が逸れてしまったので『長篠合戦』に戻しますね。弓の戦術を説明しましたから『長篠合戦』における鉄砲の三段構え、一斉発射が単に弓の戦術を振り替えたものにすぎないことは認めてくれたと想っています。それから、誤解してもらいたくないのですが、僕は『長篠合戦』自体を評価しないとは言ってませんし、言うつもりもありません。この合戦の信長を評価しないと言っただけですから」

「どういう意味なのでしょうか……」

「この合戦は、大量の鉄砲を使用した最初の合戦です。使用する武器が革命的に変化しました。余計なことを付け加えなくとも、これだけで充分に評価できるのです。ですから『長篠合戦』自体は評価していますよ」

「信長は評価しないが、『長篠合戦』は評価する。おっしゃる意味が益々判りかねます」

徳川家康像
（日光山輪王寺蔵）

「ごく一般的に語られる『長篠合戦』は、大量の鉄砲使用による信長大勝利という図式でしょう。僕はこれを認めていません」

「そんな馬鹿な、いかに明石さんの論でも誰も賛成しませんよ」

「小松さん、『長篠合戦』は徳川家康の合戦なんです。いつから信長の合戦になってしまったのか、僕の方が小松さんに聞きたいと想っています」

「いったいどこから徳川家康が出てくるんです。確かに家康も参戦していますが、それを指して家康の合戦とおっしゃられては……」

「紛《まぎ》れもなく『長篠合戦』は、徳川家康による合戦なんです。しかも、相手は武田ですよ。信長が主戦で臨む訳はないではありませんか」

「すると明石さんは、徳川主戦、織田加勢の陣立だと……」

「そんなことは少し前までは常識でした。『徳川実紀』他、何点もの文献に徳川主戦、織田加勢は掲載されています。また『長篠合戦』四日後の天正三（一五七五）年五月二十五日、家康は信長に来援を謝していることからも、これは事実なんです」

☆今日《こんにち》の軍《いくさ》は、当家《とうけ》は主戦《しゅせん》、織田《おだ》方《かた》は加勢《かせい》……。　〈徳川実紀〉

☆忠佐《ただすけ》、忠世《ただよ》に謂《いっ》て曰《いわ》く「我《われ》（徳川勢）は主《しゅ》、彼《かれ》（織田勢）は客《きゃく》。彼《かれ》をして先戦《さきたたか》はしむるは、我《わ》が恥《はじ》なり」と。　〈日本外史〉

☆長篠《ながしの》ノ合戦《かっせん》の事《こと》　信長公《のぶながこう》は、佐《さ》久《く》間《ま》右《う》衛《え》門《もん》、毛利《もうり》河内《かわち》両人《りょうにん》に今度《このたび》の加勢《かせい》出《だ》して可《しか》然《るべき》か無用《むよう》にせんか尋《たずね》らる。（中略）右衛門《うえもん》は、甲州勢《こうしゅうぜい》は強《つよ》ければ、見方《みかた》の負《まけ》は疑《うたが》ひなし、然《しか》れども加勢《かせい》に御出可然《おいでしかるべき》と申《もうし》けり。〈東遷基業〉

「しかし合戦自体は、信長が主体に戦ったのではありませんか」

「信長は武田勢によって、自陣の前柵を取られ危なかったのです」

「本当ですか……」

「これは主戦の徳川勢が強く、武田勢が織田勢に殺到したからなんです。まさに織田勢敗走寸前……、徳川勢が柵の外に出、槍を主体にした部隊が武田勢の側面に突撃したのです。これによって信長は助かりました。ここからはもう徳川勢の独擅場で、ついに武田勢は敗走したんです」

「ウーン、信じられないなぁ」

「アレ、まだ信じないの……、この合戦は五十八合に及び武田勢死者一万三千（日本外史・徳川実紀）、徳川、織田勢死者六十人……」

「エッ、六十人……、ですか」

「そうです、徳川、織田の戦死者が六十人だと言うんです。これはどう考えても変でしょう」

「いかにしても数が少なすぎますね。もっと多いと想いますが、大勝利と宣伝したいが為に少なく記録したのでは……」

長篠戦図：参謀本部編纂『日本戦史　長篠役附図』（偕行社）

備考
本図ハ天正三年五月二十一日払暁前ニ於ケル東西両軍ノ位置ヲ示スヲ主ト為ス。其東軍二十日詰旦及西軍同日夜以前ノ位置ハ空画ヲ以テ表ハシ当時両軍ノ姿勢ヲ観ルニ便ス。但二十日陣地移転ノ際両軍各軍隊ノ編組ヲ改メシモ其詳細ハ伝ハラス。古記ノ兵数前後必スシモ一致セサル者アリ。

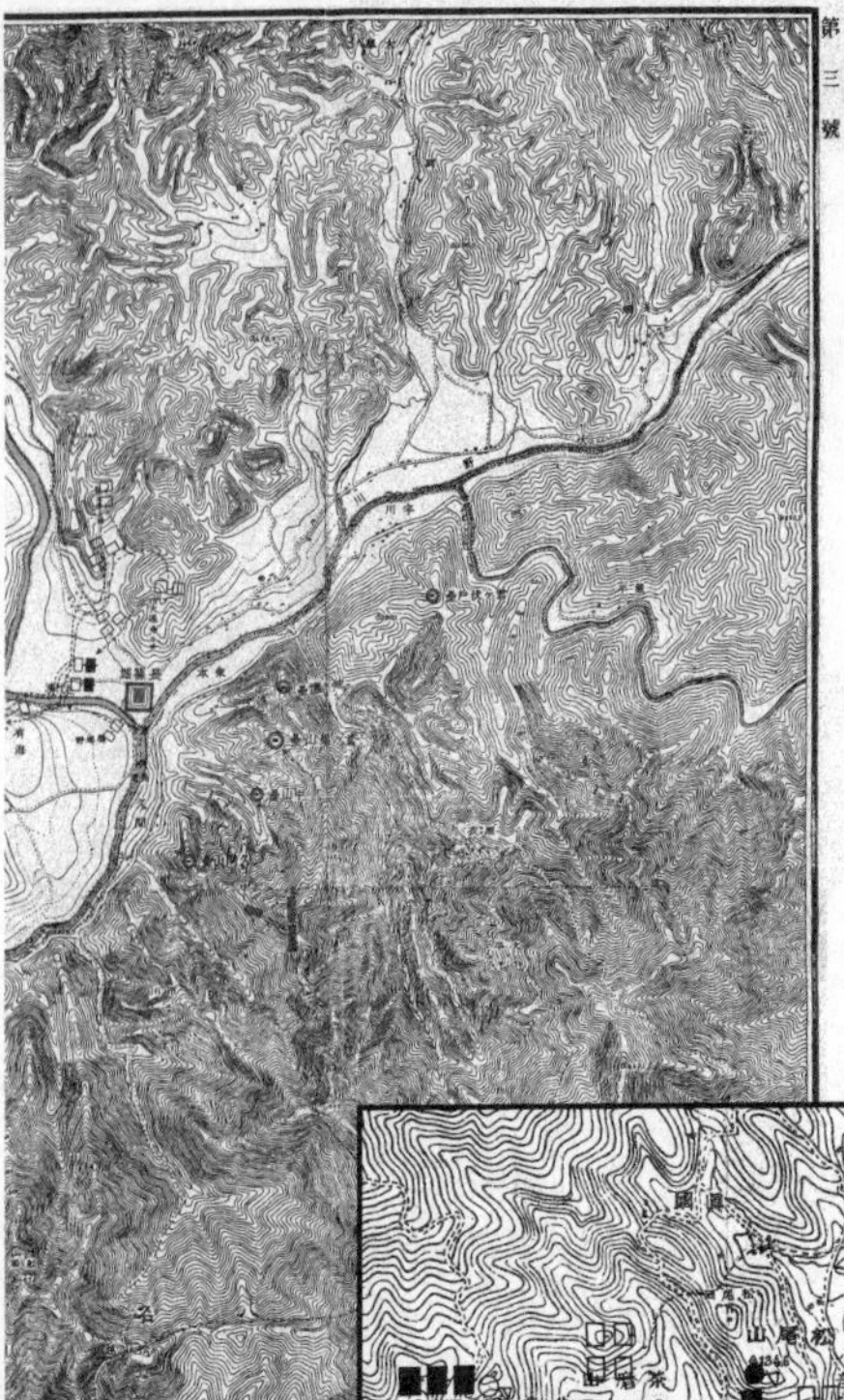

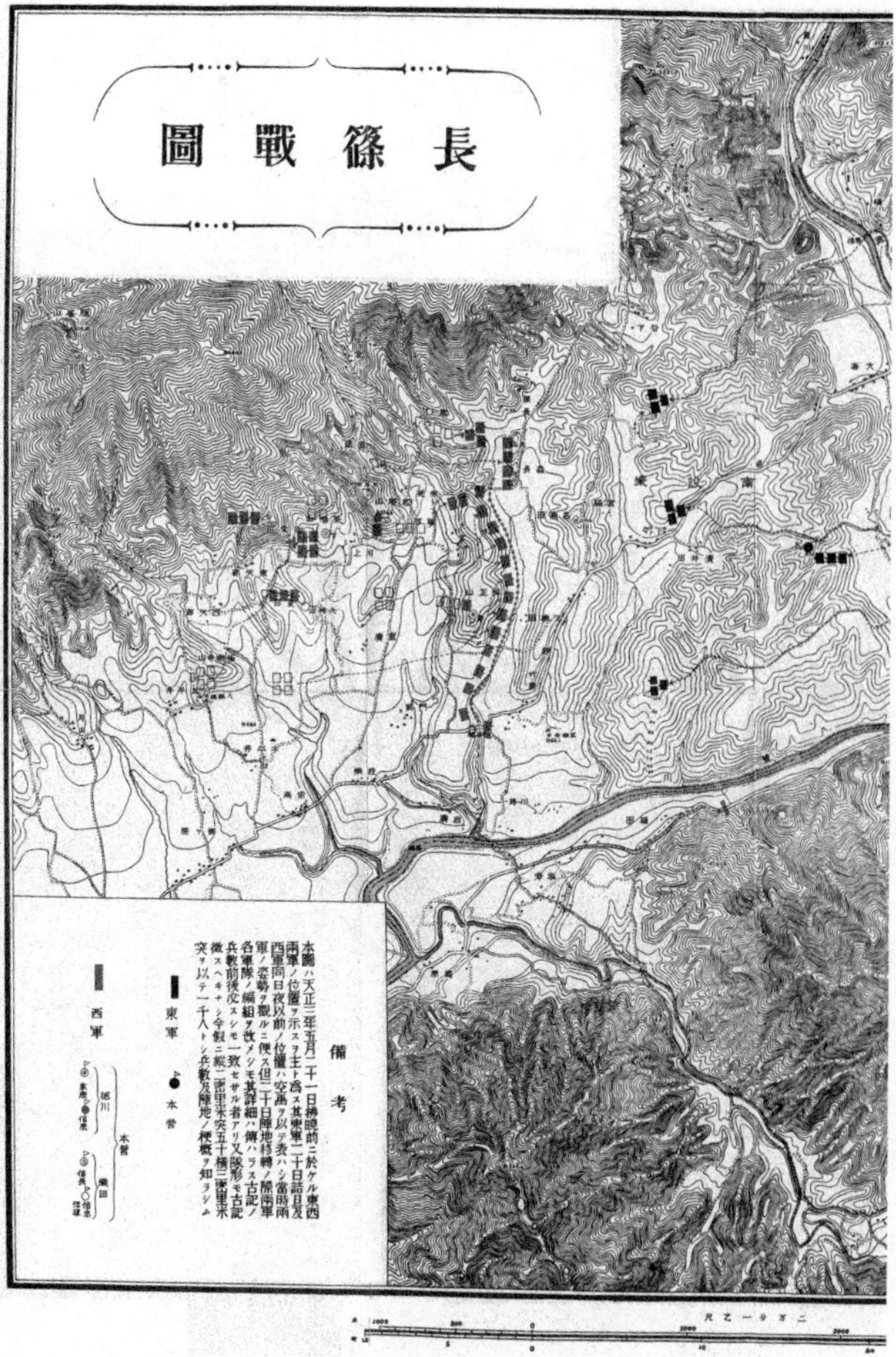

（家康▷◉、信長▷◎の本陣の位置に注意・編集部）

☆この両家《りょうけ》（徳川、織田）に討取首《うちとりくび》一万三千余級《よきゅう》。その中《なか》にも七千は当家《とうけ》（徳川）にて討取《うちと》りしなり。又味方《またみかた》の戦死《せんし》は両家《りょうけ》にて「六十人」には過《す》ぎざりしとぞ。
〈徳川実紀〉


「僕は徳川、織田両軍の戦死者六十名は、かなり正確な数字だと思っています」

「それでは徳川、織田両軍空前の大勝利と……」

「きっと武田の戦死者は多くても二百人くらいなんでしょう。『長篠合戦』の各種文献や史料を読むと鉄砲は今日の伝承ほど効果なかったみたいだしね。日露戦争『二〇三高地』のとき、圧倒的火器を持ったロシア軍に対し日本軍死傷者一万六千、ロシア軍四千と四倍くらいなんです。当時の鉄砲と『二〇三高地』の機関砲ではまるで殺傷能力が違いますから……、まぁ徳川、織田大勝利は間違いないですし、何人武田が戦死したのかはやめましょう」

「しかし明石さん、私が持っていた『長篠合戦』のイメージが……」

「徳川家はね、『姉川合戦』『三方原合戦』『長篠合戦』を東照神君（家康）の三大合戦と認識しているんです」

☆当時天下の形成を考へるに織田殿足利義昭将軍を翊戴《よくたい》し。三好。松永を降参せしめ。佐々木。六角を討ち亡し。足利家恢復の功をなすにいたり。強傲専肆《きょうごうせんし》かぎりなく。跋扈《ばっこ》のふるまひ多きを以て。義昭殆どこれにうみくるしみ。陽には織田殿を任用するといへども。その実は是を傾覆《けいふく》せんとして。ひそかに越前の朝倉。近江の浅井。甲州の武田に含めらるゝ蜜旨あり。これ姉川の戦おこるゆゑんなり。その明証は高野山蓮華定院《れんげじょういん》吉野山勝光院に存する文書に見えき。また其後にいたり甲州の武田。越後の上杉。相模の北条は関東北国割拠中最第一の豪傑なるよし聞て。この三国へ大和淡路守等を密使として。信長誅伐の事をたのまれける。その文書もまた吉野山勝光院に存す。しかれば織田氏を誅伐せんには。当時、徳川家与国の第一にて。織田氏の頼む所は徳川家なり。故に先徳川家を傾けて後尾州へ攻入て織田を亡し。中国へ旗を挙んとて。信玄盟約を背き無名の軍を興し。遠三を侵掠せんとす。是三方原の大戦おこるゆゑんなり。勝頼が時にいたりまた義昭より。北条と謀《はかりごと》を同じくして織田をほろぼすべき事をたのまるる。その使は真木島玄蕃允《まきしまげんばのじょう》なり。此文書又勝光院につたふ。是《これ》勝頼がしば〳〵三遠を襲はんとする所にて。長篠大戦のおこるゆゑんなり。義昭つひに本意を遂ず。後に芸州へ下り毛利をたのまる。これ豊臣氏中国征伐のおこる所也。しかれば姉川。三方原。長篠の三大戦は。当家において尤《もっとも》 険難危急《けんなんききゅう》なりといへども。その実は足利義昭の詐謀《さぼう》におこり。

〈徳川実紀〉

「…………」

「それから、信長は大勝利に終わった『長篠合戦』でも、武田勢にきちんと勝ち切りません。

三方原戦図：参謀本部編纂『日本戦史　三方原役附図』（偕行社）

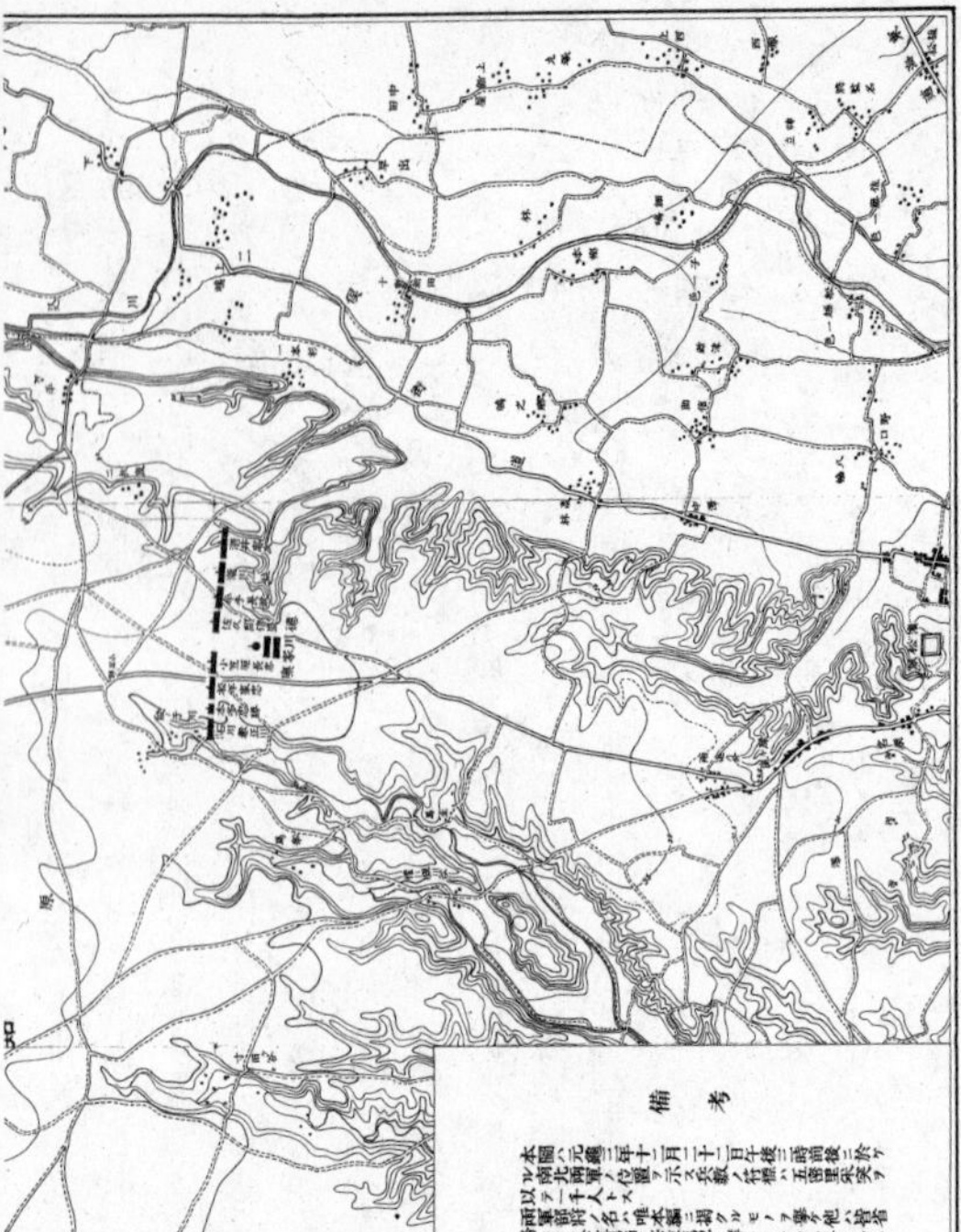

備考
本図ハ元亀三年十二月二十二日午後三時前後ニ於ケル南北両軍ノ位置ヲ示ス。
兵数ノ符標ハ五密里米突ヲ以テ一千人トス。

第二號

この時、家康、秀吉はこのまま甲斐に押し進めば、武田を壊滅できると強く進言したのですが……、信長は例によって、熱田大明神の御加護で勝てたとして首を縦に振りませんでした。結局、絶好の機会を逸してしまったのです。武田を滅ぼすのはこの合戦から七年も先のことです」

☆熱田祠《あつたやしろ》に詣《もう》でて戦勝《せんしょう》を祈《いの》り（中略）徳川公《とくがわこう》、因《よ》りて勢《いきおい》に乗《じょう》じ、遂《つい》に甲斐《かい》に入《い》らんと請《こ》ふ。前田《まえだ》利家《としいえ》、木下秀吉《きのしたひでよし》も亦《また》、以《もっ》て言《げん》を為《なす》。信長《のぶなが》、可《き》かずして曰《いわ》く「我《わ》が兵《へい》疲《つか》れたり。吾《わ》れ且《まさに》力《ちから》を養《やしな》ひて再挙《さいきょ》せん」と。〈日本外史〉

☆信長《のぶなが》に説《と》きて曰《いわ》く、「今《いま》、大勝《たいしょう》の威《い》に乗《じょう》じ、長駆《ちょうく》して北《に》ぐるを追《お》はば、則《すなわち》甲斐、信濃、一挙にして取《と》る可《べ》きなり」と。羽柴秀吉、従ひて軍中に在り。亦之《またこれ》を進《すす》む。信長聴《き》かずして去《さ》る。〈日本外史〉

「ウーン、何か答える術が……」

「小松さんも、信長がいかに優柔不断な武将であったか理解してくれたと確信しています。信長に引替え足利義教は、自ら決断したことに関し、どのように些細なことでも最短の時間で完遂しています。先ほど説明した比叡攻めを始めとする宗教政策がその良い例です。また勢力圏拡大に関しては、『遊覧』という名目で示威行為をたびたび行っています。代表的なのは、永享四（一四三二）年九月十三日の富士遊覧です。これは無論、第四代関東公方の足利持氏に対する示威行為として行われました」

「ホー、富士遊覧ですか……、しかしこれがなぜ関東威圧につながるのでしょうか」

「富士が日の本一の岳《たけ》だからです。義教は富士遊覧にこと寄せて、天下に権力は二つ必要ないと宣言したのです。足利持氏はこの富士遊覧中の義教に恭順の意を示さず、参会しませんでした。義教は直ちに重大な反逆と見做《みな》し、『吾、関東を定め、然《しか》る後之《のちこれ》を剪滅《せんめつ》せん』と宣言するや猛然と攻撃を始めたんです。この永享の大乱に、義教は存分にその軍事的能力を発揮しました。兄の四代将軍足利義持が手を焼いた関東公方持氏は、敗北に敗北を重ね、最後は自殺です。足利義教は無類の上、つまり最高・最強・最大を超える、武家史上類を視ない、真に超世の才とも言うべき人物でした」

「……、そういえば明石さん、『信長公記』に信長の富士遊覧の記録がありますが」

「信長のは厳密にいえば富士遊覧とは言えません。恐らく義教の故事を知っていてそれらしきことを真似したんでしょう。何しろ信長は、茶、相撲、弓、能……、趣味まで義教を真似ていましたからね」

「今まで私が持っていた義教のイメージでは、茶、能は判りますが、相撲、弓となると意外な気がします」

「義教は大変な相撲好きでした。戦国武将は皆相撲を奨励しましたが、元を正せば義教の相撲好きから始まっているんです。それから弓に関しては小笠原政康《まさやす》に射術を習い、短期間のうちに小笠原を越える技を視せたと言われています」

☆今夕室町殿《こんゆうむろまちどの》（義教）渡御管領亭《かんりょうていへとぎょ》。相撲御見物《すもうごけんぶつ》云々《うんぬん》。

〈正長元（一四二八）年六月十九日　満済准后日記〉

☆今日公方様《こんにちくぼうさま》（義教）為相撲御覧細川右京大夫亭《すもうごらんのためほそかわうきょうだゆうてい》へ入御《にゅうぎょ》云々《うんぬん》。

〈正長元年七月四日〉

「…………」

「また信長の公家、寺社、反勢力、地方武士に対する戦術の立て方は、全て義教と同じです。要するに義教の恐怖政治と言われるものを単に置き換えただけなんです」

第十一章

蘭奢待

「……、私も『十七ヶ条異見状』と『弓八幡』の一件、『富士遊覧』及び茶、相撲、弓、能等の趣味、戦術の類似性から信長と義教《よしのり》を結び付けることは理解しましたが、信長が明確に義教を意識したとする出来事は他にないのでしょうか」

「ありますよ。代表的なのは、正倉院の蘭奢待《らんじゃたい》の切取りです」

「しかし蘭奢待は、義政の故事からだと想いますが……」

「確かに信長の前に蘭奢待を切取ったのは義政でした。しかし義政は義教の先例に倣《なら》ったんです」

「義教も蘭奢待を切取っていたのですか……」

「但し、義教は義満の先例に倣いました。あのね小松さん、蘭奢待の切取りは義満、義教、義政、信長、秀吉、家康、そして明治天皇と続いたわけです」

「歴史的にも凄い人物ばかりですね。蘭奢待の切取りは……、真の天下人を自負する人物にとってセレモニー的な要素もあったということですか」

「そういうことです。もっとも、家康が完全に神格化されたことから、代々の徳川将軍はこの天下人固有の伝統行為を誰一人しませんでした」

「しかし、蘭奢待という名前も凄いですね。一体誰が命名したんでしょうか」

「それは判らない。蘭奢待の名称がはっきりするのは室町期からです。元々は東大寺と呼んでいましたが、言葉で聴くと、『東大寺（香木）を炷《た》く』は『東大寺を焼《た》く』、と想わせてしまいます。そこで、東大寺の名を秘して蘭奢待と呼ぶようになったんです」

☆此沉（沉＝ちん＝沈香）の元来ハ聖武天皇の御ちん（沉＝沈香）尓《に》て候、東大寺と可申尓《もうすべきに》て候へとも、多き（炷《た》き）候物尓《に》て候間、不可然《しかるべからず》候とて、東大寺という文字を籠られ候て、蘭奢待と中尓て候。

〈実隆公記正徳二（一四九〇）年二月四日至七日裏・東大寺西室、公恵書状〉

「ですから、誰が『蘭奢待』と名付けたのか、蘭奢待とはどのような意味なのか、このことを知りたいのです」

「誰が名付けたのか、それは今もナゾです。ただ、大唐の頃、顎鬚《あごひげ》の長い僧を尊称して蘭奢といいました。待は台を意味します。そこで、蘭奢待の形を想い出してください。まさしく大きな顎鬚に視えるよね。そして、あの五尺を超える大きさです。大きな顎鬚の形をした黄熟香を、台に載せて飾った。つまり、『蘭奢待』の名称は、ここからと考えています」

＊

☆於彼所宝蔵《かのしょほうぞうにおいて》。霊宝等御拝見《れいほうとうごはいけん》。摂政以下同参《せっしょういかどうさん》。希代物共在之《きたいのものともにこれあり》。（中略）霊宝内御碁《れいほうないおんご》石黒二《いしくろに》、赤一《あかいち》。以上三被召之《いじょうさんこれをめされる》。沈《ちん》（蘭奢待）二切《ふたきれ》ニ寸許歟《すんばかりか》。同被召之了《どうこれをめされおわんぬ》。至徳《しとく》（義満）時《じ》モ如此歟《このごときか》。　〈永享元年九月二十四日　満済准后日記〉

☆慶長六（一六〇一）年六月十一日神君（家康）……本多正純をつかはして南都東大寺の寶蔵を開かしめ黄熟香（俗に蘭奢待といふ）長一寸六分を伐取しめ給ふ勅使として勘修寺右大辯光豊……を向せしめ寶蔵を封し給ふ　〈武徳安民記〉

☆武徳編年集成は、武徳安民記と同文に近いが、蘭奢待截香《せっこう》を慶長六年ではなく慶長七年六月十一日と記述している。また、関芳卿の寛政十一（一七九九）年の「香道秘伝書集註」は、「東照宮（家康）も先例によりて切取り給ふ事、将軍家譜・慶長日記などにみえたり」と話す。ただ、当時家康の截香に異論でもあったのか。関芳卿は敢えて「抄」とし、「信長公以後切取り給ふ事は承らずといへるは誤也」と、家康の截香を事実と断定する。

「あの明石さん、この日本国は香木香道の国ですから、今日でも昔から伝わる香木は数多く存在します。何故歴史上の権力者が蘭奢待に限って截香に執着したのでしょうか」

「それは、いつの時代の最高権力者も、権威の頂点に君臨した歴代天皇と自らを接続したかったからです。そして、この天皇を根源に位置付けたから、この国のあらゆる階層の人たちが伝世や先例を尊びました」

「どういうことですか」

「歴代天皇の誰かが所有した香木を炷《た》いたなら、それは五百年あるいは千年前の天皇と全く同じ体験ができ、その天皇と自分が香りという空間の中で接続されるわけです。聖武天皇が所有したとの史料的確証はありませんが、室町期の公恵書状は『この沉（沈香＝蘭奢待）の元来ハ聖武天皇の御ちん（沈香）にて候』と記していますし、江戸期の『嗣曹雑識』や『香道秘伝書集註』も、『蘭奢待は聖武天皇の御世に異国から伝来して東大寺の宝蔵に収められた』と記しています。また、蘭奢待がいかに特別な香木だったかを、『香道秘伝書集註』は『蘭奢待返し十度迄炷くべき香なり。此字（蘭奢待＝東大寺）が秘事也』とし、この香木を神品に位置付けました。本来香木はいかなる名香であっても、一度熱にかければそれで終わりにも拘らず、蘭奢待は十回も炷くことが出来たと言うんですね。余談ですが、江戸期の戯作者十返舎一九の名は、香木第一位の蘭奢待を捩《もじ》っていて、己は戯作者第一位であり十倍特別だとの意が込められています」

「えっ十返舎一九は蘭奢待の存在を知っていたんですか」

「知っていたから十返舎と名乗ったのでしょう。彼は寛政五（一七九三）年以前は大坂に住んでいて、その頃に志野流香道を学んでいます。当然、志野省巴や建部隆勝が著した『香道秘伝書』を読み、『秘伝十返し』も知っていたはずです。話を戻しますが、最初の所有者は聖武天皇、そして蘭奢待には明らかに室町時代の義満より古い截香の切り口があるので、平安の関白や公家、その後の平清盛や源氏の名高い武将も蘭奢待を截香したかもしれません。また、このような先例に基づき、室町将軍の義満、義政、義教、戦国の信長、秀吉、家康も截香し、最後に截香したのが明治天皇なんです」

※名香目録　蘭奢待　伽羅
　起き帰る免支　志つ可尓し亭　た衣〳〵奈流心ちあ里て　阿無丹む乃か本り次第耳出流也　是春那八ちから能とも也　他盤是丹奈そらふ遍し（ききふるめきしづかにして　たえだえなるここちありて　あむにむのかほり　しだいにいずるなり　これすなわちからのもとなり　ほかはこれになぞらふべし）

☆一年（寛正六年）東山殿召置《ひがしやまどのめしお》かせられ候《そうろう》て已来《このかた》、将軍家《しょうぐんけへ》御望《おのぞみ》の旁《かたがた》数多《あまた》これありといへども、唯《ただ》ならぬ事《こと》に候《そうろう》間《かん》相叶《あいかな》はず。仏天《ぶってん》の加護《かご》ありて、三国《さんごく》隠《かく》れなき御《ご》名物食置《めいぶつめしお》かせられ、本朝《ほんしょう》において御名誉御面目《ごめいよごめんぼく》の次第《しだい》、何事《なにごと》かこれに如《し》かん。
〈信長公記〉

天正二（一五七四）年三月二十八日、信長は多聞城において蘭奢待の切取りをするが、「信長公記」によれば、これを足利義政以来の「御名誉御面目《ごめいよごめんぼく》」とし、何らの滞りもなく円滑に行われたかのように記している。

しかし、「天正二年截香記《せっこうき》」に、これを確認してみると……、天正二年三月二十三日、信長は塙九郎衛門丞《はなわくろうえもんのじょう》と筒井順慶《つついじゅんけい》を使者とし、東大寺へ霊宝蘭奢待を拝見したい旨を書状をもって申し入れた。塙の口上は「信長の多聞城下向は蘭奢待の拝見が理由であり、是を祝着していただけるのなら、寺領以下全てをこれまでどおり保証する」とのものであった。信長の使者は一旦これで帰るが、続いて筒井順慶から、今日中に返事を願いたいと再三の申入れがあり……、寺側は「三ッ倉（南・中・北）の封倉（勅封《ちょくふう》・綱封《こうふう》）はこれまで公方様（足利将軍）春日社参を済ませた後、御開きになっており、臨時の開封は往古より現在にいたるまでございません。しかしながら信長様は内裏の修造、莫大な御料の寄付、朝敵を退治しての上洛、公武の御再興をなされた方ですから御香拝見は論議の余地もございません……」との返事を信長側に提示する。

☆三《み》ツ蔵開封之事者《くらかいふうのことは》、必公方様奈良社参時奉開之《かならずくぼうさまならしゃまいりのときはこれをひらきたてまつる》、臨時之開封自往古于今無之《りんじのかいふうはおうこよりいまにこれなく》。然処《しかるところ》信長之儀《のぶながのぎ》ハ、内裏之御殿令修造《だいりのごてんしゅうぞうせしめ》、剰莫大之御料所奉寄付《じょうばくだいのごりょうしょきふたてまつり》、退朝敵者《ちょうてきはしりぞけ》、上之《かみの》奉成リ入洛《じゅらくな(り)たてまつり》、可謂公武御再興之上《こうぶごさいこうというべきのうえ》ハ、御香拝見不及余儀歟《ごこうはいけんよぎおよばざるか》。

〈天正二年截香記〉

そしてこの返事の最後に「……、しかしながら勅封倉《ちょくふうそう》（蘭奢待は中倉）の開封は、いろいろと先例があり、信長様もそれを順守なされた方が良いかとも……」とつけ加えたのである。要するにこのようなタマムシ色の返事にしておけば信長の開封は結局来春になるであろうから、

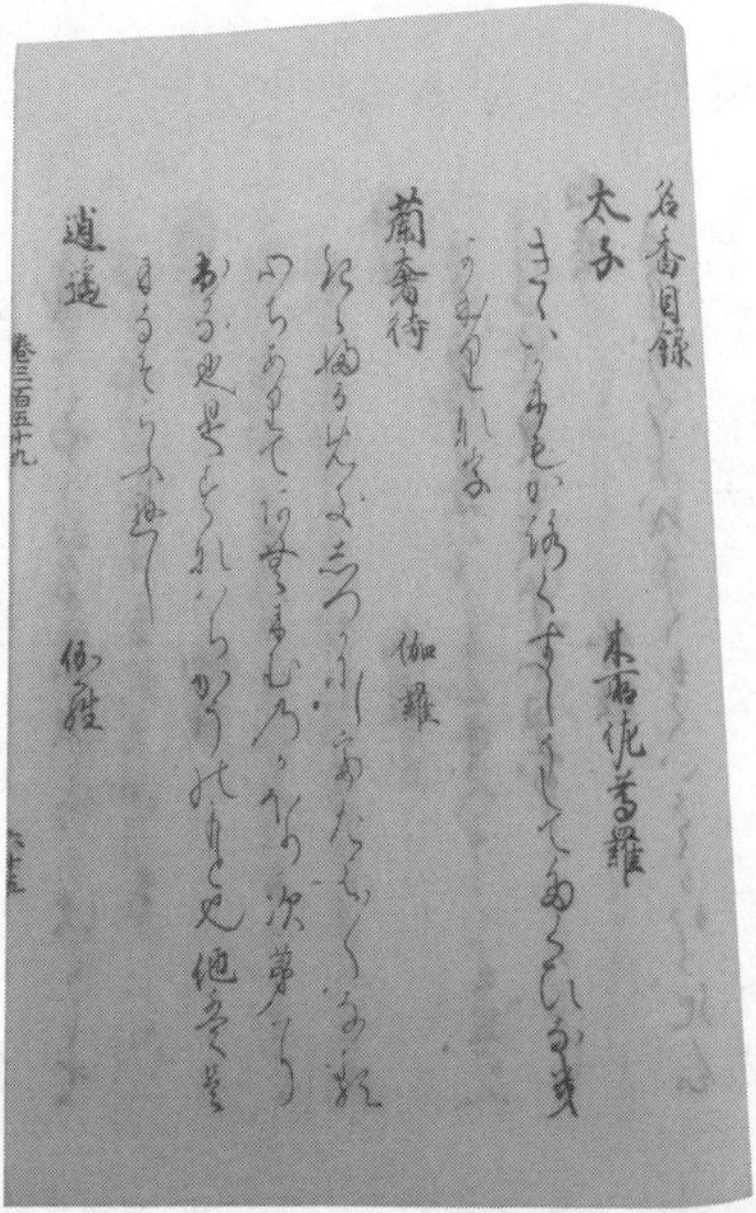

名香目録

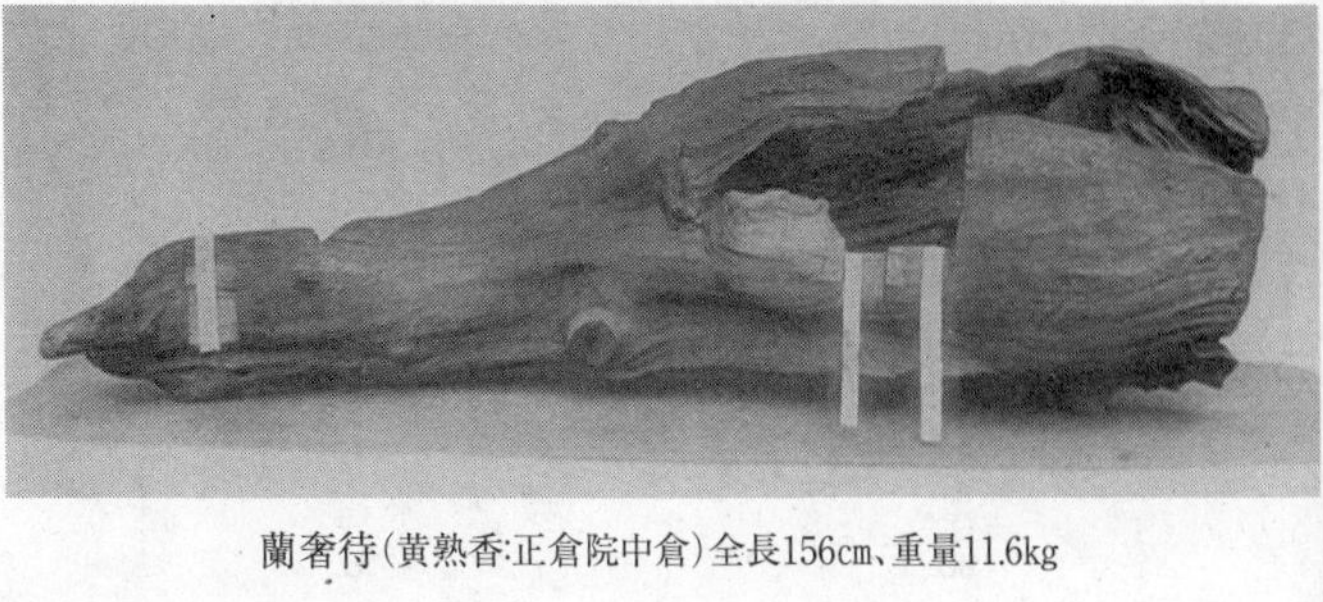
蘭奢待（黄熟香：正倉院中倉）全長156㎝、重量11.6kg

この間に対策を講じれば良いと考えたらしい……。ところが寺側のこんな思惑をよそに、信長は四日後の二十七日に下向する。寺側は、止むを得ず多聞城へ伺候したが、信長は「直接自分が正倉院へ出向くのは外聞も悪かろうから、御香は明日多聞城へ持参せよ。自分は東大寺の寺僧衆（年預、訓莫、執行の三人）の眼前で拝見したい」、と一方的に申し付けてしまう。翌日香櫃《こうびつ》は信長の面前に運ばれるが、香櫃に鍵が掛かっており開けることができない。あまりに急なため鍵が間に合わなかったのか、それとも朝廷が敢えて下されなかったのか……、ここでの信長は何の躊躇《ためら》いもなく東大寺側が腰を抜かさんばかりの行動に出る。何と、聖武天皇旧臓の御物《ぎょぶつ》が収められた香櫃の錠を、鍛冶を呼び壊して開けさせてしまう。そして一切が終わると、信長は平然として鍛冶師へ元通りに香櫃の錠を修理させた。

☆鏁《しょう》カクシノ横木《よこぎ》ヲ打《うち》ハナシ、下《した》ナル鏁《しょう》ヲ鍛冶《かじ》ヲ召《め》シスリキラセテ開《ひら》キ畢《おわる》、軈《やが》テ又《また》
鍛冶番匠《かじばんしょう》ニ如本《もとのごとく》修理《しゅうり》サセ相認《あいみとめ》畢《おわんぬ》。〈天正二年截香記〉

蘭奢待の切取りは、東大寺を大恐慌に陥れ落着するが、これを考慮すれば「信長公記」が記すほど、ことは順調に運んでいない。信長の性急さと強引さは、むしろ焦りさえ感じさせ、蘭奢待切取りに差し迫った理由があったのではないだろうか。

蘭奢待切取りの前年、征夷大将軍足利義昭は反信長色を強め、宇治槇島《まきしま》に挙兵、信長は義昭を破り追放した。信長はここに至り初めて自らの天下人を意識するが、未だ北には上杉謙信、

西にも毛利輝元、吉川元春、小早川隆景……、大坂石山本願寺、伊勢、越前の一向一揆、さらに武田勝頼の存在があった。当時の信長は「正四位下、弾正忠」にすぎず、実際の力はともかく大義名分から視れば、いかにしても天下に「武家の棟梁」を任ずるには不足であった。信長は早急に「武家の棟梁」としての格式を強烈に示す必要に迫られ、この手段として蘭奢待の切取りが選択されるのである。当時、信長の近臣に「香」に造詣の深い人物として建部隆勝《たけべりゅうしょう》がいる。

☆建部隆勝天正年間之人、志野省巴門人、信長公家臣也　〈御家流改正香道秘集〉

建部は「香道秘伝書」を著作し、香道の世界で第一人者として君臨していた。この建部が、足利義満、義教、義政の三将軍以外、正倉院御物蘭奢待を武家は誰も切取っていない事実に着目し、「朝廷は何よりも先例、先規を重んじるゆえ、この拝賜《はいし》を求めれば、これに相応しく義政と同等の官位、官職に信長を任ぜざるを得ないであろう。しかもこの戦術は、信長が朝廷に官位、官職を要求したことにあたらない」と進言したのである。この戦術が結果的に見事に功を奏したことは、拝賜当日の十日前、信長が突如「従三位《じゅさんみ》、参議」に任ぜられたことからも理解されたい。つけ加えれば信長は「蘭奢待拝賜」という、当時の先例、先規を重んじる慣習を逆手に取り、まんまと足利義昭（征夷大将軍）と同等の官位、官職をせしめたのである。なお定説では、この叙位任（従三位、参議）に関し、権大納言叙任（天正三年十一月四日）の時、

突然の特進では先例にない故、この天正二（一五七四）年三月十八日に遡って叙任したとする

が、全く賛成できない。

いずれにしても、信長の蘭奢待截香ほど、信長の精神的な正体を物語る出来事はないと言える。正倉院宝庫は、聖武天皇所縁の宝物を光明皇后が東大寺盧《る》舎《しゃ》那《な》仏《ぶつ》に献納し創建された、勅《ちょく》封《ふう》・綱《こう》封《ふう》の宝物庫である。鎌倉の源頼朝以来、正倉院宝物を自分の所へ持ってくるよう強要し、更に錠を壊して中の宝物を取り出した武将は誰一人としていない。信長は皇祖皇宗の大権（万世一系）に基づく神国思想を、心の底でどう考えていたのか……、この天正二（一五七四）年三月二十八日の蘭奢待截香が全てと想えてならない。

私見だが、建部隆勝が進言した信長の蘭奢待截香画策に対して、当時の正親町《おおぎまち》天皇は強烈な不快感を持ったはずである。信長のやり方は完全に先例不快、つまり天皇軽視そのものだからである。正親町天皇は信長を「従三位、参議」に任じ、更に蘭奢待截香が勅許による開封となるよう調えるが、その不快感は信長が本能寺で討たれるまで、ずっと続いたことは容易に推察できる。

因みに蘭奢待とは、黄熟香《おうじゅくこう》の別名だが、正倉院の目録に記載されるのは建久四（一一九三）年になってからである。一説によると文治元（一一八五）年の大仏開眼会の奉献品ともいわれている。また蘭奢待の名は、東大寺側の文献からは慶長年間に至るまで視られない。ただ、「天正二年截香記」「多聞院日記」に、既に蘭奢待とあることから、天正年間にはこの名称が定着していたらしい。

☆黄熟香　長三尺計　口一尺斗〈建久四（一一九三）年東大寺続要録宝蔵編《ようろくほうぞうへん》〉

☆蘭奢待　長四尺計〈天正二年截香記〉

☆蘭奢待　長さ曲尺《かねじゃく》　五尺二寸五分、本口のふとさ四尺三寸、裏口のふとさ一尺六寸二分、本口より半分過《すぎ》中うとあり

〈慶長十七（一六一二）年東大寺三蔵御宝物御改之帳〉

☆黄熟香　長さ五尺一寸　木口周り三尺九寸　本口指渡し一尺四寸　本口廻り一尺五寸　中廻二尺七寸三分　木口指渡し七寸　小切一　長さ一尺　惣重三貫五百目

〈元禄六（一六九三）年東大寺正倉院開封記〉

☆十種名香　東大寺（蘭奢待）、法隆寺（太子）、逍遥、三芳野、枯木、法華経、紅塵、八橋、中川、盧橘《ろきつ》。〈本朝世事談綺〉

＊

現在の蘭奢待には截香による大きな切り口が数ヵ所あり、その切り口のうち三ヵ所に、それぞれ足利義政拝賜處《はいしのところ》、織田信長拝賜之處、明治十年依勅切之《ちょくによりこれをきる》（明治天皇）と付箋が付けられている。しかし、義政と信長の名が当時に書かれたものなら、源義政、平信長と記すであろうし、また、三つの付箋は書体が非常に似ていることから、明治期に同時に書かれたと想えな

くもない。

「それから信長は、天正六（一五七八）年四月九日、右大臣兼右近衛大将を辞《や》めているでしょう。義教も何故か、あっさりと左大臣と右近衛大将を辞めているんです。次は信長が義教を意識していた決定的な確証です。天正五（一五七七）年七月十二日、信長は近衛前久《さきひさ》の子に加冠し信基《のぶもと》と名付けました」

「信長の一字をつけた訳ですね……」

「そうです。それでは『基』の一字は何によると想いますか」

「いきなりおっしゃられても……、父親前久の前名に『基』の字があったとしか想えませんが」

「前久の前名は前嗣《さきつぐ》、晴嗣《はるつぐ》です。『基』の字はどこにも見当たりません」

「…………」

「嗣の字から判ると想いますが、前久は近衛房嗣《ふさつぐ》直系の子孫なんです。因みに二人とも従一位、太政大臣、関白にまで昇りつめています」

「……、明石さん、そういえば房嗣と義教は確か同時代ではなかったでしょうか」

「小松さん、『基』の字の謎は、実は房嗣と義教を考慮すると簡単に解けるのです」

「…………」

「永享十二（一四四〇）年十月十日、義教は房嗣の子を加冠し教基《のりもと》と名付けているんです。房嗣から前久まで六代、『基』の字は近衛家に一度も使われません。ところが信長加冠のとき、唐突にこの『基』が採用されました。この二つの加冠の儀を考慮すれば、信長が義教によるところの『教基』を故事に引き『信基』と付けたことは明白でしょう」

「ウーン、義教、房嗣のとき『教基』、それからおよそ百四十年後に信長、前久で『信基』、房嗣と前久は直系……、信長が義教を意識したことは間違いないようですね」

「ようやく小松さんも認めてくれたのかな」

「明石さんは義教を『無類の上』とまで称賛しますが、もう少し義教について語ってくれませんか」

「義教の一生を話すと、いくら時間があっても足りません。ですからたった一人で『九州平定』『比叡攻め』『南朝剪滅《せんめつ》』『関東平定』『宗教界制覇』を成し遂げ、僅かに十三年で奥州から琉球まで制圧してしまった未曾有《みぞう》の英雄であったと理解して下さい。それから義教が将軍職に就いたとき、足利家は既に衰退期に入っており、細川、畠山、斯波、山名、一色、赤松これら三管、四職、七頭、八官を任ずる有力守護大名が、幕府を完全に牛耳っていた事実もつけ加えて考慮して下さい。一度下降してしまった家勢を盛り返すことは非常な困難を伴うものです。義教はむしろマイナスから全てを始めました」

「…………」

「義教の類《たぐい》まれな創造力、そしてここから生み出された壮大な戦略、これを支える複雑に絡み合った戦術……、構築力、説得力、溌溂《はつらつ》とした英気、信念に対する即断即決、統率力、エトセトラ、エトセトラ……、枚挙に遑《いとま》もありません」

「…………」

「義教が終生持ち続けた戦略は、真の意味での天下人なんです。義教は、この戦略を達成する為に無数と言ってもよいほどの戦術を駆使しました。ただこれらの戦術は、非常に意図的な共通した基盤の上に構築されていたのです」

「……、『義教の恐怖』ということですか」

「そうです。天魔王とも恐れられた『義教の恐怖』を基盤にしていました。この恐怖は全ての戦術の中に必ず挿入されています。これは言葉を換えて説明すれば、義教の命ずることに問題の大小など存在しないということになるんです」

「なるほど、義教の命令は全てレベルが同じであると認識しなければいけない訳ですね」

「義教は、これを完全にやってのけたのです。ですから極端にいえば、後の戦国武将は皆『義教の恐怖』に憧れました」

「信長は義教のコピー、今はこの意味が判るような気がします」

「信長は義教に憧れたが、何一つとして越えるものはなかった、これは、信長に確固たる戦略を全く見出すことができないからです。戦略なきものに『義教の恐怖』は存在しないのです。従って信長に『信長の恐怖』は成立しません。戦国武将で義教と同様の戦略を持っていたのは、光秀、秀吉、家康の三人だけです。光秀はともかく、秀吉、家康の二人は『義教の恐怖』を明確に理解していました。例えば義教は『奉公衆』『奉行衆』などの番衆組織を戦術として考案しています。簡単に説明すると『奉公衆』は五番衆とも呼ばれ、三管、四職、七頭の有力大名が交代制で、それぞれ六十人程度の武将を義教のために差し出し編成された義教直轄軍です。

『奉公衆』は戦時ともなれば、忽ちのうちに三万の軍勢に膨れ上がる形態を持っていたんです。戦術としての『奉公衆』は、有力守護大名の謀叛を防ぎ、併せて義教自らが最大の軍勢を擁する事に直結しました。この『奉公衆』は後の徳川旗本編成に大きく影響を与えてもいます。また『奉行衆』は守護大名の家督相続を義教親裁とするために設立されたものです。これによって、義教は有力守護大名の家督相続を干渉し、勢力の弱体化に成功しました」

「ホー、徳川幕府のやり口と全く同じですね」

「義教は『天下また畏《おそ》るるに足る者なし』と豪語しましたが、まさに『無類の上』ともいうべき武将だと……、僕は確信しています」

第十二章

合戦本能寺

「話を信長に戻しますが……。信長の優柔不断な性格と、これが原因する常に勝ちきらない合戦の数々、ところが天正十年の本能寺まで光秀、秀吉、家康の三人は誰も信長を裏切りません。特に秀吉、家康は『姉川合戦』『長篠合戦』における戦《いくさ》振りから、信長の力量を完全に読みきっていたにも拘らずです」

「今まで私が持っていた信長像と、明石さんの信長論が余りにかけ離れているので答える術が……」

「小松さん、光秀、秀吉、家康は、共通のある意図的な意志を持って信長の家臣を続けていました。この三人は取り敢えず、敢えて取り敢えずと言っておきますが、信長の正体を承知の上で育てていたのです」

「しかし、この三人は信長の家臣であったからこそ大きくなったと想います。三人が信長を育てた、これは承知できません。私は信長が三人を大きく育てたと考えます。事実、信長はこの三人の潜在的力量を正しく視抜き、適事に応分の報酬を与え続けました。そうした洞察力を本当に凄いと最大級に評価しています」

「……、それこそ本末転倒の議論になるんです。戦国武将としての力量はいずれも信長より上です。この三人がどのような境遇から伸し上がったのか、想い起こせば簡単に理解できるはずです」

「武将としての力量はいずれも信長より上……、秀吉、家康はともかく、信長が光秀以下とは到底想えません」

「三人とも信長を優柔不断なチマチマした武将と認識していたことは間違いないことです。それから信長を承知で育てていた、こう言ったのは、何《いず》れ三人とも謀叛を起こすつもりだったからです。次に信長を光秀以下といったのは当然ですよ。光秀はもうこれ以上ないほど鮮やかに信長を討ち取ったではありませんか」

「本能寺の変は、光秀の衝動的な行動から起きたもので、一種の暗殺です。あれを指して光秀を信長より評価するのはどうかと想います」

「本能寺の光秀を何故に評価しないのです。本能寺における光秀の才を認めないのであれば、そこに到るまでの信長の戦《いくさ》振りのどこを評価するんです。織田宗家乗っ取り、今川、斎藤、浅井、朝倉、武田……、このうち本能寺に匹敵する見事な合戦は……、今川義元を裏切り騙し討ちで勝利した『桶狭間合戦』しかありません。但し、この唯一勝利の桶狭間にしても、当時の戦国武将としての二人のボリュームを考慮すれば、単なるローカル合戦の類です。だから、本能寺以後の歴史書は、この合戦のことを全く無視しています。要するに、信長の『桶狭間合戦』研究なんていうのは、昭和三十年、三十四年に東映時代劇のスーパースター中村錦之助が織田信長を演じ、この映画が大ヒットした以降のことなんですよ」

「……確かに、信長の桶狭間研究が大きく取り上げられるのは昭和三十年以後ですが……」

「あのね小松さん、桶狭間のことは、当時の戦国武将にとって、ごく日常的でローカルな争いごとの位置付けであったし、今川方に参戦していた家康にしても、まるで桶狭間のことなど無かったかのような扱いで、『東照宮御実紀』にも僅かな記載しかありません。小松さんだって御実紀の記述は良くはご存じでしょう」

☆……その身（今川義元）は桶狭間に着陣し。陣中酒宴を催し勝誇りたる。その夜信長暴雨に乗じ。急に今川が陣を襲ひけるにぞ。義元あえなくうたれしかば。今川方大に狼狽し前後に度を失ひ逃かへる。君（徳川家康）はいささかもあはて給はず。

〈東照宮御実紀〉

「それはそうですが……、ところで明石さんは、本能寺の変を合戦と解釈しているのですか」
「無論です。『本能寺合戦』を戦国三大合戦の一つと認識しています。言うまでもありませんが、後の二つは『山崎合戦』と『関ヶ原合戦』です。光秀はこの『本能寺合戦』で信長を討ち取っただけではなく、織田嫡統信忠の軍勢二千をも妙覚寺、二条御所の戦で打ち破り、嫡統信忠を自害に追い込んで、織田宗家を事実上、滅亡させせました。本来、これほど完璧な勝ち戦ですから、最大級の評価を与えて然るべきなんです。やれ堺に滞在していた家康をみすみすとり逃がした、また織田信孝と丹羽長秀が天候悪化から四国に渡海できず摂津、住吉港に留まっていた重要情報を取れなかった、更に細川幽斎父子、筒井順慶を取り込めなかった……、こんなのは全て結果論なのです。光秀は本能寺で信長を討ち取り、嫡統信忠を討ち取って、自らの天下を高らかに宣言したとしても、各地の有力武将、例えば北の上杉、関東の北条、東の毛利、四国の長宗我部と交渉可能であり、また、織田方の有力武将が直ちに纏まり自分に敵対することはないと考えていました。光秀の天下人へ向けての戦術展開は完璧でした。ただ、豊臣秀吉が明智光秀の想像を遥かに越えた度胆を抜く武将だったただけの話なんです」

「明石さんは、明智光秀が最初から天下人という戦略的帰結を持っていたと……」

「そう考えない人の方が不思議です。ですから先程、光秀、秀吉、家康は、承知の上で信長を育てていたと言ったのです。光秀が信長を討たなければ、秀吉は間違いなく信長を殺しています。この二人が何らかの形で倒れていれば、家康は時機を窺って、必ず信長に合戦を仕懸けます」

「信じられませんが……」

「それでは光秀の戦略的帰結が天下人であり、それを支える高度な戦術的な展開を所有していなかったと説明できますか。僕は信長を天下人とは想っていません。でも、信長を倒した光秀は短い期間ですが天下人だったと想います。光秀が天下殿になったと記す江戸文献もありますが、これは光秀が天下殿信長を討ち取ったから天下殿になったという意味ではなく、信長を討ち取ったから天下殿が誕生したと理解すべきなのです」

☆此前日四日（天正十年六月）午《うま》の剋《こく》、禁裏《きんり》勅使《ちょくし》として久我宰相吉道卿、難波中納

明智光秀像
（本徳寺蔵）

言宗豊卿、土御門少将通重卿、光秀が館に入御《じゅぎょ》ましまし、此度光秀地子銭免許せしむる條叡感《じょうえいかん》なし下され、依《よっ》て将軍宣下《せんげ》有べき旨、勅定《ちょくじょう》の趣《おもむき》述《のべ》給《たま》へば、光秀謹《つつし》んで忝《かたじけな》きよし拝受なし奉り、勅使帰還の後、直《ただち》に参内《さんだい》して恩を謝す。

〈繪本太閤記〉

「光秀の天下人への戦略は見事に成った……、しかしそこから先の戦略を持ち得ず、従ってその第一番目の戦術とも言うべき秀吉の評価を取り違えたと」

「そうです」

「……、どうしても光秀に天下人戦略があったとは想えません。明石さんに明確な根拠を聞きたいですね」

「信長の膨張は永禄十一（一五六八）年の義昭対面から始まりました。この義昭を信長に介したのは誰ですか」

「それは……光秀です」

「光秀と義昭、この二人が信長を天下にデビューさせた、これは小松さんも異論がないでしょう」

「まぁ、そうですね」

「光秀の当時の戦略的帰結は、義昭を将軍にすることです。この戦略に基づき、戦術展開の一つとして信長を釣上げました。光秀から視る信長は、戦術として使うには格好の人物だったからです。その後、信長と義昭の仲が険悪になると、光秀は迷うことなく信長を選び、義昭を捨てました。これは何故だと想いますか」

「……、信長の力が強大になり、義昭を遥かに上回ってしまうからです」

「それだけでは説明が足りません。光秀が信長を選んだ最大の理由は……、信長が天下人へ向けての戦略的な構想を全く持っていなかったからです。光秀は、これに気がつくと己の戦略的帰結を、信長の家臣としてのトップ大名から、己自身が足利義昭の次の天下人へと振り替えたのです。だからこそ義昭を捨て信長を選びました。信長が天下人を強く意識するのは、天正二（一五七四）年三月二十八日の蘭奢待《らんじゃたい》の切取りからなんです。前年に義昭追放、続いて浅井、朝倉を滅ぼすことに成功し、初めて天下に向かって自信がついたのです。しかし信長には、天下人へ向けての戦術展開を連続させる頭脳はありませんでした。そして信長の少しも気がつかないところで、光秀は着実に天下人への道を登り始めていたのです」

「しかし明石さん、信長は永禄年間既に『天下布武』印を使用しているではありませんか。この事実を、どう説明するんです」

「小松さん、あの印は永禄十（一五六七）年十一月まで遡ることができるんです。その頃の信長は六年間も対立を続けていた美濃稲葉山城（斎藤竜興《たつおき》）を攻め陥し、これだけで有頂天になっていた田舎大名です。信長より強大な大名は、武田、上杉、北条、三好、浅井、朝倉、毛利、挙げてみればきりがありません。京都では、信長の全く知らぬところで足利義輝（十三代将軍）が倒れ、十四代将軍をめぐって魑魅魍魎《ちみもうりょう》の政治戦略が繰り広げられている真っ最中です。

当時の信長は、足利義昭と面識もなければ相手にもされません。『天下布武』印は足利義昭が信長の尽力によって十五代将軍の座に就く一年も前、既に使用されているんです。この印が永禄十年十一月の文書に押されている事実は、『天下布武』の意が『天下を武を以て下知する』などという大層な意味は持っていなかった。つまり、天下人という戦略的帰結を、当時の信長は考えてもいなかった、この充分な憑拠となるのです。……、『天下布武』印は美濃斎藤家に戦勝したことから作られたと確信しています。当時の信長を考慮すれば今川、斎藤を破ったことだけでも充分に天下と言えるものだったからです。それに小松さん、このテーマは以前にも説明しましたよ」

「えっそうでしたっけ……、そういえば織田宗家の五葉木瓜紋の話の際に、確か、五葉木瓜紋の本当の意味を天下布武印という形で表現したと……」

〈前述〉

明石「信長の印判の文言は天下布武、真桑瓜そのものじゃないか。五葉木瓜紋には明確なメッセージが込められている。マクワウリの漢名は甜瓜（てんか）という。五葉木瓜紋とは天下紋という意味だ。織田信長が美濃を平定し稲葉城に入城したのは永禄十（一五六七）年八月十五日。天下布武印を印判状に使用するのは、この三ヵ月後の十一月が最初だ。信長は敏定以来の想いを遂げたことから、ここで初めて五葉木瓜紋の意味を天下布武印という形で表現した」

小松「信長は五葉木瓜紋と天下布武印の結びつきを秘密にしたと……」

織田信長の「天下布武」の印(1)
永禄十一年「成就院文書」

織田信長の「天下布武」の印(2)
永禄十三年「曇華院文書」

織田信長の「天下布武」の印(3)
天正七年「大雲院文書」

『印章　日本歴史叢書13』荻野三七彦著／日本歴史学会編（吉川弘文館）より

※天下布武印の押印の最初が永禄十（一五六七）年十一月としたのは、荻野三七彦氏である。荻野氏はこれを「永禄十年十一月に信長は美濃国内の高木貞久には所領の安堵（高木文書）を、兼松又四郎には所領宛行（兼松文書）をしたが、その際に発した信長印判状こそこれ以後に続いた多くの印判状の初見であった。……『信長』の実名の上に、楕円五・四センチ×四・七センチ、印文『天下布武』印を朱印として押している」と記している。尚、高木文書とは、岐阜高木家所蔵「高木家文書」、兼松文書は名古屋市兼松亀吉郎蔵本の写本のことであろう。

＊

信長の「天下布武」印は、年代を追って三種類確認されている。第一期印の最初は永禄十年十一月に既に視ることができ、永禄十三（一五七〇）年三月まで使用されている。第二期は重郭印で、第一期印の楕円形の外側を馬蹄形に囲ったものである。この第二期印がいつまで使用されたのか不明であるが、第三期印の降双竜印が天正五（一五七七）年閏《うるう》七月二十三日の書状に認められるので、第二期印は永禄十三年四月から天正五年閏七月までの間使用されていたのであろう。ただ第二期印と第三期印は、併行して使用されていた可能性も皆無とはいえない。また信長嫡統の信忠の印文は不明だが、次子信雄《のぶかつ》、三子信孝の印文は知られている。二人とも信長の第二期印と同じ印形を用い、印文は信雄「威加海内」、信孝「弌剣平天下」……。

☆武田信玄　　竜印（印文無）、晴信（信玄名を刻した印文はないようである）
☆上杉謙信　　立願・勝軍地蔵・摩利支天・飯縄明神、摩利支天・月天子・勝軍地蔵
☆徳川家康　　福徳、無悔無損
☆豊臣秀吉　　糸印（判読不明）、関白・寿比南山・福如東海、豊臣金印
☆豊臣秀頼　　千財
☆伊達政宗　　桐・威伝

＊

「光秀に話を戻しますね。光秀は己の戦略達成のため、信長を懸命に育てました。そして、いつ刈り取ろうかと常に考えていたのです」

「……、その刈り取りが本能寺だったと」

「光秀は本能寺を、これ以上あり得ない絶妙の機会で捉え、ものの見事に信長を刈り取りました。流浪の身から、僅かに十数年で天下殿になったのです」

「そうかなぁ、本能寺が練りに練られた戦術戦略から実行されたとは想えないなぁ」

「それは大いなる誤解です。『本能寺合戦』は信長の勢力圏のど真中で行われました。この合戦時、信長麾下《きか》の有力武将は誰もいないのです。秀吉は中国攻め、柴田勝家、佐々成政は上杉

景勝と対峙、丹羽長秀は四国攻め、滝川一益は関東北条、徳川家康は無防備で堺滞在……、このときの京都はまさに真空地帯でした。しかも光秀は信長だけ倒しても天下人にはなれない。織田嫡統の信忠を一緒に葬ることが必須の条件、こう考えていたのです。天正十（一五八二）年五月十五日、ついに光秀にとって戦略達成の絶好の機会を教える情報が飛び込んできます」

「五月十五日の情報、何かあったのでしょうか」

「そうです。光秀に信長父子を刈りとる決意と間髪容《い》れずの実行を促す情報が齎《もたら》されました」

「エー、そんなことがあったのですか」

「その情報を齎したのは、京都吉田神社神主の吉田兼和です。信長はこの兼和を非常に重用していますが、実は兼和と光秀は姻戚関係にあったのです。ですから信長に関する情報は兼和によって光秀に筒抜けでした。因みに言えば、兼和の妻は細川忠興の妹、忠興の妻は光秀の娘という関係です」

「兼和は、どんな情報を齎したのです」

「信長が、秀吉の毛利攻めの陣まで出向くことになり、しかも織田嫡統信忠が中国、四国攻めの総大将として数千程度の軍勢で同行するとの情報でした」

☆備中《びっちゅう》表《おもて》様子《ようす》毛利《もうり》一家《いっか》大軍《たいぐん》を卒《そっ》し後詰《うしろづめ》に罷出《まかりいで》候《そうろう》と筑前守所《ちくぜんのかみところ》より飛脚到来《ひきゃくとうらい》の事《こと》。

☆信長公御《のぶながこうご》分別《ふんべつ》には輝元《てるもと》幸《さいわい》の取《とり》ぇ出来《でき》候《そうろう》上《うえ》ハ此次《このつい》てを以《もって》可被討果《うちはたせられるべく》と被思召《おぼしめしられ》

纔《わずかに》御《お》馬廻《うままわり》百六十七騎の為躰《ていなす》にて御父子《おんふし》御上洛被成候《ごじょうらくなされそうろう》信長公《のぶながこう》ハ本能寺《ほんのうじ》御宿也《おんやどなり》城《じょ》之介殿《うのすけどの》（信忠）は二条《にじょう》の御所《ごしょ》ぇ御入被成候《おはいりなられそうろう》事《とのこと》。〈川角太閤記《かわすみたいこうき》〉

「アレ明石さん、これは秀吉が中国攻めに苦戦しているとし、信長に出陣を願ったことを伝える『川角太閤記』の文ではありませんか」

「そうですよ、これを兼和は光秀に伝えました。この情報こそ『本能寺合戦』を決行させる最大原因となったのです。光秀はね……、この情報を得るや秀吉謀叛を敏感に感じ取ったんです。信長親子が秀吉のところへノコノコ出向けば、必ずや秀吉はこの二人を殺すとね」

「えぇー、そんな馬鹿な」

「どうしてですか、秀吉の中国攻めは実際は楽な戦でしょう。三木城の干殺《ひごろ》し、鳥取城の渇殺《かつえ》し、高松城の水攻め……、一兵たりとも消耗していません。ところが秀吉は苦戦しているとし、信長の出馬を懇願したではありませんか、あれはいったい何故なんです。これを今日では、信長を恐れる秀吉のいわばゴマスリと解釈していますが、全く的外れな理由付けなんです」

「秀吉は信長を殺す目的で出馬を願ったと……」

「そうです……、この秀吉謀叛を予言していたのが、安国寺恵瓊《えけい》の、信長は『高ころびにあをのけにころはれ候するとみえ申候、藤吉郎さりとてハの者ニて候』なんです」

*

天正元（一五七三）年十一月九日、毛利輝元は足利義昭の依頼を受け、信長、義昭の調停に立つが、輝元は使者に安国寺の住僧恵瓊を立てている。因みに信長の使者は秀吉であった。恵瓊、秀吉の奔走によりこの調停は成功し、信長、義昭の仲は修復する。恵瓊はこの奔走中に信長、秀吉の印象を「信長之代《のだい》、五年、三年者可被持候《はもたせられるべくそうろう》、明年辺者公家《みょうねんあたりはくげ》などに可被成候《なられるべくそうろう》かと見及申候《みおよびもうしそうろう》、左《さ》候《そうろう》て後《のち》、高《たか》ころびにあをのけにころはれ候《そうろう》するとみえ申候《もうしそうろう》、藤吉郎さりとてハの者ニて候《そうろう》」と記しているが、おそるべき慧眼《けいがん》の持ち主であったと言えよう。後に（天正十年五月）秀吉は備中高松城を水攻めという奇策をもって攻めるが、六月二日本能寺の変。秀吉は信長の死を伏せ、わずか二日後の四日には毛利輝元と講和を結び、『山崎合戦』に向けて大返しをする。この講和に最大の労をとったのが秀吉と旧知の恵瓊であった。恵瓊が旧知の秀吉と一計を謀《はか》り、講和を速《すみ》やかに終結させたことは容易に想像できるが、なぜか「川角太閤記」では、この二人は全く面識がなかったと記されている。

☆安国寺《あんこくじ》は下地《したぢ》上方《かみがた》ものにて東福寺《とうふくじ》にて学《がく》もん仕候得共《つかまつりそうらえども》筑前殿《ちくぜんどの》（秀吉）を見知不《みしらずと》申候《もうしそうろう》（中略）我《われ》ハ羽柴筑前守《はしばちくぜんのかみ》にて候《そうろう》とたからかに御名乗被成候《おなのりなられそうろう》。〈川角太閤記〉

この講和以来、秀吉、恵瓊の親交は急速に表面化し、遂に恵瓊は一介の僧侶から伊予六万石の大名にまで出世する。しかし、その後は関ヶ原に敗れ、慶長五（一六〇〇）年十月一日、石田三成、小西行長等と共に斬刑された。

＊

「…………」

「当時、信長の勢力は甲斐、信濃、越中、大和、備前、美作《みまさか》、因幡に及んでおり、光秀が刈りとるには手頃な大きさなんです。これが少しでも時期が遅れると、秀吉の中国（毛利、吉川、小早川）攻め、織田信孝、丹羽長秀の四国（長宗我部）攻めが成功するであろうし、さすれば九州平定はごく簡単、後は北条、上杉ですから瞬《また》くうちに信長が天下を取ってしまいます。こうなってしまうと光秀はどうすることもできません。話が秀吉に及ぶと際限がないので詳しくは触れませんが、秀吉も光秀と全く同じことを考えていたんです」

「つまり、光秀による本能寺の謀叛がなければ、秀吉が中国攻めのさ中に謀叛を起こしたと……」

「そういうことです」

「光秀はともかく、秀吉が信長に対して謀叛を画策していたとは、どうしても想えないのですが」

「どうして。戦国武将の裏切りや謀叛は日常茶飯の出来事です。事実、二人の主君の信長がやった義昭追放、あれは十五代将軍に対する完全な謀叛です」

「えっ、あの追放は信長の謀叛なんですか」

「そう想うけど。義昭は正式な十五代将軍なのですから、追放にかこつけた立派な謀叛です。話が逸れたので戻しますね。あのね小松さん、秀吉に『本能寺合戦』を知らせたのは誰なんでしょう。また、あれほど長引いていた毛利との戦が、たった二日で解決してしまう不思議、永遠の謎です」

「明石さんの推理はどうなんです」

「秀吉に『本能寺合戦』を知らせたのは光秀ですよ。それから秀吉は、安国寺恵瓊、小早川隆景と話ができていたんです。この二人は秀吉が信長親子を誘《おび》き寄せ殺してしまうことを重々承知していました。秀吉は最初から毛利（毛利輝元、吉川元春、小早川隆景）と全面戦争をするつもりなど全くありません。ただひたすら信長親子がやって来るのを待っていたんです。ところが光秀は、秀吉と毛利（安国寺、小早川）の密約を知りませんでした」

「ウーン、俄に信じられない気がするなぁ……、光秀が秀吉に知らせたとする根拠は何なのでしょうか」

「……、六月三日の夜半、京から『本能寺合戦』を知らせる情報が秀吉へ届くでしょう」

「確か二説あり……、光秀が毛利へ送った使者が秀吉の陣へ迷い込み捕らえられた説と、信長の家臣長谷川宗仁の使者が秀吉へ急報したとする二説だったと想います」

「この二説のうち、光秀の毛利宛の密書を持った使者が秀吉の陣中へ迷い込んだ、これは有り得ないよね」

「尼崎、姫路、高松は全て秀吉の完全な勢力圏です。いくら何でも密書を届けるコースとしては悪すぎます。また確かに光秀から毛利への使者であれば、これは『川角太閤記』あたりに毛利への密使を捕らえたとの記述があってもよいと考えます」

「それから、光秀が毛利へ密使を立てたとする説は、秀吉と毛利が合戦中ですから辻褄が合いそうな気もしますが、実は全くあり得ません。光秀が毛利へ密書を出したとするでしょう。文面は『信長父子を討ったゆえ、もう少し秀吉を押さえてくれ、こちらの態勢が整い次第、秀吉をはさみ討ちにする』、これしかない訳です。でも、こんな申し出をすれば毛利は逆に勢い付き、秀吉に起死回生の猛攻撃をかけますよ。毛利は信長に屈しなかった戦国有数の大勢力（毛利・吉川・小早川）です。秀吉との合戦に勝利してしまえば、必らずや上洛して光秀に合戦を仕掛けます。ですから光秀に依る毛利への使者は、寧ろ最悪の策なんです。戦国きっての智将光秀が、こんな劣かな策を採用するとは考えられません。事実、秀吉は毛利との誓紙が少しでも遅れていれば危なかったわけです。信長父子が死亡したことを知った吉川元春は、秀吉との和議の誓紙を破棄して攻撃すべしと強硬に主張しているんです。小早川隆景が、誓紙の破棄は（毛利）元就公と我ら（輝元、元春、隆景）が交わした誓紙をも否定することに同義とし、誓紙の重みをもって元春を諭さなければ、秀吉は毛利に敗れていたかもしれません。尤もこの『隆景乱舞』は秀吉と隆景が内通していたことが最大の原因だと想えますけどね」

☆それより吉川駿河守元春陣屋《きつかわするがのかみもとはるじんや》へ小早川左衛門允隆景宍戸備前守寄合談合《こばやかわさえもんのじょうたかかげししどびぜんのかみよりあいだんごう》の次第《しだい》

は今日《こんにち》の誓紙《せいし》は破《やぶ》りても不苦《くるしからず》候《そうろう》たまかされ候《そうろう》ての儀《ぎ》にて候《そうろう》と吉川駿河守《きっかわするがのかみ》被申様《もうされよう》にハか様《よう》の時《とき》にこそ馬《うま》を乗殺《のりころ》せよはや〳〵と進《すす》め給《たも》ふ事《こと》。

舎弟《しやてい》小早川《こばやかわ》左衛門允《えもんのじよう》隆景《たかかげ》は右《みぎ》には一言《いちごん》も不出《ださ》す暫工夫《しばしくふう》して被申出様子《もうしいでられようす》ハ元春御《もとはるぎよ》意御尤《いごもっとも》にてハ御座候《ござそうら》へ共昔《どもむかし》より今《いま》に至《いたる》まで何事《なにごと》にも付《つき》ものゝかためは書物誓紙《しよもつせいし》を鏡《かがみ》に仕《つかまつる》ものにて候《そうら》へ父《ちち》にて候《そうろう》元就公御《もとなりこうご》死去《しきよ》の時《とき》仕《つかまつり》候《そうろう》誓紙《せいし》には只今《ただいま》の輝元《てるもと》公《こう》を兄弟共《きようだいども》として取立《とりたて》よとの誓紙《せいし》被仰付《おおせつけられ》候《そうろう》時日《じじつ》の下《した》の判《はん》は元春公《もとはるこう》被成《なられ》候《そうろう》其《その》次《つぎ》には私《わたくし》仕《つかまつり》候《そうろう》さて兄弟四人《きようだいよにん》仕《つかまつり》元就公御命《もとなりこうごめい》の内《うち》に御目《おめ》に懸《かかり》候《そうろう》事《こと》は昨今《さつこん》の様《よう》に覚《おぼえ》候《そうろう》其誓紙《そのせいし》元就公《もとなりこう》戴《いただく》一《ひと》ツハ元就公《もとなりこう》の御遺言《ごゆいごん》に我《われ》くわんへ入よ一《ひと》つは厳島《いつくしま》の明神《みようじん》へ奉《たてまつり》篭《こめ》よ一通《いっつう》は輝元公《てるもとこう》へ上《あ》け置申《おきもうし》候《そうろう》此《この》二通《につう》は只今《ただいま》も御覧《ごらん》候《そうら》へよ条数《じようすう》の内《うち》に毛利家《もうりけ》より我死《われし》して後天下《のちてんか》の不可心懸《こころがけべからず》と一《ひとつ》の筆《ふで》に御座《ござ》候《そうろう》事《こと》。

今日《こんにち》の起請文《きしようもん》を破《やぶ》り候得《そうらえ》ハめいとに被成御座《なられござ》候《そうろう》父元就公《ちちもとなりこう》への別心也一《べっしんなりひと》ツハ厳《いつく》島《しま》の明神《みようじん》の御罰又《おんばつまた》ハ五常《ごじよう》の礼儀《れいぎ》の二《ふた》ツをも破《やぶる》に似《に》たり羽柴筑前守国本播磨《はしばちくぜんのかみくにもとはりま》へ帰《きじ》城《よう》候《そうろう》との一左右《いつそう》を聞召届《きこしめしとどけ》られ其上《そのうえ》にてハ御馬《おうま》を被出《だされ》候《そうろう》ても不苦《くるしからず》と達而兄《たつしてあに》の元春《もとはる》へ異見被申《いけんもうされ》ける元春《もとはる》も隆景《たかかげ》に道理《どうり》に被攻《せめられ》なま合点《がてん》に納《おさめ》申《もうし》候《そうろう》小早川《こばやかわ》ハそれより我陣《わがじん》へ被戻《もどられ》候《そうろう》事《こと》。

羽柴筑前守殿《はしばちくぜんのかみどの》天下《てんか》に罷成陣中《まかりなりじんちゆう》隆景《たかかげ》乱舞《らんぶ》にて毛利陣《もうりじん》を相志《あいこころざし》つめられ候《そうろう》事後《ことのち》に聞召被及《きこしめされおよび》候《そうろう》鵜飼《うがい》小謡《こうたい》始《はじめ》仕《つかまつり》三輪《みわ》まひ申《もうし》候《そうろう》事《こと》までも委敷《くわしく》被成御聞《おききなられし》と御聞《おきこ》え申《もうし》候《そうろう》事《こと》。

〈川角太閤記〉

「…………」

「それから毛利には足利義昭がいたでしょう。義昭が自分を裏切った光秀を許す訳ないですよ。『十七ヶ条異見状』の当時でさえ、光秀に対して地子銭《ぢしせん》の差し押さえのような嫌がらせをしています。光秀は義昭の性格を誰よりも知っていたはずです」

「つまり、義昭は光秀が毛利へすり寄れば、邪魔立てを……」

「必ずします。ですから、光秀にとって毛利との同盟は、ここは良くともごく近い将来、秀吉や家康以上の厄介になることは必定なんです」

「確かにそうですね。光秀の毛利への条件は、播磨、因幡より西は全て毛利と提示せざるを得ないでしょうし、当然毛利もそれを要求すると想います」

「そうでしょう……、これでは光秀の勢力圏は信長より小さくなって光秀は天下人どころか、毛利の手下となって信長を討ち取り、毛利へ天下を献上した、これと同義です。織田宗家を絶妙のタイミングで滅亡させた光秀が、こんな愚かな戦術を採用する訳ないのです」

「…………」

「従って……秀吉が情報を取得したのは、次の四点しか考えられません。（一）光秀から秀吉、（二）信長の家臣から秀吉、（三）毛利へ通じる者から毛利、（四）秀吉の知人（武将も含めて）から秀吉……」

「一般的には（二）の長谷川宗仁が秀吉へ急報したとする説が多いようですが……、（一）とする明石さんの論を聞かせてくれませんか」

「長谷川宗仁説の出所は、恐らく『太閤記』です。当然『日本外史』も同様です。小瀬甫庵が寛永二（一六二五）年に『太閤記』を著述した折、何を根拠に長谷川宗仁を記載したのか判りませんが……小瀬甫庵は想わせ振りが好きなのか、読む人に、さも何かありそうに読めるよう、また読む人の想像を刺激させるような文章を好んで書いた人でしょう。ですからね、甫庵は信憑性を持たせるために意識的に長谷川宗仁の名前を挿入したんだと想います。それから宗仁は確かに信長の家臣に実在しますから、本当に秀吉に急報したのかもしれません。ただし三日夜半ではなく、もっと後日に……、それを甫庵が誤認した可能性もあると想います」

「………」

「僕は『太閤記』と『川角太閤記』が同じ題材を扱っている場合、全て『川角太閤記』の記述を優先して考えています」

「そういえば……、『川角太閤記』に長谷川宗仁の名前は視当たりませんね」

「おっしゃる通りです」

☆壬午《みづのえうま》六月三日之《の》「子《ね》」之《の》刻《こく》、京都より飛脚到来し、信長公信忠卿二条本能寺にして、昨日二日之朝、惟任《これとう》がために御切腹にて候。急御上着有《いそぎごじようちやくあり》て、日向守《ひゆうがのかみ》を被討《うちたいら》平可然之旨《げられしかるべくのむね》、長谷川宗仁より密《ひそか》に申来《もうしき》しかは、秀吉慟《どう》せること不浅《あさからず》……。

〈太閤記〉

☆信長公御切腹天正十年午《うま》の六月二日備中《びっちゅう》ゑ御切腹《ごせっぷく》の注進《ちゅうしん》ハ同三日の「亥《い》」の刻《こく》
其早飛脚《そのはやひきゃく》ハ蜂須賀彦右衛門《はちすかひこえもん》に御預被成其《おあずけなられその》したため様《よう》ハ一間所《ひとまどころ》へ押篭人《おしこめひと》に合《あわす》なる
能々彦右衛門《よくよくひこえもん》念《ねん》を可入《いれるべき》もの也《なり》……。〈川角太閤記〉

☆六月三日夜半計《やはんばかり》、密《ひそかに》有注進《ちゅうしんあり》秀吉聞之《ひでよしこれをきく》。〈惟任退治記《これとうたいじき》〉

「…………」

「この三点で視れば、六月三日の二十二時〜二十四時頃の間に、『本能寺』のことは秀吉の耳に入ったんでしょう。小松さん、この時間を正しいと仮定すると、もうこれだけで先ほど提示した四点のうち、(一) の『光秀から秀吉』以外は可能性が有りません」

「エッ、何故なんでしょうか……」

「……、『本能寺合戦』で勝利した光秀が、当日近江へ下向するのが十四時頃なんです。それまでは本能寺、二条城とも明智勢一万三千が十重二十重に囲んでいて、信長父子の情報は全く表に出てきません。当時の日記類を確認すれば判る事ですが、京は混乱し流言飛語が飛び交い、明智勢の主だった者しか事実の把握はできない状態にあったんです。光秀が坂本へ引揚げた後も、織田の残党狩が厳しく行われていましたから、信長に近い者は逃げるだけでも精一杯でした。無論正しい情報……、信長父子が十四時までに死亡は取れません。どんなに早くても、それも相当危険な覚悟をして採取したところで、夕刻過ぎ迄かけなければ、この情報を得るのは不可能だったのです」

「…………」

「小松さん、本能寺から備中高松城まで、当時の道で凡そ二百五十キロあるんです」

「ソウカ、どう計算しても、翌日の夜半には着きませんね」

「これが明智の謀叛のみを知らせたのなら……、六月二日の夜明け『本能寺』を囲む光秀の旗《き》幟《し》、水色桔梗《ききょう》を確認、ただちに惟任《これとう》光秀謀叛と察知し高松へ飛び出せば……、三日の夜半に到着したかもしれません。ですからね、三日夜半に秀吉陣中へ確かな情報をもたらす事が出来るのは、光秀しかいない事になるんです」

「ナルホド……」

「……、『川角太閤記』には、これほど重要な情報にも拘わらず、誰からの使者と書かれていません。これは筆者の川角三郎右衛門が承知して書かなかったのではなく、彼にも誰からの使者か不明だったからです。このことは情報管理が秀吉によって完璧に行われたことを示唆していますし、その理由を『光秀から秀吉への使者』に求めても何らの無理はないんです」

「ウーン……」

「それから『川角太閤記』よりも古い、天正十（一五八二）年の『惟任退治記』も『ヒソカニ注進アリ、秀吉コレヲ聞ク……』としか書かれていません。秀吉に伝えたのは誰からの使者なのか、これって今でも謎なんです」

「……光秀からの密書を秀吉は敢えて握り潰してしまった」

「そうです。付け加えて言えば、六月三日に細川忠興にも光秀からの文書が届けられています。ですから、光秀は密書の文面と送り先を、予《あらかじ》めきちんと決めて『本能寺合戦』に臨んだのだと考えます」

「………」

「今日の話は信長と義教ですから、光秀のことは、この辺で止めましょう。本当は『愛宕百《あたごひゃく》韻《いん》』の解釈を説明すれば、完全に納得してもらえるのですが」

「……、『愛宕百韻』、あの有名な『ときは今天《あめ》が下《した》しる五月哉《かな》』から始まる紹巴《じょうは》たちとの連歌会のことですか」

「あれで説明すれば、光秀がいかに天下人への戦略を持ち続け、用意周到な数々の戦術を駆使して『本能寺合戦』に踏み切ったのか、きちんと理解してもらえるのですが、まぁこれは、百韻もあることですから、またの機会にしましょう」

「イヤ、聞きたいですね」

「……、長くなるから簡単に触れるだけにしますね。『愛宕百韻』は光秀の毛利征伐戦勝祈願として天正十年五月二十七日、山城国愛宕山西之坊威徳院で張行《ちょうぎょう》されました。連衆《れんじゅう》（参加者）は明智光秀、連歌師紹巴、威徳院行祐、明智光慶《みつよし》（光秀嫡統）、東六郎兵衛行澄（光秀重臣）他四名です。僕はね、明智光秀を論ずるとき『愛宕百韻』は極めて重要な位置にあると考えています。連歌会の連衆は短い句に宇宙観とも言うべき一切を巧妙に凝縮するのです。当時の連歌会は細やかな約束事の中に沢山の情報を秘める前句と、次から次へと絶妙な言い回しで付けられる付句で成立していました。ですから、付け方によっては自分自身でさえ気が付く事の無い深層心理を吐露してしまうことも有るのです。当時の知識人が連歌会に熱中した大きな理由の一つに、連衆が無意識のうちに語ってしまう深層心理を楽しむことがありました。無論、連衆全員が、一つの問題に確信犯として臨む連歌会もあるわけです。『愛宕百韻』は……、この典型的な連歌会でした」

「………」

「小松さんね、連歌会は連衆の顔ぶれからして、既に始まっていると考えなければいけません。従って『愛宕百韻』における連衆は、参加者に光秀の嫡統が名を連ねるのを確認したとき、直ぐさま今日の主題は『土岐源氏明智』を意識の中に持ったはずです」

「なるほど……、それで光秀側以外は武家の参加がない訳ですね。個人的に光秀とごく親しい人たちだけを集めたと」

「そうです。この連歌会は光秀に始まり嫡統光慶で終わっていますが、このことは連衆全員に今日の主題は『土岐源氏明智』と暗黙の了解があったことを物語っているのです。『愛宕百韻』は、なぜか発句の『ときは今天下しる五月哉』だけが語られ、またこれによって光秀の心理（衝動的な謀叛）を語ろうとしますが、僕は賛成できません」

「ホー、明石さんの解釈は違うのですか」

「この発句は、光秀の十年に亘る思い（天下人戦略）を連歌会の主題にすると告げているのです。百韻の中で連衆は敏感に反応しています」

「連衆は光秀の主題を暗黙のうちに感じとり、暗黙のうちに百韻全てに亘って付けた訳ですか」

「連歌は文学ではありません。表面上の句で解釈しても無意味なんです。百韻を全く新しく解釈しましたが、文学者は僕の解釈を認めないかもね」

「アレ、ところで明石さん……、発句のところなんですが、『天下《あめが》下《した》しる』なんですか、私は『天が下しる』だと想っていましたが」

「正しくは『天下下知』です。この発句は『土岐者、今、天下、下知　五月哉』と読むんです。『とき』は『土岐』に通じ、光秀を意味すると言うのが定説でしょう。でもね『とき』を簡単に『土岐＝光秀』としてはいけないのです」

「ホー、私は単純にそう想っていましたが……、『今こそ、己（光秀）が天下を治める時節となった』、この発句は信長に対し謀叛の決意を表現したものではないのですか」

「正しく言えば違います。この発句は、前提が信長との合戦を踏まえていました。そして明智天下人の正統性を表現しています。明智の系譜は土岐氏です。土岐氏の系譜は清和天皇直系、つまり、明智は足利将軍家をも凌《しの》ぐ源家の直系ということになるのです」

「……、なるほど、この発句は『天下は源家直系の明智光秀が下知する、連衆の皆さんは如何《いかが》想うかな』といった具合に解釈するのですね」

「もう少し深く解かないと、次の行祐の付けを正しく解けません。『天下下』と『下』が二字続くけど、これは自分自身の信念の強調なんです。この発句は『源家直系の明智光秀が、天下

初　表（一）ときは今天下しる五月哉　（光秀）
（二）水上まさる庭の夏山　（行祐）
（三）花落つる池の流れをせきとめて　（紹巴）
初　裏（九）月は秋秋はもなかの夜はの月　（光秀）
（十）それとばかりの声ほのかなり　（宥源）
二　裏（四）みだれふしたる菖蒲菅原　（光秀）
三　表（四）おもひなれたる妻もへだつる　（光秀）
（五）浅からぬ文の数々よみぬらし　（行祐）
（七）賢きは時を待ちつつ出づる世に　（兼如）
（八）心ありけり釣のいとなみ　（光秀）
名残裏（四）縄手の行衛ただちとはしれ　（光秀）
（五）いさむればいさむるままの馬の上　（昌叱）
（六）うちみえつつもつるる伴ひ　（行祐）
（七）色も香も酔をすすむる花の本　（心前）
百　韻（八）国々は猶のどかなるころ　（光慶）
〈天正十年愛宕百韻・新潮日本古典集成・連歌集〉

に指図・命令をすべきである。故に今こそ、平信長へ合戦を仕掛けるが、連衆の方々は如何に想うか』、と読み解くのです」

「すると（二）の『水上まさる』は光秀のことですね」

「そう安易に解いては駄目です。表面上、光秀の発句に行祐は、『光秀殿のおっしゃることは、水が高きから低きに流れるが如く、当然のことです』と付けますが、裏の意は凄く深く、この『水上』は歴史的異称として石清水八幡宮を指すのです。源氏が八幡神を祖神としたのは、清和天皇の石清水勧請が始まりでしょう。だから、この『水上まさる』は『水上勝る』と解き、行祐は『源光秀が平信長に勝利する』と付けたわけです」

☆水上＝石清水八幡宮＝清和源氏＝土岐源氏＝明智光秀

「では、（三）の『花落つる』は信長の首を示唆していると……」

「無論です。初裏の（九）も『月は秋秋』、発句と同じく二字続くでしょう。これは次の『もなか、最中』にかかっていて秋（安芸＝毛利）と合戦の真っ最中の秀吉を意味しているんです。（十）は『毛利と合戦中の秀吉の声が微かに聞こえる』と付句、二裏（四）は己を菅原道真にあてています。三表（四）、私の頼りとする細川藤孝、忠興は遠く離れているが、心変わりはしないだろうか、（五）光秀の不安に行祐は、彼らはあなた（光秀）の送った手紙を何度も何度も繰返し読んでいますよ。心配なさらなくとも大丈夫です。（七）の『賢きは時＝土岐』これは光秀を指しています。これに対し光秀は己を太公望に見立てて付句します。そして名残裏(四)ここで光秀は初めてストレートに信長と合戦すると宣言したのです」

「エッ、そうなのですか」

「縄手は、畦道のことで真っ直な道を意味しています。『ただちとはしれ』は今こそ信長を刈り取る(合戦)時機が到来したと解くのです。これに昌叱は(五)光秀が馬上の人となり縄手の道を勇んで合戦へ臨むさまをつけ、行祐は(六)光秀とどこまでも行動を共にする光慶(光秀嫡統)、行澄に触れました。名残裏(七)、これは九十九番目なのですが光秀勝利(天下人)を祝う祝宴を物語り、これを受けて光慶の『なにごともない、明智の太平の世』で百韻は終わるのです」

「実に面白いですね。なるほど連歌は歴史そのもの……、何か判るような気もします」

「百韻全てこと細かに説明したかったのですが……。光秀の『本能寺合戦』が、衝動的な謀叛ではなかったことを理解して下さい」

「判りました」

「江戸期の光秀は悪く書かれる事はなく、歌舞伎・浮世絵・草双紙の世界ではかなりの人気武将でした。美談としてさえ登場するんです」

「ホー」

「こんな話なんですが……、あるとき光秀は連歌会を催すから相応の支度を頼むと内儀(妻)へ申しつけたんです。光秀は知らなかったのですが、当時の明智家は食べるものにも事欠く有様でした。内儀は自分の髪を売り、ようやく支度を調えますが、光秀は内儀の髪が短いのを知ると事情も聞かず、いきなり離縁を申しつけたのです。内儀は何の言い訳もせずに出ていこうとします。これを見兼ねた下女が光秀に事情の説明をしたのです。光秀は内儀に深く感謝し、自分はいつか天下をとるが、天下殿になっても決して室は持たぬと約束したというのです」

「なかなか良い話ですね……」

☆此《この》ホウビニ我天下《われてんか》ヲ取《とり》タリトモ又女持《またおんなもつ》ベカラズト誓言《せいげん》セラレシト也《なり》。牢人《ろうにん》ノ時《とき》ヨリ天下《てんか》ノ望有《のぞみあり》トミエタリ。〈一話《いちわ》一言《いちげん》〉

「本能寺を語る時、光秀の直接の動機は何かということが常に話題になりますが、明石さんの話を聞くうちに、この話題はそもそもがナンセンスなのかもしれないと想えてきました。『本能寺合戦』は信長と光秀の合戦であり、明智が天下人たらんとして意図したわけですから、動機は何かと尋ねられれば、光秀の権力志向の思考からなる政権奪取としか説明のしようが無いように想うのです。遺恨、私怨の類の話は、後世の人が『本能寺合戦』を講談話として扱った確かな証拠なのかもしれませんね」

「まぁ遺恨、私怨とした方が話は面白いでしょう。しかし『日本外史』に書かれる……、酒の飲めない光秀に信長が刀を抜いて『酒を飲まずばこれを呑め』と言ったとか、光秀の頭を抱えて『お前のハゲ頭を鼓に代わって打つべし』なんていうのは、もともとは誰が創作したのかな

附圖第二號

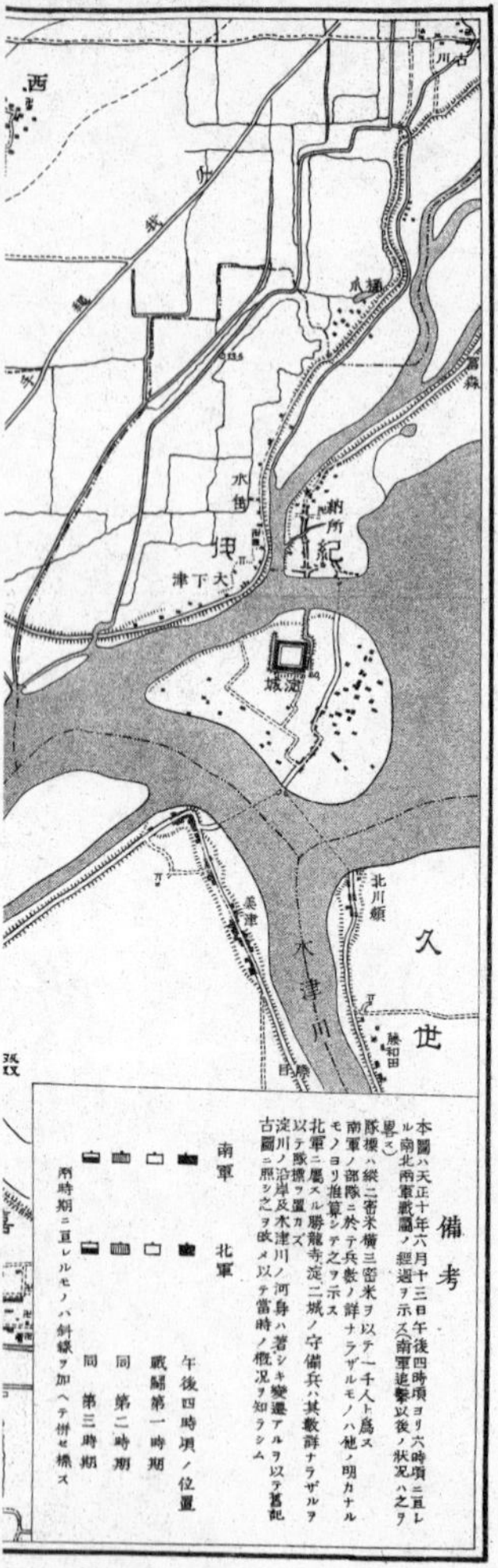

淀城
納所
木津川
久世
備考
本圖ハ天正十年六月十三日午後四時頃ヨリ六時頃ニ亘レル南北兩軍戰鬪ノ經過ヲ示ス南軍追擊以後ノ狀況ハ之ヲ略ス
隊標ハ縦二密米横三密米ヲ以テ一千人ト爲ス
南軍ノ部隊ニ於テ兵數ノ詳ナラザルモノハ他ノ明カナルモノヨリ推算シテ之ヲ示ス
北軍ニ屬スル勝龍寺淀二城ノ守備兵ハ其數詳ナラザルヲ以テ隊標ヲ置カズ
淀川ノ沿岸及木津川ノ河身ハ著シキ變遷アルヲ以テ舊記古圖ニ照シ之ヲ改メ以テ當時ノ概況ヲ知ラシム
南軍
北軍
午後四時頃ノ位置
戰鬪第一時期
同 第二時期
同 第三時期
2000米
20町

山崎戦図：参謀本部編纂『日本戦史 山崎役附図』（偕行社）

備考

本図ハ天正十年六月十三日午後四時頃ヨリ六時頃ニ亘レル南北両軍戦闘ノ経過ヲ示ス（南軍追撃以後ノ状況ハ之ヲ略ス）。

隊標ハ縦二密米横三密米ヲ以テ一千人ト為ス。

南軍ノ部隊ニ於テ兵数ノ詳ナラザルモノハ他ノ明カナルモノヨリ推算シテ之ヲ示ス。

北軍ニ属スル勝龍寺、淀、二城ノ守備兵ハ其数詳ナラザルヲ以テ隊標ヲ置カズ。

淀川ノ沿岸及木津川ノ河身ハ著シキ変遷アルヲ以テ旧記古図ニ照シ之ヲ改メ以テ当時ノ概況ヲ知ラシム。

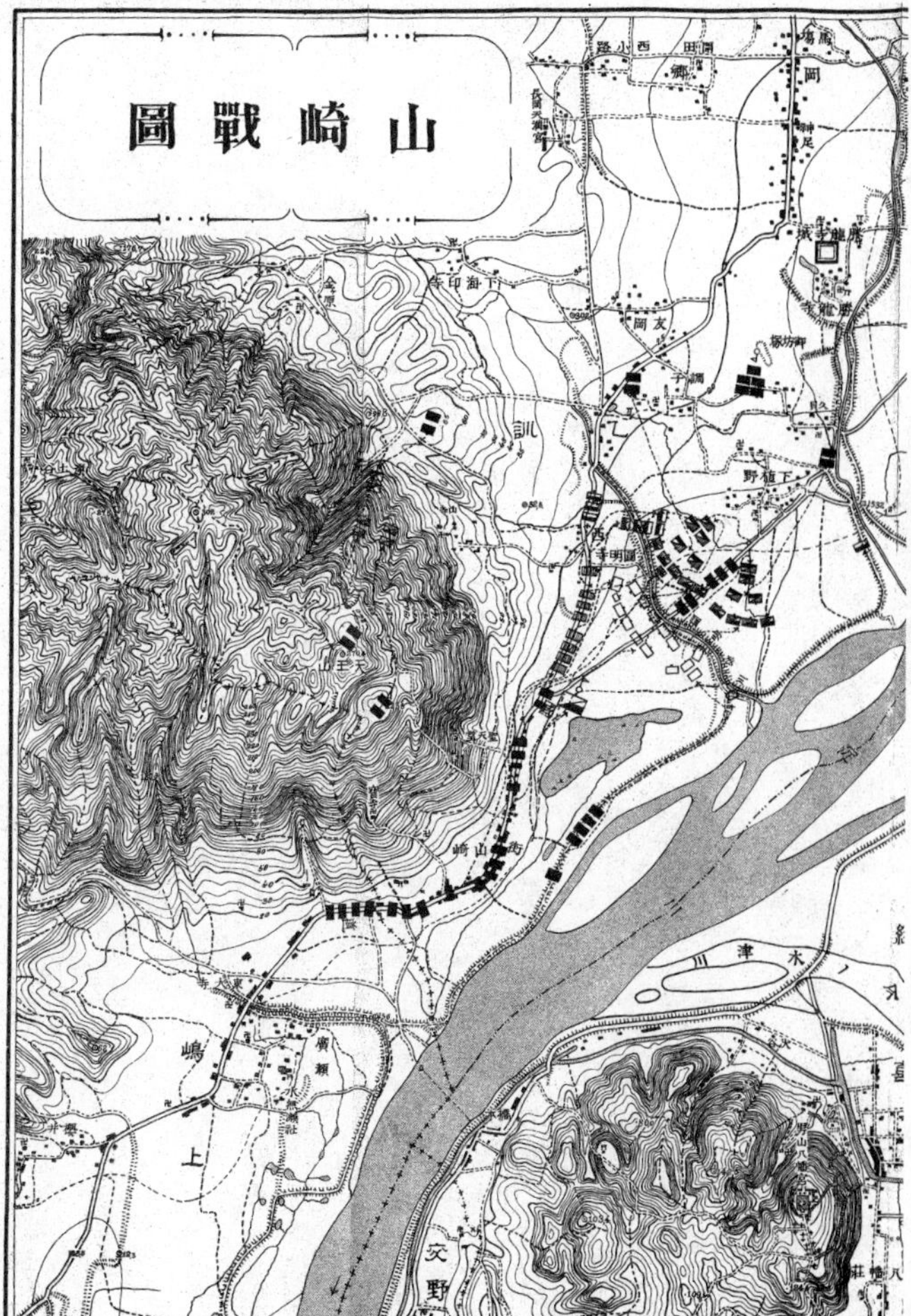
山崎戰圖
天王山
山崎
円明寺
下植野
友岡
下海印寺
金原
上
嶋
廣瀬
水無瀬社
交野
神足
男山八幡宮
二万分一之尺
1000
500
0
1000
10
5
0
10

ぁ、小松さんは知っていますか」

「……知りません。そういえば徳川家康への饗応の折、夏の真っ盛りのため魚が腐ってしまい、信長が光秀の頭をこっぴどく打ち据えたというのもありましたね」

☆信長公《のぶながこう》へ意恨《いこん》ノ元《もと》ハ一歳家康公《いっさいいえやすこう》ノ御軍功《ごぐんこう》ノ御褒美《ごほうび》トシテ御饗応《ごきょうおう》ニ七五三ヲ以御馳《もってごち》走《そう》ノ時《とき》、惟任《これとう》ヲ以奉行《もってぶぎょう》セラシ処《ところ》ニ、夏日《なつび》ナレバ高《たか》モリカビテ悪《わる》ク成《なり》タルヲ御覧《ごらん》、イカリ給《たま》ヒテ扇《おおぎ》ヲ以《も》テ光秀《みつひで》ノ頭《あたま》ヲ打給《うちたま》ヒタルト也《なり》、サナキダニ天下《てんか》ノ望《のぞみ》アルトナレバ家康公《いえやすこう》ニモオトルマジキト思所《おもうところ》ニカカル無礼《ぶれい》ヲ憤《いきどおり》、此等《これら》ノ類《たぐい》ガモトトハ成《なり》タルトゾ。〈一話一言〉

「あの小瀬甫庵でさえ、さすがにこういった話は書いていないでしょう」

「……、『信長公記』の方は、『天下の主となるべき』と書いていますが、当時の人は明智の行動は起こるべくして起こった出来事と、ごく当たり前に理解していたのではないでしょうか」

「そうかもしれません。少なくとも太田牛一の文は、直接動機を疑問視する余地は残していないと想います」

☆六月朔日《さくじつ》夜に入り、丹波国亀山《たんばのくにかめやま》にて惟任日向守《これとうひゅうがのかみ》 光秀《みつひで》逆心《ぎゃくしん》を企《くわだ》て、明智左馬之《あけちさまの》助《すけ》・明智《あけち》次右衛門《じえもん》・藤田伝五《ふじたでんご》・斎藤内蔵佐《さいとうくらのすけ》、是等《これら》として談合《だんごう》を相究《あいきわ》め、信長《のぶなが》を討《うち》

果《はた》し、天下《てんか》の主《しゅ》となるべき調儀《ちょうぎ》を究《きわ》め……。〈信長公記〉

「しかし明石さん、光秀は信長を倒してから先の事をどう考えていたんでしょうね」

「光秀がどういった戦術を蓄積するつもりだったのか、はっきりしたことは判りませんが……、光秀は秀吉の力量を読み違えていましたから、いずれにしても上手くいかなかったと想います。ただ、光秀が細川親子の裏切りさえなければ、と想ったことは確かでしょう」

「明石さんは、『愛宕百韻』でも細川親子に触れていましたが……、裏切ったのは筒井順慶の方ではありませんか」

「表面に出たのは順慶ですが、光秀が本当に頼りにしていたのは細川親子なんです。細川藤孝が加担すれば順慶も態度を変えなかったでしょうし、光秀の組下にいた高山右近、中川清秀も参加したと想います。この勢力によって畿内を押さえれば成功する……、これが光秀の構想だったと考えています」

「細川親子の裏切りを示す確証はあるのでしょうか」

「光秀が藤孝、忠興に与えた『覚書』といわれるものがあるんです」

☆覚《おぼえ》

一、御父子《おんふし》もとゆる御払《おはらい》候《そうろう》由《よし》、尤無余儀候《もっともよぎなくそうろう》。一旦我等《いったんわれら》も腹立候《はらだちそうら》へ共《ども》、思案候《しあんそうろう》程《ほど》、かやうにあるへきと存候《ぞんじそうろう》。雖然《しかりといえども》、此上《このうえ》は大身《たいしん》を被出候《いでられそうろう》て、御入魂《ごじゅこん》所希候事《のぞむところそうろうこと》。

一、国之事《くにのこと》、内々摂州《ないないせっしゅう》を存当候《ぞんじあてそうろう》て、御《お》のほりを相待候《あいまちそうろう》つる。但《たん》・若之儀思召寄《わかのぎおぼしめしより》候《そうら》ハ、、是以同前《これもってどうぜん》ニ候《そうろう》。指合急度可申付候事《さしあいきっともうしつけるべきそうろうこと》。

一、我等《われら》不慮之儀存立候事《ふりょのぎぞんじたてそうろうこと》、忠興《ただおき》なと取立可申《とりたてもうすべき》とての儀《ぎ》ニ候《そうろう》、更無別条候《さらにべつじょうなきそうろう》。五十日・百日之内《のうち》ニハ、近国之儀可相堅候間《きんこくのぎあいかためべくそうろうあいだ》、其以後《それいご》者《は》十五郎《じゅうごろう》・与一郎殿《よいちろうどの》なと引渡申候《ひきわたしもうしそうろう》て、何事《なにごと》も存間敷候《ぞんじまじくそうろう》。委細両人可被申事《いさいりょうにんもうされるべきこと》。

以上

六月九日　光秀（花押）

「……………」

「二番目の文に『但《たん》・若之儀思召寄候《わかのぎおぼしめしよりそうら》ハ、、是以同前《これもってどうぜん》ニ候《そうろう》』とあるけど、この文は『但馬、若狭が欲しければ、これは前に約束した通りである』と読めるでしょう。光秀の領国は丹波一国と近江数郡しかないから、但馬、若狭は彼の領国ではありません。細川藤孝の領国は丹波です。すると但馬、若狭は両隣国になるよね」

「光秀、藤孝は『本能寺』の前に、条件面での話合いをしていたのですか……」

「尤も、これは光秀の一方的な申入れかもしれません。そうだとしても……藤孝は明らかに謀叛と判る光秀の申し出を信長に知らせていないのです」

「明石さん……、これが信長の耳に入れば『本能寺合戦』の前に光秀は殺されていますね」

「細川親子は覚書の一条で判ると想いますが、約束を履行しないことを髻《もとどり》を切ることによって光秀に意思表示しました。光秀は猛烈に腹が立ったと想いますが、この『覚書』で再考を促しています。結局細川親子は加担しません。光秀はあっさりと秀吉に敗れました」

「細川親子は、なぜ土壇場で光秀を裏切ったんでしょうね」

「藤孝は最初から光秀に加担するつもりはなかったと想います」

「それではなぜ信長に報告しなかったんでしょうか」

「信長の性格ですからね、御注進したところで細川、明智は姻戚関係ですから……、『お前も一時は加担していたな』、こう責められるとでも考えたんでしょう。つまり藤孝は、光秀の結果を黙って視ているのが一番よいと結論したんです」

「…………」

「細川裏切りの原因は……、藤孝の光秀に対するある種のヤキモチですよ」

「ナルホド、もともと細川藤孝の方が生まれも育ちも上ですし、義昭擁立で意見が一致したころは藤孝の方が立場も上でしたね。ところが、いつの間にか明智の方が遥か上位になっていた……」

「この二人は表面上上手くいっていただけで、実は光秀の想いだけに過ぎなかったのです。光秀には藤孝の深層心理が全く読めていません。藤孝は足利十二代将軍義晴の血を引いていましたから、武家の序列には非常に保守的なところがあったんです。言ってみれば光秀の謀叛は、底流に『大義名分の欠如』があるわけです。伝統的な『大義名分』を重んじる藤孝にとって、これが最後に踏み切れなかった理由だとも想えます。しかし光秀は、そもそもが美濃の人間でした。幼い頃から斎藤道三を視て育ったんです。光秀は『大義名分』を無視するからこそ謀叛は成就する、こう確信していたのだと想います」

☆光秀

彦太郎《ひこたろう》幼稚《ようち》時《じ》。斎藤山城入道道三《さいとうやましろにゅうどうどうさん》見之《これをみるに》可為万人将《ばんにんのしょうとなるべき》有人相《にんそうあり》。世人共云爾《せじんどもいうや》。
成長後不違《せいちょうごたがわず》。常学 文道《つねにぶんどうをまなぶ》。得射術剣術妙《しやじゅつけんじゅつみょうをえ》。鎗薙刀之達人也《やりなぎなたこれたつじんなり》。

〈続群書類従　明智系図〉

第十三章

天魔の野望

「……、光秀が天下殿を続け、光慶が二代将軍にでもなっていれば、江戸期の信長評価は間違いなく、武田信玄や足利義輝より下位だと想います。たぶん、信長の優れたところは正しく伝わらず、優柔不断で戦《いくさ》下手、ちまちました成金大名で、筆頭の側近に嫡統共々殺された、と記されてますよ。事実、明智幕府が実現しなかったにも拘らず、江戸期から昭和の敗戦まで、織田信長の評価は現在とは比べようもないほど低いんです。先程も説明しましたが、織田信長の家臣であった豊臣秀吉と徳川家康が空前の天下人となっていたことから、昭和二十年の敗戦で誇るもの一切を失い、項垂《うなだ》れ打ち萎《しお》れていた日本国民の総意が、この二人より偉大な戦国の大英雄を誕生させたんです」

「ウーン私の信長評価は高すぎたのかなぁ」

「誤解しないで下さい。僕は信長が大した武将ではなかったと一度も主張していません。ただ信長を語るとき、光秀の系譜が天下殿を継続したと仮定して……、それでもなお信長が今日と同様の評価を得られたか、こう考慮した上でなければ、本当の信長像は浮かび上がって来ない、つまり極当たり前の説明をずっと続けているだけなんです」

「確かに光秀の系譜が続いていれば、信長評価は大きく変わっていたでしょうね。恐らく太田牛一の『信長公記』も書かれなかったと想いますし、当然『信長記』もなく、それどころか織田信長の伝記本は一冊も書かれなかったかも……」

「これは秀吉が信長を討ったと仮定しても同じことなんです。いずれにしても信長は実在した訳ですから、どのような形で倒れようとも信長生前の業績はなんら変わりはないはずでしょう。ですからね、当時の文献から粉飾、もしくは逆粉飾せず実直に集積した信長像を、僕なりに構築しているんです。僕はそこでの信長を凄く良いなと位置付けています」

「しかし明石さんの信長像は優柔不断でチマチマでしょう」

「もう一つつけ加えれば、ケチですね」

「信長はケチですか……」

「戦国一のケチです。人に気前よく何かを与えません。これは秀吉と全く違います。光秀や秀吉の大盤振舞は信長の吝嗇《りんしょく》を反面教師にした、こう考えています」

「信長がケチとは考えたこともなかったなぁ」

☆織田《おだ》上総介信長公《かずさのすけのぶながこう》は吝嗇第一《りんしょくだいいち》の人《ひと》なり。角力《すもう》を好《この》てとらせらるるに、三番勝《さんばんしょう》する者《もの》へは「焼《やき》たる栗三《くりさん》づつ褒美《ほうび》」にあたへ給《たも》ふ。〈雨窻閑話〉

☆今度《このたび》ハ大名《だいみよう》小名《しようみよう》によらず御礼銭《おれいせん》　百文《ひやくもん》つつ自身《じしん》持参候《じさんそうら》へと堀久太郎《ほりきゆうたろう》、長谷川竹《はせがわちく》以両人《りようにんをもつて》御触也《おふれなり》……、御厩之口《おんうまやのくち》に立《たた》せられ、十疋宛之《じゆっぴきずつの》御礼銭《おれいせん》忝《かたじけなく》も信長直《のぶながただち》に御手《おて》にとらせられ御後《おあと》へ投《なげ》させられ。〈信長公記〉

「相撲に勝ったものに栗三コとか、安土城見学に入場料百文でしょう。全くしみったれているんです。秀吉なら逆に全員に百文ずつ配ってますよ。尤も、これを世界最初の有料イヴェントと論評する人もいますけどね。この他にもケチ噺は数多くあるんです。安土城竣工に秀吉の正室『ねね』が祝を持って御機嫌伺いに参上するのですが、何にも土産をやらないんです。『信長公記』に『御機嫌斜めならず』と書かれるときは必ず何か貰ったときで、全くもうどうしようもありません」

「ソウデスカ。信長にこれという豪勢な話はないんでしょうか」

「戦国の世ですからね、日頃の吝嗇が悪いとは限りません。例えば、さっきの『焼き栗三つ噺』には続きがあるんです」

☆織田上総介信長公は吝嗇第一の人なり。……（中略）人に國所など與へらるゝは何とも思はれず。柴田勝家には、北國越後に柴田といふ所あれば、其方に宛行《あてがふ》に依て切取にせよとて、北陸道七箇國七拾萬石を賜り、瀧川左近将監一益《かずまさ》は、八幡太郎義家が郎等伴介兼《ばんのすけかね》が子孫なれば、関東をほしく思ふべしとて上州を賜り、関東八州の管領職をゆるさる。其外明智光秀は日向國、羽柴秀吉は筑前國、川尻鎮《しげ》吉《よし》は肥前國、佐々成政は陸奥國を賜らんとて、日向守、筑前守、肥前守、陸奥守など、號す。心の廣き事かくの如し。角力は遊興のものなれば、僅《わずか》焼栗三ツを以

て褒美とし、天下を治んと思ふ時には、不《おしまず》レ惜して大國を與ふ。實に物の差別かくありたきもの也とぞ。〈雨窻閑話〉

「信長は卓越した戦国大名でしたから凄いところは沢山ありますよ。例えば『信長公記』を視ても、天正五（一五七七）年からは信長の移動が『御動座《ごどうざ》』、『御成《おなり》』と表現され始めます。これは信長が征夷大将軍に匹敵する武将だったことを確実に物語っています」

「全盛期の信長は足利将軍義昭以上の力を持っていました。その表現は極当たり前のようにも想えますが……」

「僕が指摘したのは天下に紛れもない『武家の棟梁』としての征夷大将軍です。歴史的に視ても、将軍以上の力を持った武将は何人も存在します。細川勝元、細川政元、山名宗全、三好長慶……、足利義栄に対する松永久秀、織田信長と同時代の毛利輝元にしたって将軍義昭より力は上です。しかし彼らを『御動座』『御成』とは表現しません。将軍以外でこういった表現をされたのは信長だけなんです」

「……、『御動座』『御成』ですか、気がつきませんでした」

「それから、信長は征夷大将軍を少しも望みません」

「エッ、どういうことでしょうか……」

「その上を考えていたということです」

「足利義満と同じことですか」

	献	賜	廷	祈	叙	犒	通
天正元年	2	1					
天正二年		1			1		
天正三年	4	5	5		4	3	1
天正四年	7	2	4	3	3	2	4
天正五年	1	1	1		3		
天正六年	5		2		1		
天正七年	5	5	1				
天正八年	4	5					
天正九年	5	5					
天正十年	2			3		1	

（注）献＝信長・信忠または部下（明智や村井貞勝など）が天皇家にものなどを献じた回数
賜＝逆に天皇家から信長サイドに何かを賜った回数
廷＝信長サイドから廷臣へ各種のアプローチをした回数
祈＝天皇家が信長戦勝祈願をした回数
叙＝信長や部下たちの叙位・叙階などの回数
犒＝信長サイドが天皇家より犒《ねぎら》いを受けた回数
通＝天皇家から連絡・交渉などで廷臣が信長サイドへ通った回数

〈史料綜覧〉

「もっと周到な囲い込みで、義満とは微妙に異なります。信長が武家としての天下人を初めて意思表示したのは、天正二（一五七四）年三月二十八日の蘭奢待《らんじゃたい》切取りからです。信長はこの一件がきっかけとなり、翌天正三年から天皇との接触が急増するんです」

「……、確かにそうですね。天正三、四年は回数も抜きんでていますし、バラエティも豊かですから相当いろいろなアプローチをしたようにも想えます」

「この頃は、まだ関白か太政大臣でも想定していたのかもしれません。しかし、信長は蘭奢待の一件で簡単に参議、従三位を手に入れることができたことから、朝廷が考えていたよりも与《くみ》し易いと実感したんです」

「するとこの当時の天皇へのアプローチは関白、太政大臣を手に入れる為の工作なんですか。信長は征夷大将軍を望んでいた、こう考えていましたが……」

「天正四（一五七六）年二月の安土城完成以後の信長の権力は絶大です。この信長ほどの力を持てば、征夷大将軍を望みません。足利義満、豊臣秀吉を考慮すれば判るはずです」

「しかし秀吉は征夷大将軍になりたくとも系譜の問題でなれなかったのでは……」

「それは明らかに間違った考えで、全くの認識不足です。秀吉は征夷大将軍を望めば簡単になれました。ただ関白職の方が遥かに上でしたから関白になっただけです。事実、天正十六（一五八八）年、足利義昭が将軍職を返上して空位になりますが、秀吉は征夷大将軍の職に見向きもしません。この類の話は、全て江戸になってから書かれるのですが……、家康が源氏の系譜を名乗り征夷大将軍に補任《ぶにん》されたことが原因しているんです」

「ナルホド、東照大権現様は信長や秀吉が望んでも成り得なかった征夷大将軍である。つまり、この二人より上だと言いたかった……」

☆征夷大将軍《せいいたいしょうぐん》は頼朝以来《よりともいらい》武将之任《ぶしょうのにん》に候得《そうらえ》ば室町殿《むろまちどの》（足利嫡統家《あしかがちゃくとうけ》）代々御補任《だいだいごぶにん》にて他家《たけ》にて望申事不叶《のぞみもうすことかなわず》、信長《のぶなが》、秀吉天下《ひでよしてんか》をうち取《とり》、此任《このにん》を御所望候得共《ごしょもうそうらえども》、昌山《しょうざん》（足利義昭《あしかがよしあき》）存生之間《ぞんじょうのあいだ》、此職《このしょく》を渡《わた》し進候事不可叶《すすみそうろうことかなうべからず》……、日本《にほん》にてはいかに威勢有《いせいある》とも自由《じゆう》に補任不叶《ぶにんかなわず》、摂家《せっけ》には執柄家《しっぺいけ》よりなり、天子《てんし》には王孫《おうそん》より位《くらい》につき、将軍《しょうぐん》には公家家迚定《くげけとてさだま》り恣《ほしいまま》に脇《わき》より不任例也《にんぜずれいなり》、是《これ》により信長《のぶなが》、秀吉天下《ひでよしてんか》を取給得《とりたまえ》ども本朝之掟《ほんちょうのおきて》に任《まか》せ終《つい》に不任《にんぜず》。〈朝野旧聞裒藁《ちょうやきゅうぶんほうこう》〉

「そういうことです。でも少し視点を変えれば判る事ですが、坂上田村麻呂以来、武将や武家の『棟梁』へ征夷大将軍を補任するのは先例にあり、至極当たり前の事です。でも、秀吉の関白職補任は空前絶後とも言うべき凄い事なんです。徳川は三百年近くも続いたでしょう。幕府はその永い時間、ずっと朝廷を締め付けたので、必然的に武家社会は日本国の権威権力の頂点を極めました。ですから、征夷大将軍の権威と権力は信長や秀吉の頃と比較にならないほど大きいんです。これを引きずって解釈すると誤解してしまいます」

「今日《こんにち》の征夷大将軍に対する認識が大き過ぎると……」

「それもありますが……、秀吉の得た『豊臣の姓《かばね》』を過小評価している故、こう考えていますけどね」

「どういうことなのでしょうか……」

「秀吉は関白職を補任《ぶにん》されるに当たって、天王から『豊臣』という全く新しい『姓』を贈られました。これは豊臣の『姓』によって未来永劫如何なる補任も受けられるという大変な系譜の誕生を意味するんです」

「アレ、そうなんですか。『豊臣の姓』にそんな凄い事が秘められているとは考えてもいませんでした」

「徳川家康が豊臣に完全勝利したにも拘らず、豊臣家を跡形もなく根絶やしにしたのは、この豊臣という『姓』が原因なんです」

「そう説明されると何となく理解できます。本来、関白職は天皇の外戚に当る人物が任ぜられるのであり、しかも、あの藤原道長の子孫に限られた最高の官職ですからね」

「今日の歴史家が豊臣秀吉を語る時、何故この『豊臣の姓』について言及しないのか、理解に苦しみます。豊臣家は秀吉・秀次と二代に亘って関白職に補任されますが、これは本来なら先例不快そのものと言っても良く、有り得ない出来事なんです。当時の豊臣秀吉がいかに絶大な権威と権力を誇っていたのか……、もっと秀吉を持ち上げても良いと想うけどね」

「それにしても明石さん、秀吉の発想は奇想天外で凄いと想います」

「それは微妙に褒め過ぎかもしれません。秀吉は信長の側近中の側近でしたから、先例不快を逆手に取った信長の奇想天外な発想を良く知っていて、時と場合によっては非常に劇的な効果を齎《もたら》すと充分に承知していたんです。秀吉の関白職は、その奥底に『武家の頂点は征夷大将軍に非ず、公家の頂点を望むべし』、この信長の発想があるんです。信長の話に戻しますが……、彼は義昭より力を持った訳でしょう。ところが武家を任ずるかぎり義昭の上には絶対にいけないんです。当時の将軍は足利嫡統の世襲ですから、信長はこの系譜を根絶やしにしない限り補任されません」

「それで関白、太政大臣に狙いを……」

「蘭奢待の一件からも理解できると想いますが、信長の周囲に室町の故事にやたら詳しい人物がいたのでしょう。恐らく義満の故事でも引いたんだと想います」

「……、義満は武家でありながら、確かに征夷大将軍を遥かに越えていますね。定かではありませんが太上法皇の称号を贈られたとの説もありますし……」

「信長も最初のうちは正攻法で関白職をアプローチしているんです。例えば近衛前久、二条晴《はる》良《なが》に対する接し方からもそれは窺えます。天正三（一五七五）年二条晴良の嫡子昭実《あきざね》に養女を嫁がせたり、近衛前久には先程も言いましたが、嫡子元服に加冠し『信』の字を贈ることをしています」

「秀吉と同じように、近衛や二条の養子となり、関白でも太政大臣でも狙える準備を天正三、四年のうちにしていたんですか」

「ところが天正六、七（一五七八、九）年になると……、大きく心変わりし帝位簒奪《さんだつ》の野心を視せ始めるんです」

「天正六、七年に何か」

「信長は関白、太政大臣を目指して近衛、二条を手なずけてみたのですが、自らの権力が予想以上に増大し、そんなまだろっこしい中途半端な手順を踏むのではなく、一気に頂点を狙う戦術に切り換えたんです」

「…………」

「天正七年、摂関家にない信長が、次期天皇と目されている誠仁《さねひと》親王の第五皇子を猶子《ゆうし》（義子）にしてしまったんです」

☆二条殿《にじようどの》ノ御新造《ごしんぞう》ヲ五《ご》ノ宮《みや》ヲ猶子《ゆうし》ニシ奉《たてまつり》テ居被申《すまいをもうさるる》、来《きたる》廿二《にじゆうに》日《にち》ニ御渡之《これおわたし》、信長《のぶなが》ハ妙覚寺《みようかくじ》ヲ用意之《これよういす》。
〈天正七年十一月二十日　多聞院日記《たもんいんにっき》〉

「エー、そんなことがあったんですか」

「信長は近衛、二条両家を根回しに使い、ぬけぬけと誠仁《さねひと》親王の皇子を猶子にくれと申し出たんです」

「しかし天皇の周囲に反対はなかったんでしょうか……」

「無論、正親町《おおぎまち》天皇は反対したと考えます」

「ではなぜ皇子を猶子にできたのでしょうか……、その辺が少し判らないのですが」

「小松さん、信長は前年（天正六年）に右大臣兼右近衛大将を一方的に辞任したでしょう。これが正親町天皇には最大の恐怖となったんです」

「実は、私もこの意味不明な辞任は何の為なのかと考えた事があったのですが……、誠仁親王の皇子を猶子にするための恫喝だったのですね」

「信長は最大の権力者でしょう。それが天皇が命ずる補任の外に出てしまったんです。正親町天皇にとって、これが恐怖にならない訳がありません。信長はこの翌年、徐《おもむ》ろに皇子猶子を申し出たんです。この徐《しず》かな恫喝には天皇も誠仁親王も首を縦に振るしかないでしょう」

「ウーン」

「続いて信長は二条新第《しんてい》を誠仁親王に献上し、正親町天皇と誠仁親王の隔離を謀《はか》ったんです」

「それでは誠仁親王親子は人質みたいなものではありませんか……」

☆廿二日《にじゆうににち》、五《ご》ノ宮《みや》信長《のぶなが》ノ猶子《ゆうし》ニシテ、二条殿《にじようどの》ノ新造《しんぞう》ニ今日《きよう》奉居《すまいをたてまつり》了《おわんぬ》。
〈天正七年十一月二十二日　多聞院日記〉

「天正九（一五八一）年正親町天皇は信長へ左大臣の要請をしますが、誠仁親王への譲位後に受けると平然と答えます。つまり信長は……、ここで自分の野心を正親町天皇へ明確に意思表示したんです」

「………」

「信長が何を考えたか簡単でしょう」

「俄かに信じられませんが、恐らく明石さんは……、信長は自分の力で誠仁親王を天皇即位させ、次にこれを一刻も早く退位、もしくは暗殺してしまう。続いて信長の猶子を即位させ、これに織田嫡統信忠の娘を押し付ける。この方法を採用すれば信長は天皇の父であり外祖父となると……。そうですね、この一手しかありません」

「そういうことです。誠仁親王も事の重大さに気がついたのか、二条御所に中山黄門（親綱）、水無瀬黄門（兼成）、烏丸黄門（光宣）を招集し、自らの即位を遅らせる談合を頻繁に行います」

☆天正九年三月十一日（中略）参下《さんげ》御所《ごしょ》（二条御所）、中山黄門・水無瀬黄門、其《その》外各《ほかおのおの》 参会《さんかい》、御譲位之事《ごじょういのこと》、於右府信長其沙汰也《うふのぶながにおけるそのさたなり》、然間《しかるあいだ》 各《おのおの》 内々御談合云々《ないないごだんごううんぬん》。

☆同年四月一日（中略）次参下御所《じさんげごしょ》、卒度申入了《そつどもうしいれる》、烏丸黄門参会《からすまるこうもんさんかい》、御譲位之事《ごじょういのこと》、当《とう》年依金神御延引之由其沙汰云々《ねんよってこんじんごえんいんのよしそのさたうんぬん》。〈兼和卿記《かねかずきょうき》〉

「…………」

「これを読めば判ると想いますが、譲位延期を『当年金神《こんじん》の年』と理由付けています。確かに五行で言う『金』の年は最善の年ではありませんが、即位が皆無ではないんです。例えば永正十八（一五二一）年後柏原帝、天応元（七八一）年桓武帝……、他にも即位された天皇はいるんです。ですからよほど理由に事欠いたとしか言いようがありません。しかし『当年金神の年』を理由にしてしまえば、信長に対する翌年の言い訳はもうないんです」

「………」

「小松さん、この『当年金神の年』を誠仁親王へ提案したのは吉田兼和なんです。兼和と光秀は縁戚にあったでしょう。これで何か想いつきませんか……」

「翌年六月『本能寺合戦』……、そうか光秀は誠仁親王の意向で信長に対して謀叛を起こしたのですね」

☆誠仁親王……正親町天皇の第一皇子。母は内大臣万里小路《までのこうじ》秀房の女。天文二十一（一五五二）年四月二十三日誕生。幼少より皇儲《こうちょ》と定められており、天正十四（一五八六）年に至り正親町天皇の譲位の時期も内定されていたが、その儀に先立ち、同年七月二十四日病により俄かに没した。太上天皇の尊号を追贈せられ、陽光太上天皇と称せられる。

「武家の天下人を狙う光秀と、追い詰められた誠仁親王と正親町天皇の利害が一致したとも取れるでしょう。本能寺合戦の理由付けとして、これ程に辻褄の合う推察はありません。辻褄の合わない先に、真実はないんです」

「ウーン。正親町天皇と誠仁親王は、信長の野望を何としても阻止しようと考える。これに烏丸を始めとする公家も賛同……、朝廷側はすでに『当年金神の年』を信長に答えている以上、翌年に暗殺しなければ、信長の帝位簒奪は成功する。そこで吉田兼和が、明智光秀のとり込みを謀る。かねてから『武家の棟梁』への野心を持っていた光秀はこの話に飛びついた」

「小松さん、もう少しつけ加えれば、正親町天皇と毛利輝元は非常に親しいんです。信長は蘭奢待を正親町天皇に献上しますが、天皇はこれを毛利輝元へ下賜《かし》しているんです。理由は信長の蘭奢待切取りを許してしまったことへの一種の詫びでした。ですからね、正親町天皇が毛利へ、秀吉を何としても押さえてくれと命じたとすれば、京は真空状態を保てるんです」

「ナルホド、『本能寺合戦』が起きる理由はこれで間違いないのではありませんか」

「明石流で故事付ければ、このように説明できますが……、でもこれは少し無理があるんです」

「そうかなぁ、うまく説明できていると想いますが……」

「実はこの推察には大きな欠陥があって……」

「欠陥……」

「そうです……、この説の前提は誠仁親王、まぁ正親町天皇でもよいですが、この二人が後醍醐天皇と同等の政治力を持っていたと証明できなければ成り立ちません。これはとても無理でしょう」

「……」

「史料や文献をつなげると『本能寺合戦』は簡単に説明できますが……、大方の説はどこか一点に錯覚した力を加えて説明しているんです」

「ウーン私は明石さんの論で、『本能寺合戦』は解明されたと想ったのですが、本人が否定してしまっては……」

「いずれにしても、信長が帝位簒奪を本気で考えていたことは確かです。これを小松さんが認めてくれれば、それで話は終わりです」

「判りました……、しかし信長がそんな大それたことを考えていたとはなぁ」

「それから信長をよく無神論者と論ずる人がいますけど、実は信長くらい日本的な神を信奉した武将はいないんです。この発端となったのは『桶狭間合戦』における上知我麻神社《かみちかまのやしろ》戦捷祈願なんです。信長はこの戦捷祈願によって今川義元に勝利したと本気で信じていました。ですから生涯熱田神宮を大切にしています。この他、石清水八幡宮、伊勢神宮、熊野新宮、春日大社と手あたり次第です。何しろ春日大社の鹿を殺したという理由だけで処刑してしまうほど神様を大切にしていました。吉田兼和に何度も戦捷を祈らしめ……、陰陽《おんよう》道の土御門有脩《つちみかどゆうしゅう》までお抱えにしています。織田家はもともと神官の家なんですから、信長が日本的な神から抜け切れる訳もありません。先ほど『信長は誰も信ぜず、誰も必要としない』と言いましたが、このことは『信長は神だけを信じ、神だけを必要とした』と表現しても良かったのです。冷酷、疾《にく》む、残虐、猜忍《さいにん》、裏切り、乱略、強傲専肆《きょうごうせんし》、狡猾、跋扈《ばっこ》、計謀、意恨、罵《ののし》る、罵詈《ばり》、悪業……、これらは全て、信長文献に信長の表現として使われますが……、信長はむしろ『神の子』だったのかもしれません」

史料・文献一覧

石清水八幡宮史料叢書　石清水八幡宮社務所発行（昭和51年）
史料綜覧　東京大学史料編纂所編纂　東京大学出版会発行（平成元年復刻）
改定史籍集覧　近藤瓶城編輯　臨川書店発行（平成2年）
浅井三代記　今川記
朝倉始末記　細川忠興軍功記
太閤記　信長公記
南蛮寺興廃記　川角太閤記
朝鮮陣古文　善隣国宝記
清須合戦記　続善隣国宝記
長篠合戦物語　関原始末記
増補続史料大成　竹内理三編　臨川書店発行（昭和53年）
蔭凉軒日録
大乗院寺社雑事記
多聞院日記

大日本古記録　東京大学史料編纂所編纂　岩波書店発行（平成4年）
　言經卿記
史料纂集　続群書類従完成会発行（昭和63年）
　師郷記　藤井貞文・小林花子校訂
　兼見卿記　斎木一馬・染谷光広校訂
新訂増補国史大系　徳川実紀
　黒板勝美・国史大系編修會編輯　吉川弘文館発行（昭和56年）
　東照宮御実紀
続々群書類従　国書刊行会編纂　続群書類従完成会発行（昭和63年）
　天正二年截香記
続群書類従　塙保己一編纂　続群書類従完成会発行（昭和63年）
　満済准后日記
群書類従　巻三五九　国立公文書館蔵
　名香目録
祠曹雑識　麻谷老愚編　国立公文書館蔵
繪本太閤記　武内確斎作　岡田玉山画　塚本哲三校訂
　有朋堂書店発行（大正6年）非売品
将軍記　黒川眞道編　国史研究会発行（大正4年）

當代記　続群書類従完成会発行（平成7年）
實隆公記　三条西實隆著　高橋隆三編纂　続群書類従完成会発行（昭和54年）
邦文日本外史　頼山陽著　池邊義象譯述　京文社書店発行（大正15年）
新訂寛政重修諸家譜　続群書類従完成会発行（昭和55年）
群書系図部集　塙保己一編纂　続群書類従完成会発行（平成2年）
新訂増補国史大系　尊卑文脉　黒板勝美・国史大系編修會編輯　吉川弘文館発行（昭和58年）
日本随筆大成　雨窻閑話　日本随筆大成編集部編　吉川弘文館発行（昭和50年）
新訂増補国史大系　釋日本紀　黒板勝美・国史大系編修會編輯　吉川弘文館発行（昭和58年）
平田篤胤全集　備後国風土記逸文　平田篤胤全集刊行会編　名著出版発行（昭和52年）
謡曲大観　牛頭天王曆神辯　佐成謙太郎著　明治書院発行（明治31年）
弓八幡
連歌集（新潮日本古典集成）　島津忠夫校註　新潮社発行（昭和54年）

天正十年愛宕百韻
日本戦史　参謀本部編　村田書店発行（昭和54年）
　桶狭間　姉川　長篠　三方原　山崎　各戦図
十六・七世紀イエズス会日本報告集　松田毅一監訳　同朋舎出版発行（昭和63年）
フロイス日本史　松田毅一・川崎桃太訳　中央公論社発行（昭和52年）
歌舞伎年代記　立川焉馬著　吉田暎二校訂　歌舞伎出版部発行（大正15年）
歌舞伎年表　伊原敏郎著　吉田暎二・河竹繁俊編　岩波書店発行（昭和38年）
演劇外題要覧　日本放送協会編　日本放送出版協会発行（昭和29年）
秘蔵浮世絵大観　楢崎宗重編　講談社発行（昭和62年）
時宗の成立と展開　大橋俊雄著　吉川弘文館発行（昭和48年）
時宗史論考　橘俊道著　法蔵館発行（昭和50年）
日鮮関係史の研究　中村栄孝著　吉川弘文館発行（昭和40年）
印章　荻野三七彦著　吉川弘文館発行（昭和41年）
香道秘伝書集註の世界　堀口悟著　笠間書院発行（平成21年）
武功夜話　吉田蒼生雄訳注　新人物往来社発行（平成3年）
古事類苑　吉川弘文館発行（昭和54年）
類聚名物考　山岡浚明編　歴史図書社発行（昭和49年）
増補語林和訓栞　谷川士清編　名著刊行会発行（昭和48年）

国史大辞典　国史大辞典編集委員会編　吉川弘文館発行（平成5年）
補訂版国書總目録　岩波書店発行（平成元年）
古典籍総合目録　国文学研究資料館編　岩波書店発行（平成2年）
綱要日本紋章學　沼田頼輔著　明治書院発行（昭和3年）

本書は、一九九二年九月に講談社より刊行された単行本『二人の天魔王』を底本に加筆修正の上、文庫化したものです。

二人《ふたり》の天魔王《てんまおう》

信長《のぶなが》の正体《しょうたい》

明石散人《あかしさんじん》

令和2年 2月25日 初版発行

発行者●郡司 聡

発行●株式会社KADOKAWA
〒102-8177 東京都千代田区富士見2-13-3
電話 0570-002-301（ナビダイヤル）

角川文庫 21662

印刷所●株式会社暁印刷
製本所●株式会社ビルディング・ブックセンター

表紙画●和田三造

ISBN 978-4-04-107193-9 C0195

角川文庫発刊に際して

角川源義

第二次世界大戦の敗北は、軍事力の敗北であった以上に、私たちの若い文化力の敗退であった。私たちの文化が戦争に対して如何に無力であり、単なるあだ花に過ぎなかったかを、私たちは身を以て体験し痛感した。西洋近代文化の摂取にとって、明治以後八十年の歳月は決して短かすぎたとは言えない。にもかかわらず、近代文化の伝統を確立し、自由な批判と柔軟な良識に富む文化層として自らを形成することに私たちは失敗して来た。そしてこれは、各層への文化の普及滲透を任務とする出版人の責任でもあった。

一九四五年以来、私たちは再び振出しに戻り、第一歩から踏み出すことを余儀なくされた。これは大きな不幸ではあるが、反面、これまでの混沌・未熟・歪曲の中にあった我が国の文化に秩序と確たる基礎を齎らすためには絶好の機会でもある。角川書店は、このような祖国の文化的危機にあたり、微力をも顧みず再建の礎石たるべき抱負と決意とをもって出発したが、ここに創立以来の念願を果すべく角川文庫を発刊する。これまで刊行されたあらゆる全集叢書文庫類の長所と短所とを検討し、古今東西の不朽の典籍を、良心的編集のもとに、廉価に、そして書架にふさわしい美本として、多くのひとびとに提供しようとする。しかし私たちは徒らに百科全書的な知識のジレッタントを作ることを目的とせず、あくまで祖国の文化に秩序と再建への道を示し、この文庫を角川書店の栄ある事業として、今後永久に継続発展せしめ、学芸と教養との殿堂として大成せんことを期したい。多くの読書子の愛情ある忠言と支持とによって、この希望と抱負とを完遂せしめられんことを願う。

一九四九年五月三日

角川文庫ベストセラー

完本 七つの金印　明石散人

国宝の金印は果たして本物なのか？「漢委奴国王」と刻まれた金印に隠された謎。膨大な一次史料を繙き、真贋論争に決着をつける。歴史ミステリーの最高峰、完全版で復刊！

帝都物語 全六巻　荒俣宏

関東最大の怨霊・平将門を喚び覚まし帝都を破滅させる怖るべき秘術とは!? 帝都壊滅を企む魔人加藤保憲の野望をつぶせるか!! 科学、都市計画、風水まで、あらゆる叡知が結晶した大崩壊小説。

陰陽師鬼談 安倍晴明物語　荒俣宏

天地の理をしなやかにあやつったひとりの男――安倍晴明。芦屋道満との確執、伴侶・息長姫との竜宮での出会い、そして宿命的な橋姫との契り。知られざる姿が、今、明かされる！

妖怪大戦争　荒俣宏

「妖怪を見ることができる」という特殊な能力を持った弱虫の少年・タダシ。日本中の妖怪たちと力を合わせ、魔人・加藤保憲と戦うことに――！ 愛と勇気の冒険ファンタジー！

知識人99人の死に方　監修／荒俣宏

手塚治虫、三島由紀夫、有吉佐和子、寺山修司、永井荷風、森茉莉、折口信夫……誰もが避けられない死ぬということ。大往生していった先人たち99人の死に様を見て、死に備えよ。

角川文庫ベストセラー

想像力の地球旅行
荒俣宏の博物学入門

荒俣　宏

博物学は、観察して目玉を楽しませる行為であり、観察したことを記述する楽しみである。言ってしまえば、科学と観光の幸福な合体なのだ。顕学・荒俣宏が案内する、博物学入門の決定版！

新帝都物語(上)(下)
維新国生み篇

荒俣　宏

幕末の会津。ある寺にイザナミ・イザナギ両神が日本を生み出した時に使ったとされる伝説の神器・瑠璃尺が隠されていた。瑠璃尺を奪い取った魔人・加藤は、日本を滅ぼし、新たな国を造り出すため動き始める！

忍者丹波大介

池波正太郎

関ヶ原の合戦で徳川方が勝利をおさめると、激変する時代の波のなかで、信義をモットーにしていた甲賀忍者のありかたも変質していく。丹波大介は甲賀を捨て一匹狼となり、黒い刃と闘うが……。

俠客(上)(下)

池波正太郎

江戸の人望を一身に集める長兵衛は、「町奴」として、つねに「旗本奴」との熾烈な争いの矢面に立っていた。そして、親友の旗本・水野十郎左衛門とも互いは心で通じながらも、対決を迫られることに――。

西郷隆盛　新装版

池波正太郎

薩摩の下級藩士の家に生まれ、幾多の苦難に見舞われながら幕末・維新を駆け抜けた西郷隆盛。歴史時代小説の名匠が、西郷の足どりを克明にたどり、維新史までを描破した力作。

角川文庫ベストセラー

新装版 西郷隆盛 一
海音寺潮五郎

新装版 西郷隆盛 二
海音寺潮五郎

新装版 西郷隆盛 三
海音寺潮五郎

新装版 西郷隆盛 四
海音寺潮五郎

南国回天記
海音寺潮五郎

安政元年、薩摩の下級藩士だった西郷隆盛は、第11代藩主・島津斉彬に江戸勤めを命じられる。お庭方として敬愛する斉彬の傍で仕えるうちに、天下のことに目覚めていき……いま語られる西郷隆盛の真実。

島津斉彬の死後、奄美に流された西郷隆盛は島の女性・愛加那との間に子どもも生まれ指導者として慕われていた。しかし長州の動きが活発になるのに伴い薩摩に呼び戻され、幕末の動乱の中へ身を投じていく。

西郷らの努力が実り、薩長同盟が成立。混迷を極める時局を収拾するには武力解決――討幕より方法はないという気運が高まっていた。新たな時代の幕開けのために、西郷が奔る!!

鳥羽・伏見の戦さに勝利した後、西郷隆盛に課せられた最大の使命。それは混乱を平和的におさめ、日本を一刻も早く立て直すことだった。西郷隆盛は勝海舟と会談を持ち、江戸城を無血開城へと導くが――!?

若き薩摩藩士・樺山小一郎を追って江戸にやってきた芸者のお葭。しかし小一郎は奸臣誅殺に失敗して行方をくらましていた。小一郎の汚名をそそぐため西郷隆盛や大久保利通らに協力を乞うお葭だが……!?

角川文庫ベストセラー

嗤う伊右衛門　京極夏彦

鶴屋南北「東海道四谷怪談」と実録小説「四谷雑談集」を下敷きに、伊右衛門とお岩夫婦の物語を怪しく美しく、新たによみがえらせる。愛憎、美と醜、正気と狂気……全ての境界をゆるがせる著者渾身の傑作怪談。

巷説百物語　京極夏彦

江戸時代。曲者ぞろいの悪党一味が、公に裁けぬ事件を金で請け負う。そこここに滲む闇の中に立ち上るあやかしの姿を使い、毎度仕掛ける幻術、目眩、からくりの数々。幻惑に彩られた、巧緻な傑作妖怪時代小説。

続巷説百物語　京極夏彦

不思議話好きの山岡百介は、処刑されるたびによみがえるという極悪人の噂を聞く。殺しても殺しても死なない魔物を相手に、又市はどんな仕掛けを繰り出すのか……奇想と哀切のあやかし絵巻。

後巷説百物語　京極夏彦

文明開化の音がする明治十年。一等巡査の矢作らは、ある伝説の真偽を確かめるべく隠居老人・一白翁を訪ねた。翁は静かに、今は亡き者どもの話を語り始める。第130回直木賞受賞作。妖怪時代小説の金字塔！

前巷説百物語　京極夏彦

江戸末期。双六売りの又市は損料屋「ゑんま屋」にひょんな事から流れ着く。この店、表はれっきとした物貸業、だが「損を埋める」裏の仕事も請け負っていた。若き又市が江戸に仕掛ける、百物語はじまりの物語。

角川文庫ベストセラー

西巷説百物語　京極夏彦

人が生きていくには痛みが伴う。そして、人の数だけ痛みがあり、傷むところも傷み方もそれぞれ違う。様々に生きづらさを背負う人間たちの業を、林蔵があざやかな仕掛けで解き放つ。第24回柴田錬三郎賞受賞作。

覘き小平次　京極夏彦

幽霊役者の木幡小平次、女房お塚、そして二人の周りでうごめく者たちの、愛憎、欲望、悲嘆、執着……人間たちの哀しい愛の華が咲き誇る、これぞ文芸の極み。第16回山本周五郎賞受賞作!!

数えずの井戸　京極夏彦

数えるから、足りなくなる――。冷たく暗い井戸の縁で、「菊」は何を見たのか。それは、はかなくも美しい、もうひとつの「皿屋敷」。怪談となった江戸の「事件」を独自の解釈で語り直す、大人気シリーズ!

虚実《うそまこと》妖怪百物語　序／破／急　京極夏彦

魔人・加藤保憲が復活。時を同じくして、日本各地に妖怪が現れ始める。荒んだ空気が蔓延する中、榎木津平太郎、荒俣宏、京極夏彦らは原因究明に乗り出すが――。京極版〝妖怪大戦争〟、序破急3冊の合巻版!

豆腐小僧その他　京極夏彦

豆腐小僧とは、かつて江戸で大流行した間抜けな妖怪。この小僧が現代に現れての活躍を描いた小説「豆富小僧」と、京極氏によるオリジナル台本「狂言　豆腐小僧」「狂言新・死に神」などを収録した貴重な作品集。

角川文庫ベストセラー

文庫版 豆腐小僧双六道中 ふりだし　京極夏彦

豆腐を載せた盆を持ち、ただ立ちつくすだけの妖怪「豆腐小僧」。豆腐を落としたとき、ただの小僧になるのか、はたまた消えてしまうのか。「消えたくない」という強い思いを胸に旅に出た小僧が出会ったのは!?

対談集 妖怪大談義　京極夏彦

学者、小説家、漫画家などなどと妖しいことにまつわる様々を、いろんな視点で語り合う。間口は広く、敷居は低く、奥が深い、怪異と妖怪の世界に対するあふれんばかりの思いが込められた、充実の一冊！

文庫版 妖怪の理 妖怪の檻　京極夏彦

知っているようで、何だかよくわからない存在、妖怪。それはいつ、どうやってこの世に現れたのだろう。妖怪について深く愉しく考察し、ついに辿り着いた答えとは。全ての妖怪好きに贈る、画期的妖怪解体新書。

幽談　京極夏彦

本当に怖いものを知るため、とある屋敷を訪れた男は、通された座敷で思案する。真実の〝こわいもの〟を知るという屋敷の老人が、男に示したものとは。「こわいもの」ほか、妖しく美しい、幽き物語を収録。

冥談　京極夏彦

僕は小山内君に頼まれて留守居をすることになった。襖を隔てた隣室に横たわっている、妹の佐弥子さんの死体とともに。「庭のある家」を含む8篇を収録。生と死のあわいをゆく、ほの瞑（ぐら）い旅路。

角川文庫ベストセラー

眩談
京極夏彦

僕が住む平屋は少し臭い。薄暗い廊下の真ん中には便所がある。夕暮れに、暗くて臭い便所へ向かうと――。暗闇が匂いたち、視界が歪み、記憶が混濁し、眩暈をよぶ――。京極小説の本領を味わえる8篇を収録。

旧談
京極夏彦

夜道にうずくまる女、便所から20年出てこない男、狐に相談した幽霊、猫になった母親など、江戸時代の旗本・根岸鎮衛が聞き集めた随筆集『耳嚢』から、怪しい話、奇妙な話を京極夏彦が現代風に書き改める。

鬼談
京極夏彦

藩の剣術指南役の家に生まれた作之進には右腕がない。その腕を斬ったのは、父だ。一方、現代で暮らす「私」は見てしまう。幼い弟の右腕を掴み、無表情で見下ろす父を。過去と現在が交錯する「鬼縁」他全9篇。

遠野物語 remix
京極夏彦
柳田國男

山で高笑いする女、赤い顔の河童、天井にぴたりと張り付く人……岩手県遠野の郷にいにしえより伝えられし怪異の数々。柳田國男の『遠野物語』を京極夏彦が深く読み解き、新たに結ぶ。新釈〝遠野物語〟。

遠野物語拾遺 retold
京極夏彦
柳田國男

『遠野物語』が世に出てから二十余年の後――。柳田國男のもとには多くの説話が届けられた。明治から大正、昭和へ、近代化の波の狭間で集められた二九九の物語を京極夏彦がその感性を生かして語り直す。

角川文庫ベストセラー

新選組興亡録

司馬遼太郎・柴田錬三郎・北原亞以子 他
編／縄田一男

「新選組」を描いた名作・秀作の精選アンソロジー。司馬遼太郎、柴田錬三郎、北原亞以子、戸川幸夫、船山馨、直木三十五、国枝史郎、子母沢寛、草森紳一による9編で読む「新選組」。時代小説の醍醐味！

新選組烈士伝

司馬遼太郎・津本 陽・池波正太郎 他
編／縄田一男

「新選組」を描いた名作・秀作の精選アンソロジー。津本陽、池波正太郎、三好徹、南原幹雄、子母沢寛、司馬遼太郎、早乙女貢、井上友一郎、立原正秋、船山馨の、名手10人による「新選組」競演！

南国太平記（上）（下）

直木三十五

明治の夜明けも近い幕末、薩摩藩主島津斉興の世子斉彬と、わが子久光を藩主の座につけたいと願う斉興の愛妾お由羅の方との間に激しい抗争が巻き起こる。薩摩の御家騒動を描く、著者の代表作。

日本敵討ち異相

長谷川 伸

著者がライフワークとしていた「敵討ち」。物語として美化されてきたものを史実に則って描き直し、厳選した晩年の代表作。未収録だった50年ぶりの新作『日本敵討ち集成』と同時刊行！

日本敵討ち集成

長谷川 伸
編・校訂／伊東昌輝

著者晩年の代表作『日本敵討ち異相』の元となった、著者が密かに書きためた未発表草稿から厳選。曾我兄弟、渡部数馬・荒木又右衛門、忠臣蔵など日本の敵討ちを描いた50年ぶりの奇跡の新作！

角川文庫ベストセラー

松本清張の日本史探訪　松本清張

独自の史眼を持つ、社会派推理小説の巨星が、日本史の空白の真相をめぐって作家や碩学と大いに語る。日本の黎明期の謎に挑み、時の権力者の政治手腕を問う。聖徳太子、豊臣秀吉など13のテーマを収録。

偏狂者の系譜　松本清張

昭和30年代短編集③。学問に打ち込み業績をあげながら、社会的評価を得られない研究者たちの情熱と怨念。「笛壺」「皿倉学説」「粗い網版」「陸行水行」の計4編。「粗い網版」は初文庫化。

神と野獣の日　松本清張

「重大事態発生」。官邸の総理大臣に、防衛省統幕議長がうわずった声で伝えた。Z国から東京に向かって誤射された核弾頭ミサイル5個。到着まで、あと43分！　SFに初めて挑戦した松本清張の異色長編。

乱灯　江戸影絵　(上)(下)　松本清張

江戸城の目安箱に入れられた一通の書面。それを読んだ将軍徳川吉宗は大岡越前守に探索を命じるが、その最中に芝の寺の尼僧が殺され、旗本大久保家の存在が浮上する。将軍家世嗣をめぐる思惑。本格歴史長編。

夜の足音　短篇時代小説選　松本清張

無宿人の竜助は、岡っ引きの粂吉から奇妙な仕事を持ちかけられる。離縁になった若妻の夜の相手をしろという。表題作の他、「噂始末」「三人の留守居役」「破談変異」「廃物」「背伸び」の、時代小説計6編。

角川文庫ベストセラー